事例に学ぶ
交通事故事件入門
事件対応の思考と実務

交通事故事件研究会［編］

野村　　創／片野田志朗／工藤　洋治／嶋田　麻里／白井　由里
金澤　嘉明／畑井　研吾／政平　亨史／藤原　寿人／岡村晋之祐

発行　民事法研究会

は し が き

　若手弁護士や司法修習生に向けた「セルフ OJT（On the Job Training）」用の書籍として好評を博してきた「事例に学ぶシリーズ」が、ついにシリーズ10巻目を迎えた。
　記念すべき10巻目を飾るものとして選ばれた「交通事故事件」は、本シリーズに、まさにうってつけのテーマである。その理由は、次の3つにある。
　1つ目は、「事件数」である。
　法曹人口が増加している一方で、裁判所における民事事件の新受件数は減少傾向にある。その中で、交通事故事件の訴訟件数は、増加の一途をたどっている。
　報道によれば、「全国の交通事故件数は04年の95万2709件から10年連続で減少し、14年は57万3842件と4割減った。一方、全国の簡易裁判所に起こされた交通事故の損害賠償訴訟は03年の3252件から、13年は1万5428件と4.7倍になった。裁判が増えた背景には弁護士保険の普及があるとみられる」（2015年5月23日付日本経済新聞朝刊）とのことである。
　このことは、若手弁護士にとって、交通事故事件を「得意分野の1つ」にすることが、弁護士としての基盤を確立し、厳しい競争を生き抜いていくうえでの有力な選択肢となることを意味している。
　2つ目は、事件処理の「手段」が豊富にあることである。
　本書第1編「交通事故事件のポイント」をお読みいただければわかるとおり、交通事故事件の処理にあたっては、自賠責保険については被害者請求を行うかという問題があるし、その後の紛争解決手続においても各種ADR・調停・訴訟など、多様な紛争解決手段が存在する。
　このことは、選択肢が多いという意味で便利である反面、経験の少ない弁護士にとっては、「本件では何がベストな手段なのか」という迷いにつながる。
　「事例に学ぶシリーズ」においては、各弁護士が、それぞれの案件におい

て、どのような理由からどのような手段を選択したのかが、決断に至るまでの悩みとともに、具体的に説明されている。読者にとっては、自らの案件に活かすことのできる「指針」を、そこに見出すことができるだろう。

　３つ目は、事件処理の「内容」が基準化されていることである。

　交通事故事件については、いわゆる「赤い本」（公益財団法人日弁連交通事故相談センター東京支部『民事交通事故訴訟・損害賠償額算定基準』）をはじめとして、損害賠償額の算定方法が詳細に基準化されている。

　このことは、どの弁護士が担当しても同じ結果になることを意味しない。明確な基準があるがゆえに、創意工夫や、進め方のちょっとしたコツこそが、事件の解決結果、すなわち案件の成否を左右するのである。

　本書では、まさに、各弁護士が苦しみながら生み出した創意工夫が、惜しみなく披露されている。それは、新たな創意工夫を生むうえでの「気づきの端緒」ともなるはずである。

　交通事故事件には、弁護士として求められる基本的な知識とスキルが凝縮されているとともに、「困っている人を助ける」という弁護士としての原点がある。

　交通事故事件を相談から解決にまで導くことで、弁護士としての「経験・信頼・自信」を得ることができたという思いが、本書の執筆の動機となっている。読者各位におかれても、事件解決を通じて、自らの「経験・信頼・自信」を得るうえで、本書が少しでも助けとなることができれば、著者一同にとってこれ以上の喜びはない。

　最後となったが、本シリーズの発刊当初より企画・編集をご担当されている民事法研究会の安倍雄一氏には、本書の刊行においても、ひとかたならぬご尽力をいただいた。著者一同、心より御礼申し上げる次第である。

　平成28年8月

執筆者を代表して　工　藤　洋　治

『事例に学ぶ交通事故事件入門』

目　　次

第1編　交通事故事件のポイント

第1章　交通事故と保険 ……………………………………………………2
Ⅰ　自動車保険 …………………………………………………………2
1　自賠責保険 ………………………………………………………2
〈図表1-1-1〉　自賠責保険の保険金額の上限 ………………3
2　任意保険 …………………………………………………………4
Ⅱ　社会保険 ……………………………………………………………6
1　労災保険 …………………………………………………………6
2　健康保険 …………………………………………………………7

第2章　紛争解決手続 ………………………………………………………8
Ⅰ　示談交渉 ……………………………………………………………8
Ⅱ　ADR …………………………………………………………………8
1　日弁連交通事故相談センター …………………………………9
2　交通事故紛争処理センター ……………………………………10
〈図表1-2-1〉　各ADRの異同 …………………………………10
3　各弁護士会の民事紛争解決センター …………………………11
Ⅲ　調停（交通調停事件） ……………………………………………11
Ⅳ　訴　訟 ………………………………………………………………12
〈図表1-2-2〉　各紛争解決手続の長所・短所 ………………13

第 3 章　損害賠償 14

- Ⅰ　損害概念と損害項目 14
- Ⅱ　算定基準の種類 14
- Ⅲ　積極損害 15
  - 1　治療関係費 15
  - 2　付添費用 15
  - 3　将来介護費 16
  - 4　入院雑費 16
  - 5　通院交通費 16
  - 6　学生・生徒・幼児等の学習費、保育費、通学付添費等 16
  - 7　装具・器具等購入費 17
  - 8　家屋・自動車等改造費 17
  - 9　葬儀関係費用 17
  - 10　損害賠償請求費用 17
  - 11　後見関係費用 17
  - 12　その他 17
  - 13　弁護士費用 18
  - 14　遅延損害金 18
- Ⅳ　消極損害 18
  - 1　休業損害 18
  - 2　後遺障害逸失利益 21
  - 3　死亡逸失利益 23
  - 〈図表1-3-1〉　被害者死亡に伴う生活費控除率 24
- Ⅴ　慰謝料（精神的損害） 24
  - 1　死亡慰謝料 24
  - 〈図表1-3-2〉　死亡慰謝料の実務上の基準 25
  - 2　傷害慰謝料 25

〈図表1-3-3〉　被害者本人の後遺障害慰謝料 …………………………26
　　3　後遺障害慰謝料 ……………………………………………………………26
　　4　慰謝料の増額事由 …………………………………………………………26
Ⅵ　物的損害 ……………………………………………………………………27
　　1　修理費 ………………………………………………………………………27
　　2　買替差額 ……………………………………………………………………27
　　3　登録手続関係費（買替諸費用） …………………………………………27
　　4　評価損 ………………………………………………………………………28
　　5　代車使用料 …………………………………………………………………28
　　6　休車損 ………………………………………………………………………28
　　7　雑　費 ………………………………………………………………………28
　　8　営業損害等 …………………………………………………………………29
　　9　積荷その他の損害 …………………………………………………………29
　　10　物損に関する慰謝料 ………………………………………………………29
　　11　ペットに関する損害 ………………………………………………………29
Ⅶ　損益相殺 ……………………………………………………………………29
　　　〈図表1-3-4〉　損益相殺の対象 ……………………………………………30
Ⅷ　素因減額 ……………………………………………………………………30
Ⅸ　過失相殺 ……………………………………………………………………31
Ⅹ　損害賠償請求の根拠 ………………………………………………………31
　　1　運行供用者責任 ……………………………………………………………31
　　2　不法行為責任 ………………………………………………………………32
Ⅺ　消滅時効 ……………………………………………………………………33
　　1　時効期間と起算点 …………………………………………………………33
　　　〈図表1-3-5〉　損害賠償請求権の消滅時効の起算点（初日不算入）……34
　　　〈図表1-3-6〉　自賠責保険に基づく保険金等の請求権の消滅時効の
　　　　　　　　　　起算点 ………………………………………………………34
　　2　時効の中断 …………………………………………………………………34

第2編　交通事故事件の現場
——モデルケースを素材として

第1章　物損事故——過失の有無（事故態様）····38
- Ⅰ　事案の概要··38
- Ⅱ　実務上のポイント··38
- Ⅲ　事件受任··39
  - 〈図表2-1-1〉　事故発生状況図（〈Case①〉）··················40
- Ⅳ　依頼者（X代表者A氏）との打合せ····························41
  - 1　事前準備··41
  - 2　証拠の吟味··42
  - 【書式2-1-1】　交通事故証明書（〈Case①〉）··················43
  - 3　A氏との打合せ··45
- Ⅴ　訴訟提起と検討··46
  - 1　訴訟戦略——目的は和解、目標は目撃証言の顕出············46
  - 2　目撃証言の顕出方法······································47
  - 〈図表2-1-2〉　刑事事件記録の閲覧・謄写の運用················48
  - 3　訴状起案··48
  - 【書式2-1-2】　訴状（〈Case①〉）··························49
  - 4　訴訟提起··52
- Ⅵ　第1回口頭弁論期日から第2回口頭弁論期日まで··············52
  - 1　答弁書の提出··52
  - 2　第1回口頭弁論期日······································53
  - 3　第2回口頭弁論期日······································53
- Ⅶ　証拠調べ（本人尋問）まで····································55
  - 1　第3回期日（第1回弁論準備手続）まで····················55

2	第4回期日まで	56
【書式2-1-3】	文書送付嘱託の申立書（《Case ①》）	56
〈図表2-1-3〉	目撃者実況見分（《Case ①》）	59
〈図表2-1-4〉	当事者実況見分（《Case ①》）	60
3	本人尋問	61
Ⅷ　エピローグ（和解成立）		62
1	和解協議	62
2	和解成立	64
3	てん末	64
【書式2-1-4】	和解条項（《Case ①》）	64

第2章　物損事故──玉突き事故の責任論・評価損等……66

Ⅰ　事案の概要……66
Ⅱ　実務上のポイント……66
Ⅲ　事件処理……67
　1　相談事例……67
　　〈図表2-2-1〉　事故状況（《Case ②》）……69
　2　事件の受任……71
　　（資料2-2-1）　弁護士保険における弁護士費用の保険金支払基準
　　　　　　　　（2014年3月12日）〔抜粋〕……73
　　【書式2-2-1】　照会申出書（警視庁宛て）（《Case ②》）……78
　　【書式2-2-2】　照会の回答書（警視庁）（《Case ②》）……80
　　【書式2-2-3】　照会申出書（検察庁宛て）（《Case ②》）……81
　　【書式2-2-4】　照会の回答書（検察庁）（《Case ②》）……82
　3　交　渉……83
　4　訴　訟……87
　　【書式2-2-5】　訴状（《Case ②》）……88

【書式2-2-6】　和解条項（〈Case ②〉）………………………………100
Ⅳ　最後に……………………………………………………………………101

第3章　物損事故──過失の有無……………………………103

Ⅰ　事案の概要………………………………………………………………103
Ⅱ　実務上のポイント………………………………………………………103
Ⅲ　第1回打合せ前の依頼事項……………………………………………104
Ⅳ　第1回打合せ……………………………………………………………105
　1　本件事故の概要等……………………………………………………105
　2　目撃者の存在…………………………………………………………106
　3　相手方保険会社・Z社との示談交渉の経緯………………………106
　4　被害者弁護士費用担保特約…………………………………………107
　5　〈Case ③〉における損害……………………………………………107
　6　本件事故車両が非常に整備されていたものであること…………107
　〈図表2-3-1〉　事故状況（〈Case ③〉）（Aがまとめたもの）………108
　7　過失相殺………………………………………………………………109
Ⅴ　今後の方針………………………………………………………………109
　1　経済的全損事案であること…………………………………………109
　2　車両の時価額…………………………………………………………110
　3　代車使用料……………………………………………………………111
　4　小　括…………………………………………………………………112
　　【書式2-3-1】　通知書（〈Case ③〉）…………………………………112
Ⅵ　通知書に対するZ社の反応……………………………………………114
Ⅶ　訴訟提起…………………………………………………………………114
　1　責任原因………………………………………………………………114
　2　車両時価額……………………………………………………………115
　3　代車使用料……………………………………………………………115
　　【書式2-3-2】　訴状（〈Case ③〉）……………………………………115

Ⅷ	被告らの答弁書	118
	【書式 2-3-3】 答弁書（《Case ③》）	119
Ⅸ	第 1 回口頭弁論期日、答弁書への反論	121
	1 本件車両の時価額	121
	2 代車使用料	121
	3 雑費	121
	4 過失相殺	122
	【書式 2-3-4】 陳述書（《Case ③》）	122
	【書式 2-3-5】 第 1 準備書面（《Case ③》）	124
Ⅹ	第 1 回弁論準備手続期日でのやりとりの概要	126
Ⅺ	被告ら側の準備書面の提出・第 2 回弁論準備手続期日	127
	1 被告ら準備書面の内容	127
	2 第 2 回弁論準備手続期日	127
Ⅻ	裁判所からの和解案の提示等	129
	1 被告側からの準備書面の提出	129
	2 裁判所和解案	129
	【書式 2-3-6】 裁判所和解案（《Case ③》）	130
ⅩⅢ	和解案の検討	132
	【書式 2-3-7】 和解条項（《Case ③》）	133

第 4 章　休業損害──家事従事者の休業損害と和解あっせん手続 135

Ⅰ	事案の概要	135
Ⅱ	実務上のポイント	136
Ⅲ	初回相談	136
	〈図表 2-4-1〉 保険会社から提示された賠償額の内容（《Case ④》）	138
Ⅳ	家事従事者の休業損害	141
	1 休業損害とは	141

2　家事従事者の休業損害の算出方法（有職でない家事従事者の場合）
　　　 ………………………………………………………………………………141
　Ⅴ　交渉経過………………………………………………………………142
　　〈図表2-4-2〉　甲弁護士らが提示した賠償額の内容（〈Case④〉）…143
　Ⅵ　和解あっせん手続の申込み…………………………………147
　Ⅶ　第1回期日までの準備………………………………………150
　　1　提出書類の確認………………………………………………150
　　2　提出書類の準備………………………………………………150
　　【書式2-4-1】　交通事故紛争処理センター宛て和解あっせん申立書
　　　（〈Case④〉）……………………………………………………151
　Ⅷ　第1回期日………………………………………………………154
　Ⅸ　第2回期日に向けての準備…………………………………158
　　【書式2-4-2】　陳述書案（〈Case④〉）……………………………158
　Ⅹ　第2回期日………………………………………………………161
　　〈図表2-4-3〉　あっせん委員丙弁護士から提示された賠償額の内容
　　　（〈Case④〉）……………………………………………………162
　Ⅺ　あっせん案の検討……………………………………………164
　　【書式2-4-3】　免責証書（〈Case④〉）……………………………165

第5章　被害者死亡――保険会社側の対応の事例……………167

　Ⅰ　事案の概要……………………………………………………167
　Ⅱ　実務上のポイント……………………………………………167
　Ⅲ　保険会社側の示談交渉………………………………………168
　　1　はじめに………………………………………………………168
　　2　保険会社側代理人の現場……………………………………168
　Ⅳ　事件受任………………………………………………………171
　Ⅴ　事件検討、刑事事件記録の取付け…………………………172

【書式2-5-1】　訴状（〈Case ⑤〉） ·· 172
Ⅵ　訴訟──第1回口頭弁論期日 ·· 178
Ⅶ　被告の主張のための準備、第2回口頭弁論期日 ················· 179
Ⅷ　過失割合検討 ·· 180
Ⅸ　死亡逸失利益 ·· 182
　1　死亡逸失利益の算定方法 ·· 182
　　〈図表2-5-1〉　被害者死亡に伴う生活費控除率 ················· 183
　2　基礎収入 ·· 183
　3　生活費控除率 ·· 183
　4　就労可能年数 ·· 183
　5　〈Case ⑤〉での対応 ·· 184
　　【書式2-5-2】　準備書面案（〈Case ⑤〉） ···························· 184
Ⅹ　第2回、第3回、第4回期日 ·· 186
Ⅺ　加害者の尋問の出廷 ·· 187
Ⅻ　尋問当日 ·· 188
ⅩⅢ　第6回期日（弁論準備手続） ·· 191
ⅩⅣ　和解案提示 ·· 192
ⅩⅤ　意見書作成 ·· 193
　　【書式2-5-3】　意見書（〈Case ⑤〉） ···································· 194
ⅩⅥ　第8回和解期日 ·· 198
ⅩⅦ　エピローグ ·· 198

第6章　高次脳機能障害・素因減額（脊柱管狭窄） ·· 199

Ⅰ　事案の概要 ·· 199
Ⅱ　実務上のポイント ·· 199
Ⅲ　事件受任 ·· 200
Ⅳ　等級獲得に向けて──頸髄損傷と高次脳機能障害よる

後遺障害認定 …………………………………………………………… 201
　　1　頸髄損傷による身体麻痺の資料収集（5点セットと3ステップ法）…… 202
　　〈図表2-6-1〉　頸髄損傷による身体麻痺の資料収集の3ステップ …… 205
　　2　高次脳機能障害の資料収集（6点セットとエピソード）………… 207
　　【書式2-6-1】　交通事故後の出来事一覧表（《Case ⑥》）………… 212
　　3　等級認定結果…………………………………………………………… 215
　　【書式2-6-2】　等級認定結果（《Case ⑥》）………………………… 215
V　素因減額をめぐる攻防 …………………………………………………… 216
　　1　保険会社による素因減額の主張……………………………………… 216
　　2　「首長判決」と「赤い本・講演録」………………………………… 218
　　3　医師の報告書における獲得目標の設定……………………………… 219
　　4　医師との面談と報告書作成…………………………………………… 221
　　【書式2-6-3】　医師の報告書（《Case ⑥》）………………………… 222
　　5　その後の経過…………………………………………………………… 225
　　〈図表2-6-2〉　裁判所提示の和解案（《Case ⑥》）………………… 226

第7章　加重障害 …………………………………………………………… 228

I　事案の概要 ………………………………………………………………… 228
II　実務上のポイント ………………………………………………………… 228
III　受任の経緯 ………………………………………………………………… 228
IV　初回打合せ ………………………………………………………………… 229
V　受任通知および乙弁護士とのやりとり ………………………………… 234
　　【書式2-7-1】　受任通知（《Case ⑦》）……………………………… 234
VI　資料の検討 ………………………………………………………………… 237
　　【書式2-7-2】　後遺障害診断書（《Case ⑦》）……………………… 238
　　【書式2-7-3】　後遺障害診断書（暴行事件）（《Case ⑦》）………… 240
　　【書式2-7-4】　神経学的所見の推移について（《Case ⑦》）……… 242
VII　後遺障害等級認定 ………………………………………………………… 245

|　　【書式2-7-5】　認定結果（〈Case ⑦〉） …………………… 245
Ⅷ　乙弁護士とのやりとり ……………………………………………… 247
Ⅸ　提訴準備 ……………………………………………………………… 248
　1　後遺障害逸失利益 ………………………………………………… 248
　2　後遺障害慰謝料 …………………………………………………… 250
　3　介護費用 …………………………………………………………… 250
Ⅹ　訴訟提起 ……………………………………………………………… 252
Ⅺ　審理の経過 …………………………………………………………… 252
Ⅻ　被告意見書の提出 …………………………………………………… 253
ⅩⅢ　和解勧試 …………………………………………………………… 254
ⅩⅣ　和解成立 …………………………………………………………… 255

第8章　自転車同士の事故 …………………………………………… 257

Ⅰ　事案の概要 …………………………………………………………… 257
Ⅱ　実務上のポイント …………………………………………………… 257
Ⅲ　相　談 ………………………………………………………………… 258
Ⅳ　弁護士の検討 ………………………………………………………… 262
　1　事故状況の確認 …………………………………………………… 263
　〈図表2-8-1〉　事故発生状況図（〈Case ⑧〉） ……………………… 265
　2　事故時の速度 ……………………………………………………… 266
　3　過失割合の立証 …………………………………………………… 267
　4　後遺障害 …………………………………………………………… 267
　【書式2-8-1】　後遺障害診断書（〈Case ⑧〉） …………………… 268
　5　休業損害 …………………………………………………………… 271
　6　請求金額 …………………………………………………………… 273
　7　方法選択 …………………………………………………………… 274
　【書式2-8-2】　訴状（〈Case ⑧〉） ………………………………… 275
Ⅴ　訴　訟 ………………………………………………………………… 278

1　訴訟提起の際の書証………………………………………………278
　　2　第1回期日………………………………………………………278
　　3　第2回期日まで…………………………………………………279
　　4　第2回期日………………………………………………………280
　　5　第3回期日………………………………………………………282
　　6　第4回期日まで…………………………………………………282
　　7　第4回期日………………………………………………………283
　　8　第5回期日………………………………………………………284
　Ⅵ　反省点……………………………………………………………284
　　1　後遺障害…………………………………………………………284
　　2　受任するにあたって……………………………………………285
　　3　証拠の収集………………………………………………………285
　　4　自転車事故の特徴………………………………………………286
　Ⅶ　その後……………………………………………………………286

第9章　逸失利益──外貌醜状に係る後遺障害等級・減収がない場合における逸失利益の有無・額……287

　Ⅰ　事案の概要………………………………………………………287
　Ⅱ　実務上のポイント………………………………………………288
　Ⅲ　事件受任等………………………………………………………288
　　1　本件事故の概要…………………………………………………288
　　2　関係書類の収集・確認…………………………………………289
　　3　外貌醜状の体系の調査…………………………………………289
　　〈図表2-9-1〉　後遺障害等級（自動車損害賠償保障法施行令別表第2）………………………………………………………289
　　（資料2-9-1）「外貌（上肢及び下肢の醜状を含む。）の醜状障害に関する障害等級認定基準」（平成23年2月1日基発0201第2号厚

生労働省労働基準局長通達（別紙））……………………………………290
　4　Xとの面談——直接確認、論点整理、写真撮影、方針説明 ………292
Ⅳ　本件当初診断書の訂正（対A病院のB医師）……………………………294
　1　診断書訂正の重要性……………………………………………………294
　2　診断書訂正の申入れ等…………………………………………………295
　【書式2-9-1】　ご連絡（後遺障害診断書ご訂正のお願い）
　　　（〈Case ⑨〉）……………………………………………………………295
　3　B医師の診断、診断書の訂正…………………………………………297
Ⅴ　異議申立て（対相手方保険会社）……………………………………………298
　1　異議申立て内容の整理…………………………………………………298
　2　異議申立て………………………………………………………………299
　【書式2-9-2】　後遺障害等級認定（事前認定）結果異議申立書
　　　（〈Case ⑨〉）……………………………………………………………299
　3　自賠責損害調査事務所の面接調査……………………………………303
　4　異議申立ての認容………………………………………………………303
Ⅵ　損害賠償請求（対相手方保険会社）…………………………………………303
　1　損害項目・損害額の整理、相手方保険会社に対する最初の請求……303
　2　相手方保険会社に対する当初の請求…………………………………304
　〈図表2-9-2〉　後遺障害等級が第9級における損害項目・損害額
　　　（赤い本）（〈Case ⑨〉）…………………………………………………304
　3　減収がない場合における逸失利益の有無・額………………………305
　〈図表2-9-3〉　被害者の経済的不利益を肯定できる特段の事情の
　　　確認結果（〈Case ⑨〉）…………………………………………………307
　4　相手方保険会社の「ゼロ回答」………………………………………308
　5　相手方保険会社に対する法的書面の作成・送付……………………308
　〈図表2-9-4〉　相手方保険会社からの回答（〈Case ⑨〉）………………309
　【書式2-9-3】　相手方保険会社に対する被害者側の回答・再提案
　　　（〈Case ⑨〉）……………………………………………………………309

6　相手方保険会社の再回答……………………………………………313
　　7　Xとの協議、示談 ……………………………………………………313

・事項索引………………………………………………………………………315
・執筆者一覧……………………………………………………………………318

凡　例

〈判例集略称表記〉

民集	最高裁判所民事判例集
交民集	交通事故民事裁判例集
裁判集民	最高裁判所裁判集民事
判タ	判例タイムズ

第1編 交通事故事件のポイント

交通事故と保険

I 自動車保険

　交通事故にあった被害者は、加害者に対して損害賠償請求をすることができるが、加害者が無資力であった場合、被害者は損害をてん補することができない。そのため、損害のてん補を確実にする自動車保険は極めて有用である。

　そして、自動車保険は、以下のとおり自賠責保険と任意保険に分類される。

1　自賠責保険

(1) 自賠責保険とは

　自賠責保険は、自動車損害賠償保障法5条に基づき、契約が義務づけられている被害者保護のための強制保険である。自賠責保険は、人身損害を対象としており、物損に対する補償はないが、義肢や眼鏡等の費用は人身損害として補償の対象となる。

(2) 保険金額と支払基準

　自賠責保険の保険金額は、自動車損害賠償保障法13条に基づく自動車損害賠償保障法施行令2条によって、〈図表1-1-1〉のとおり上限が定められている。

　自賠責保険の保険金等は、「自動車損害賠償責任保険の保険金等及び自動車損害賠償責任共済の共済金等の支払基準」(平成13年12月21日金融庁・国土

〈図表 1-1-1〉 自賠責保険の保険金額の上限

死亡による損害	3000万円
死亡に至るまでの傷害による損害	120万円
傷害による損害	120万円
後遺障害による損害	75万円～4000万円

交通省告示第1号）に基づき実際の支払金額が決定される。最低限度の損害てん補を目的とするため、任意保険に比べて支払条件、免責事由、過失相殺等においてかなり緩和されているものの、上限金額が定められていることからすべての損害が補てんされないことも多い。

(3) 保険金の請求

(A) 加害者請求（15条請求）

加害者は、被害者に支払った賠償金の額の限度で、自賠責保険会社に対して保険金等を請求することができる。

(B) 被害者請求（16条請求）

被害者は、加害者が契約している自賠責保険会社に対して、直接保険金等を請求することができる。被害者請求は、被害者自身がさまざまな手続を行わなければならないという手続の煩雑さはあるものの、加害者が損害賠償金を支払わない場合や示談が成立していない場合にも、被害者は早期に保険金等の支払いを受けることができる。

(C) 一括払制度と事前認定

一括払制度とは、加害者が契約している任意保険会社が、自賠責保険と任意保険の賠償金を一括して被害者に支払う制度であり、治療費は医療機関に対して、その他通院交通費や休業損害等は被害者に対して、それぞれ直接支払われる。任意保険会社は一括払いをした後、自賠責保険金相当額を自賠責保険会社に対して求償する。

一括払制度は、被害者にとっては、自賠責保険会社と任意保険会社の両方

に請求する必要がないというメリットがあり、任意保険会社にとっては、病院から直接診断書や診療報酬明細書を受領することにより治療内容等を把握できるというメリットがあるため、広く用いられている。任意保険会社が自賠責保険会社に求償するにあたっては、裁判所が作成した和解調書がある場合でも、診断書や診療報酬明細書、休業損害証明書等の損害を立証する資料が求められることがある。

また、後遺障害が残存した場合には、後遺障害等級認定の手続も任意保険会社が行う（事前認定）。

2 任意保険

(1) 任意保険とは

任意保険は、自賠責保険とは別に、任意に加入する民間の保険であり、その内容も多種多様である。一般的に自賠責保険だけでは十分な補償をすることができないため、自賠責保険でカバーできない部分を任意保険によって補うために、ほとんどの自動車の利用者が加入している。

(2) 任意保険の種別

任意保険は、各社が独自の約款を作成しているが、標準的なものとしては、対人賠償責任保険、対物賠償責任保険、人身傷害補償保険、自損事故保険、無保険車傷害保険、搭乗者傷害保険、車両保険等がある。

(3) 人身傷害補償保険と損害賠償請求権

人身傷害補償保険は、自動車事故によって被保険者が死傷した場合に、被保険者の過失の有無にかかわらず、所定の基準により算定された損害額を基準として保険金を支払う保険であり、ほとんどの自動車保険に付保されている。

人身傷害補償保険により支払われる保険金額が、裁判所が認定するであろう損害額を下回り、かつ過失相殺が認められる場合に、被保険者が保険金を受領した後に加害者に対して請求できる範囲、および人身傷害補償保険会社が代位できる範囲が問題となる。これまで、学説によっては、人身傷害補償

保険金の支払いと加害者からの損害賠償のいずれが先行するかにより被害者が取得する総額が異なることもあるとされてきた。

しかし、最高裁判所が、人身傷害補償保険金の支払いが先行した事案について、人身傷害補償保険金額が訴訟における被保険者の過失割合に対応する損害額を上回る場合のみ、人身傷害補償保険会社がその上回る部分を代位取得するとする、いわゆる「訴訟基準差額説」をとり（最判平成24・2・20判タ1366号83頁）、その後の実務では同説が主流となった。被害者は、過失があっても過失相殺前の損害額（訴訟基準損害額）を確保することができ、いずれが先行するかにより取得する総額が異なることはなくなった。

> ───〈具体例〉───
> 問：被害者（被保険者）は、人身傷害補償保険会社から保険金6000万円の支払いを受けた。その後、損害賠償請求訴訟では、総損害額8000万円、過失相殺20％と判断された。①被害者は、加害者からいくらの損害賠償金を受領できるか。②また、人身傷害補償保険会社は、被害者に代位して加害者からいくらの損害賠償金を受領できるか。
>
> 答：①〈被害者の過失分〉を計算する。
>   8000万円×20％＝1600万円
> 〈過失相殺後の損害額〉から〈人身傷害補償保険金から被害者の過失分を控除したもの〉を差し引く。
>   8000万円×80％－（6000万円－1600万円）＝2000万円
>   →被害者は加害者から2000万円を受領することができる。
> ②人身傷害補償保険金から被害者の過失分を控除する。
>   6000万円－1600万円＝4400万円
>   →人身傷害補償保険会社は、被害者に代位して4400万円を受領することができる。

(4) 弁護士費用特約

弁護士費用特約は、被保険者が加害者側に対して損害賠償請求を行う際に生じる弁護士費用や、法律相談をする際の費用を保険会社が保険金で支払う

という内容の特約であり、任意保険に付随して加入することができる。一般的には、300万円までの弁護士費用や訴訟費用、10万円までの法律相談費用を保険会社が負担することとなっているものが多い。被保険者にとっては、軽微な交通事故で弁護士に依頼をした場合に、費用倒れを回避することができるというメリットや、被保険者に過失がなく保険会社による示談代行をしてもらえない場合にも、費用の心配をせずに弁護士に示談交渉を依頼することができるというメリットがあり、弁護士にとっては、弁護士報酬が保険会社から支払われるため委任を受けやすくなるというメリットがあるため、特約の販売件数と日本弁護士連合会による弁護士の紹介件数（LEGAL ACCESS CENTER 取扱件数）は、平成13年以降増加し続けている（『弁護士白書〔2015年版〕』）。

また、近年では、自動車事故以外に水漏れ事故等の日常生活被害や労働事件、家事調停等についても保険金により弁護士費用が支払われる弁護士保険が任意保険会社より販売されている。

II 社会保険

1 労災保険

被害者が業務遂行中または通勤中に交通事故にあい負傷した場合には、所轄の労働基準監督署長に第三者行為災害届を提出することにより、労災保険による補償を受けることができる。

被害者は、労災保険と自賠責保険のいずれかを利用することができる。通達により、原則として自賠責保険の支払いを先行させることとなっているが（昭和41年12月16日基発第1305号）、通達は強制ではなく、被害者が希望する場合には、労災保険給付を先行することもできる。

労災保険は、自賠責保険に比べて治療費、休業損害、慰謝料の面で補償範囲が狭いが、被害者の過失相殺を問題としないことから、被害者の過失割合が大きい場合や加害者と過失割合につき争いがある場合には、労災保険を先

行して利用することが多い。

　なお、自賠責保険の後遺障害等級認定は、原則として労災保険の認定基準に準拠することになっているが、同じ障害でも労災保険が認定した等級と自賠責保険で認定した等級が異なることがある。

2　健康保険

　被害者が業務外で交通事故にあい負傷した場合、被害者自身が健康保険を利用することを希望し、健康保険の窓口に「第三者行為による傷病届」を提出することにより、健康保険の給付を受けることができる。

　健康保険を利用すると、「第三者行為による傷病届」の提出等、手続は煩雑になるが、労災保険と同様に被害者の過失相殺を問題としないことから、加害者が任意保険に加入しておらず治療費が高額になる場合や被害者にも過失がある場合には、健康保険を利用することが多い。

　健康保険組合は、立て替えた治療費のうち、加害者の過失割合に応じた負担部分を加害者の自賠責保険会社や任意保険会社に求償することができる。

第2章 紛争解決手続

I 示談交渉

　交通事故の紛争解決方法として、最も基本的な方法は、「示談交渉」、すなわち当事者間の話し合いである。示談交渉は、少ない費用で迅速かつ柔軟な解決ができるというメリットがあり、ほとんどの交通事故事案が示談交渉により解決に至っている。ただし、示談代行サービスを行う任意保険会社の担当者や代理人である弁護士等専門的知識や経験のある者が交渉の相手方となり、交渉力に差が生じることがあるため、被害者は注意が必要である。

　示談が成立した場合、合意内容を証する示談書を作成するが、交渉の相手方が保険会社である場合には、加害者の署名等を要しない免責証書を作成する場合が多い。

II ADR

　当事者間における示談交渉で解決に至らない場合、訴訟に比べて利用しやすく柔軟な解決を図ることができる制度として、ADR（裁判外紛争解決手続）が利用されることがある。交通事故事案を扱う主なADR（裁判外紛争解決手続）機関としては、日弁連交通事故相談センター、交通事故紛争処理センターおよび各弁護士会の民事紛争解決センターがある。どのADR機関を利用するかは、審査請求手続の有無、時効中断効の有無、費用の要否等を考慮し

て決定することが多い。

1 日弁連交通事故相談センター

日弁連交通事故相談センターは、昭和42年に日本弁護士連合会(以下、「日弁連」という)が設立した財団法人(当時。現在は、公益財団法人)であり、弁護士による法律相談、示談あっせん、審査が行われている。国からの補助金や、日弁連・各弁護士会・弁護士・関係団体等からの寄付金で運営されているため、費用は無料である。

(1) 示談あっせん手続

相談者は、まず面接相談を受ける。そして、その際に相談担当の弁護士が示談あっせんに適する事案であるか否かを判断し、適する事案と判断された場合に示談あっせんの申立てを行う。示談あっせんに適する事案か否かは、①自賠責保険に加入することが義務づけられている車両による自動車事故であること、②人損の事案または人損を伴う物損の事案であること(物損のみの事案は、加害者が一定の損害保険会社の保険または共済に加入していることが必要)、③調停・訴訟または他の機関に係属中でないこと等から判断される。

示談あっせんを担当する弁護士は、3回程度の期日の間に、双方から事情を聴取して意見の調整を図り、あっせん案を提示する。あっせん案に双方が同意すれば示談が成立する。

(2) 審査手続

示談が成立しなかった場合、「審査の申し出が可能となる9共済」として、日弁連交通事故相談センターが指定する共済が加害者を代行している事案については、被害者側から審査の申出を行うことができる。弁護士3名で構成する審査委員会により審査意見が示され、被害者が審査意見に同意したときは、加害者の共済は審査意見を尊重しなければならない。

なお、加害者が審査の申出を行うためには被害者の同意が必要となる。

2 交通事故紛争処理センター

　交通事故紛争処理センターは、交通事故裁定委員会を前身として昭和53年に設立された財団法人（当時。現在は、公益財団法人）であり、弁護士による法律相談、和解あっせん、審査が行われている。損害保険会社、JA共済連、全労済等からの寄付金により運営されているため、費用は無料である。交通事故事案を扱うADRの中で最も利用されている機関である。

〈図表1-2-1〉　各ADRの異同

	日弁連交通事故相談センター	交通事故紛争処理センター	各弁護士会の民事紛争解決センター
紛争処理手段	示談あっせん 審査	和解あっせん 審査	和解あっせん 仲裁
期日回数	原則3回	3～5回程度	3回程度（3カ月）
場所	全国163カ所（示談あっせんは41カ所）	全国11カ所	各弁護士会
手数料	無料	無料	申立手数料1万円～2万円程度
担当者	弁護士	弁護士	弁護士、専門家
あっせんが不成立となった場合	・一定の共済が加害者を代行している事案については、被害者から審査申出が可能 ・加害者からの申出については、被害者の同意が必要	・当事者双方ともに審査申立てが可能 ・保険会社からの申立てについては、被害者の同意が必要	・原則手続終了 ・当事者の仲裁合意により、例外的に仲裁手続に移行が可能
時効中断効	なし	なし	一部あり

(1) 和解あっせん手続

　被害者は、電話で相談予約を行い、第1回相談日を決定する。相談予約をするためには、自動車事故であること、被害者自身が契約している保険会社との保険金の支払いに関する事案ではないこと、加害者が示談代行サービス付きの自動車保険に加入しておらず、交通事故紛争処理センターでの紛争解決に同意していない事案ではないことが必要となる。

　嘱託弁護士は、初回相談で被害者から事情を聴取し、2回目の相談で、双方の主張を聴取して意見の調整を図る。そして、3〜5回目の相談で、あっせん案を提示する。あっせん案に双方が同意すれば和解が成立する。

(2) 審査手続

　和解が成立しなかった場合、当事者は審査を申し立てることができる。交通事故紛争処理センター所属の審査員3名以上による評決で裁定がなされ、同センターとの間で裁定を尊重するとの合意をしている保険会社は、裁定に事実上拘束される。

　なお、保険会社が審査を申し立てるためには被害者の同意が必要となる。

3　各弁護士会の民事紛争解決センター

　各弁護士会の民事紛争解決センターは、各弁護士会が設置・運営しており、交通事故事案に限らず民事上のトラブルにつき公正かつ妥当な解決のために、当事者によって候補者名簿から選任された弁護士があっせん人となり、和解あっせんを行っている。認証を受けている各弁護士会の民事紛争解決センターへの申立ては、時効中断効を有するという特徴がある（裁判外紛争解決手続の利用の促進に関する法律25条）。

III　調停（交通調停事件）

　交通事故事案のうち、「自動車の運行によって人の生命または身体が害された場合における損害賠償の紛争に関する事件」を交通調停事件という（民

事調停法33条の2）。物損のみの事案は、一般民事調停事件の対象となる。一般民事調停事件の管轄は、相手方の住所、居所、営業所もしくは事務所の所在地を管轄する簡易裁判所または当事者が合意で定めた地方裁判所もしくは簡易裁判所であり（同法3条）、交通調停事件の場合は、これに加え、損害賠償を請求する者の住所または居所の所在地を管轄する簡易裁判所が加わる。

調停期日では、裁判官と民間から選出された2名の調停委員で構成される調停委員会が、当事者双方の主張を交互に聴取し、証拠調べ等を行い、当事者とともに事案に即した解決を図る。

調停手続は、申立てに時効中断効力があり（民事調停法19条、民法149条。相手が出頭せず調停が調わないときには、1カ月以内に訴訟提起しなければならない）、調停調書の記載は確定判決と同一の効力を有する（民事調停法16条、民事訴訟法267条）。また、訴訟に比して費用が低廉であり、訴訟物以外の事柄についても解決を図ることができるという柔軟性を有する。ただし、調停はあくまでも当事者間の合意による解決を図る手続であるため、当事者間の合意が得られない場合は、訴訟を提起せざるを得ない。

Ⅳ 訴訟

示談交渉、ADR、調停など当事者の合意に基づく解決が図れない場合には、訴訟を提起することとなる。また、訴訟は紛争を終局的に解決できるため、後遺障害の存否・等級が争点となっている場合や前提となる事実関係に争いがある場合には、訴訟による解決が適切である。

訴訟においては、当事者双方が相互に主張・立証を尽くし、裁判所により判決が下される。もっとも、実務では、和解による終局も多い。

〈図表1-2-2〉 各紛争解決手続の長所・短所

	長　所	短　所
示談交渉	・費用が安い ・迅速かつ柔軟な解決ができる	・交渉力の差が生じ得る ・当事者間の合意が必須 ・賠償額算定が任意保険基準でなされることが多い
ADR	・費用が安く、無償の場合もある ・損害額算定が赤い本基準に準じてなされる ・厳格な立証が不要 ・時効中断効が認められる場合がある	・自転車事故のように事故態様によっては利用できない ・事実関係に争いがある場合には利用できないことが多い ・債務名義にならない
調停	・訴訟に比べて費用が安い ・訴訟に比べて柔軟かつ早期の解決ができる ・加害者が無保険、被害者が治療中でも申立てができる ・時効中断効が認められる（不成立の場合には訴訟提起が必要）	・当事者間の合意が必須 ・片方の当事者が一方的に有利不利となることを嫌うため、妥協を迫られる場合がある
訴訟	・損害額算定が赤い本基準でなされる ・終局的な解決ができる ・各種証拠収集手続を利用できる ・弁護士費用、遅延損害金を請求できる	・費用が高く、審理に時間を要する ・手続が厳格で代理人を要する場合が多い ・手続が公開される

第3章 損害賠償

I 損害概念と損害項目

　被害者が交通事故による損害賠償請求を行うためには、損害の発生について主張・立証をしなければならない。損害の概念については、諸説存在するが、実務上は、債務不履行・不法行為がなければ被害者がおかれているであろう財産状態と、債務不履行・不法行為があったために被害者がおかれている財産状態との差額を損害ととらえる「差額説」に基づき、複数の損害項目を個別に算出し、これらを積算して総損害額を算出している。損害の種類は、①人身損害と②物的損害に大きく分けられ、①はさらにⓐ治療費、付添看護費などの積極損害、ⓑ休業損害、後遺障害逸失利益などの消極損害、ⓒ精神的損害としての慰謝料に区別される。

II 算定基準の種類

　損害の算定は、各個別事案ごとに判断される建前であるが、大量な事件処理の必要、公平さの担保および被害者救済の観点から、裁判所では損害項目ごとに一定程度定型化された算定基準が用いられている。算定基準を定型化したものには、公益財団法人日弁連交通事故相談センター東京支部編『損害賠償額算定基準』（通称「赤い本」）や公益財団法人日弁連交通事故相談センター編『交通事故損害額算定基準』（通称「青本」）等があり、現在裁判実務

では、「赤い本」に記載された基準が多く用いられている（「赤い本基準」）。

また、裁判外では自動車損害賠償保障法上の保険金額の支払基準である「自賠責基準」、各任意保険会社が独自に定めた計算方法である「任意保険基準」が存在する。これらの基準は、「赤い本基準」に比べ、損害額は低額となることが多い。

以下では、「赤い本基準」に基づき各損害項目の算定につき論じる。

III 積極損害

1 治療関係費

治療関係費には、治療費、柔道整復等の施術費、器具薬品代、温泉治療費等、入院中の特別室使用料、症状固定後の治療費、将来の手術費、治療費等などが含まれ、これらは、必要かつ相当な範囲ですべて損害として認められる。

相当期間の治療の後、これ以上治療を施しても大幅な改善が見込めない状態を「症状固定」といい、症状固定後の損害は後遺障害に関する賠償（後遺障害逸失利益、後遺障害慰謝料）として扱われるため、症状固定後の治療関係費は、原則として損害として認められない。ただし、症状固定時の状態を維持するために治療が必要な場合や症状固定時から口頭弁論終結までの間にリハビリが終わっている場合には、例外的に「将来の治療費」や「症状固定後の治療費」として認められることがある。

また、実務では、医師の指示がない場合の柔道整復（整骨院・接骨院）の施術費が問題となることが多く、施術が症状改善に効果があり、施術費用の妥当性がある限りにおいて損害として認められるが、施術費全額が損害として認められている裁判例は少ない。

2 付添費用

医師の指示または受傷の程度、被害者の年齢等により必要であれば、被害

者本人の損害として、入通院付添費および症状固定までの自宅付添費が認められる。職業付添人については実費を、近親者付添人については一定の日額（入院の場合は1日につき6500円、通院の場合は1日につき3300円）に付添いをした日数を乗じた額を損害とする。

3 　将来介護費

　将来介護費とは、被害者に対する症状固定後に必要となるであろう介護費用をいう。医師の指示または症状の程度により必要があれば、原則として職業付添人は実費全額、近親者付添人は1日8000円が被害者本人の損害として認められるが、具体的看護の状況により介護費は増減することがある。

4 　入院雑費

　入院雑費とは、入院中に必要となる日用品雑貨費（寝具、衣類、洗面具、食器購入費）、栄養補給費（栄養剤等）、通信費（電話代、切手代等）、文化費（新聞雑誌代、ラジオ、テレビ賃借料等）、家族通院交通費等をいう（青本〔25訂版〕31頁）。入院期間中に支出した費用すべてが損害と認められるわけではなく、必要かつ相当な範囲内で認められる。近年は1日につき約1500円で定額化されている。

5 　通院交通費

　症状などによりタクシー利用が相当とされる場合以外は電車、バスの料金が、自家用車を利用した場合は実費相当額がそれぞれ認められる。自家用車を利用した場合の実費としては駐車場代、ガソリン代等が含まれる。
　また、被害者の症状が重篤な場合や被害者が年少の場合には、近親者の付添交通費や見舞いのための交通費も被害者本人の損害として認められる。

6 　学生・生徒・幼児等の学習費、保育費、通学付添費等

　事故による被害の状況に加え、被害者の年齢や家庭状況を考慮し、学習、

保育、通学付添いの必要性が認められれば、損害として認められる。

7　装具・器具等購入費

治療期間中および症状固定後に装具・器具等を使用する必要がある場合には損害として認められる。また、交換の必要があるものについては、原則として将来の費用も全額認められる。なお、社会福祉制度上給付がなされる装具・器具については、すでに給付がなされている分は損害から控除するが、将来分についてはあらかじめ控除しないのが通例である。

8　家屋・自動車等改造費

被害者の受傷および後遺障害の程度、内容を考慮し、玄関、浴室、自動車等必要性が認められれば、相当額が損害として認められる。また、転居した場合には、転居費用および家賃差額が損害として認められることもある。

9　葬儀関係費用

葬儀費用として支出した全額が認められるわけではなく、相当性のある範囲内で認められる。近年は原則として約150万円で認められている。なお、香典返しは損害として認められない。

10　損害賠償請求費用

診断書料等の文書料、保険金請求手続費用等が損害として認められ得る。

11　後見関係費用

成年後見開始の審判手続費用等が損害として認められ得る。

12　その他

被害者の死亡によってうつ病となった親族の治療費、医師への謝礼金等が損害として認められ得る。

13　弁護士費用

訴訟における損害賠償の認容額の1割程度は弁護士費用相当損害金として認められることが多い。ただし、実務では、事前交渉に基づく示談や訴訟上の和解が成立した場合には、弁護士費用は考慮されないのが一般的である。

14　遅延損害金

不法行為に基づく損害賠償債務は、被害者の請求を待たずに不法行為の時から当然に履行遅滞となるため（最判昭和37・9・4民集16巻9号1834頁）、交通事故による損害賠償債務の遅延損害金の起算点は事故日となる（初日算入）。すなわち、事故が発生した時点では損害額が確定していない場合でも、確定した損害額全額について事故日にさかのぼって支払日までの遅延損害金が認められる。

IV　消極損害

1　休業損害

(1)　意　義

休業損害とは、事故による受傷により休業しまたは十分な就労ができなくなったために、治癒または症状固定の時期までに現実に得ることができたであろう収入等が得られなかったことによる損害をいう。休業損害には、支給されるはずであった給与だけでなく、賞与の減額、諸手当および昇給も含まれる。

また、休業損害は、事故後から傷害の治癒時または症状固定時までの期間に限り認められ、それ以後については、後述する後遺障害による逸失利益の問題として区別される。

(2)　休業損害の算定方法

休業損害額は、現実の損失額が判明している場合にはその額となるが、現実の損失額が判明していない場合には、基礎収入の日額を認定し、これに実

際に休業した日数を乗じて算出する。実務では、現実の損失額が判明することは少なく、職業別の基礎収入額の算定方法に従い、休業損害額を算出する（下記(A)〜(E)参照）。

なお、自賠責保険では、原則として、休業1日あたり5700円の休業損害を支払うこととされており、5700円以上の減収があることが立証された場合に限り、例外的に休業1日あたり1万9000円を上限として、実損額が休業損害として支払われる。

(A) 給与所得者

給与所得者の場合、事故前3カ月の平均賃金を基礎に休業損害を算出し、不確定要素の強い職種については、より長期間の平均収入を基礎とする。有給休暇を使用した場合は、計算上収入減が生じていなくともその期間を休業期間として扱うことが認められる。賞与や諸手当の不支給、休業による降格や昇給昇格の遅延による減収も損害に含まれるとされている。所得税や住民税等の税金分を控除すべきかについては争いがあるものの、実務では控除せずに算定するのが一般的である。

(B) 事業所得者

個人事業者や自営業者等の事業所得者の場合、原則として事故前年の所得税確定申告書によって所得額を認定し、実治療日数を指標として休業日数を認定する。また、休業中の家賃、従業員給料などの支出のうち、事業の維持・存続のために必要やむを得ないものは損害として認められる。

確定申告書に基づかずに実際の所得額を立証するのは困難であり、立証ができなかった場合には、賃金センサスの平均賃金に基づき休業損害が算定される。

(C) 会社役員

会社役員の報酬は、そのすべての収入が休業損害の基礎とはならず、労働の対価としての収入（労務対価部分）と利益配当としての収入（利益配当部分）のうち、前者のみ基礎収入となる。そして、実務では、会社の規模、業務内容、営業状態、役員の職務内容や年齢、他の役員の職務内容や報酬額を

参考に労務対価部分の割合を判断している。

(D) 家事従事者

家事従事者が休養した場合には、受傷により家事に従事することができなかった期間につき、賃金センサス第1巻第1表の産業計、企業規模計、学歴計、女性労働者の全年齢平均賃金額を基礎として、損害額を算出する（最判昭和49・7・19民集28巻5号872頁、最判昭和50・7・8交民集8巻4号905頁）。

家事従事者とは、年令および性別にかかわらず家事を専業にしている者をいうが、1人で生活を営んでいる者や家事の手伝いをする程度の者は、家事従事者に含まれない。

家事従事者がパートタイマー等のいわゆる兼業主婦である場合、その現金収入と賃金センサスとを比較して高いほうを基礎収入とする。

(E) 無職者

(a) 失業者

失業者には原則として休業損害は認められないが、具体的な就職の予定がある場合や、労働能力および労働意欲に加え、就労の蓋然性がある場合には損害が認められる。後者は立証に困難が伴い、仮に立証がなされたとしても、賃金センサスよりも低額となることが多い。

(b) 学生、生徒、幼児等

学生、生徒、幼児等にも原則として休業損害は認められないが、アルバイト等による収入がある場合や、就職時期の遅延が生じた場合には例外的に認められ得る。

(3) 休業損害の立証方法

(A) 給与所得者

就業先が作成した、休業日数、給与および賞与の不支給、休業前3カ月の給与が記載された「休業損害証明書」により、休業損害を立証する。休業損害証明書は、任意保険会社所定の書式に従って作成されることが一般的である。また、これに事故前年度分の源泉徴収票を添付することが多い。

(B) 事業所得者

一般的には、事故前年度の確定申告書により立証する。また、納税証明書や課税証明書等を提出する場合もある。また、事業を始めたばかりで確定申告前である場合には、金銭出納帳や帳簿等の写し等を提出して実収入を立証する。

(C) 会社役員

一般的には、事故前年度の源泉徴収票や確定申告書を提出する。また、役員報酬のうち労務対価部分を立証するために法人事業概況説明書等を提出することもある。

2 後遺障害逸失利益

(1) 後遺障害の認定

後遺障害とは、交通事故による受傷が、将来においても回復の見込めない状態となり（症状固定）、交通事故と残存した傷害との間に相当因果関係が認められ、その存在が医学的に認められるもので、労働能力の喪失を伴うものをいう。

後遺障害に対する自賠責保険金の給付を受けるためには、損害保険料率算出機構の自賠責損害調査事務所による等級認定を受ける必要がある。被害者は、被害者請求（16条請求（第1章Ⅰ1(3)(B)参照））、あるいは一括払制度に伴う事前認定（第1章Ⅰ1(3)(C)参照）により後遺障害等級認定を受ける。等級認定は、被害者あるいは任意保険会社により提出された後遺障害診断書等の書面に基づき、障害認定基準に沿って行われる。

被害者は、後遺障害等級認定に不服がある場合には、被害者請求の場合には自賠責保険会社に対して、一括払制度に伴う事前認定の場合には任意保険会社に対して、異議を申し立てることができる。ただし、一般的には、未提出の検査結果や医師の意見書など、新たな資料を提出しなければ、認定が変更されることはほとんどない。

(2) 後遺障害逸失利益の計算

後遺障害逸失利益とは、交通事故による後遺障害がなければ将来的に得ら

れていたであろう収入等の利益をいい、以下の計算式によって算定される。

> 基礎収入×労働能力喪失率×労働能力喪失期間に対応する中間利息控除係数

(A) 基礎収入

後遺障害逸失利益における基礎収入は、基本的に休業損害における基礎収入と同様である。

ただし、後遺障害逸失利益は将来うべかりし利益であるという特殊性から、若年労働者の場合には、実収入ではなく全年齢平均の賃金センサスを用いることがある。また、学生・生徒・幼児等については、休業損害と異なり、賃金センサス第1巻第1表の産業計、企業規模計、学歴計、男女別全年齢平均の賃金額を基礎とするが、実際には収入を得ていないため、収入額、支出額および算定期間等により調整されることがある（最判昭和39・6・24民集18巻5号874頁）。

(B) 労働能力喪失率

労働能力喪失率とは、労働能力がどの程度低下したかを数値化したものであり、労働省労働基準局長通牒（昭和32年7月2日基発551）別表労働能力喪失率表を参考に、被害者の職業、年齢、性別、後遺症の部位、程度、事故前後の稼働状況などの個別具体的な事情を総合的に判断して認定される。

(C) 労働能力喪失期間

労働能力喪失期間の始期は症状固定日であり、未就労者の場合、原則として18歳であるが、大学へ進学する場合は修学終了予定時とされている。一方終期は、原則として67歳までとされているが、年長者は、67歳までの年数と平均余命の2分の1のいずれか長いほうとされている。

なお、いわゆるむち打ち症の場合には、一定期間に制限されることが多い。

(D) 中間利息控除

被害者は、一時金で支払われた損害賠償金を運用等することにより、年払いで支払われたときに比してより大きな補償を得ることとなるため、逸失利益の計算の際には、利益が生ずるであろう時までの中間利息を控除する必要

がある。東京地方裁判所では、ライプニッツ式を用いて中間利息控除の計算を行っている。また、中間利息控除の基準時については、症状固定時とする見解と交通事故時とする見解があるが、実務では症状固定時とすることが多い。

3 死亡逸失利益

死亡逸失利益とは、交通事故により死亡しなければ将来的に得られていたであろう収入等の利益をいい、以下の計算式によって算定される。

> 基礎収入×（1－生活費控除率）×就労可能年数に対応する中間利息控除係数

(1) 基礎収入

死亡逸失利益における基礎収入は、基本的に後遺障害逸失利益の場合と同様である。

ただし、高齢者については、年金の逸失利益性が問題となる。この点、最高裁判所は、国民年金の老齢年金（最判平成5・9・21裁判集民169号793頁）、障害年金（最判平成11・10・22民集53巻7号1211頁）、退職年金（最判平成5・3・24民集47巻4号3039頁）を死亡逸失利益の基礎収入とすることを認めている。他方、遺族年金（最判平成12・11・14民集54巻9号2683頁）や年金恩給である扶助料（最判平成12・11・14裁判集民200号155頁）については、基礎収入として認めていない。なお、国民年金等の受給前であっても、受給資格を得ている場合には、基礎収入として認められることがある。

(2) 生活費控除率

死亡逸失利益の算定においては、支出することがなくなった生活費控除をする必要があり、死亡後の生活費を明らかにすることが困難であることから、〈図表1-3-1〉の生活費控除率が用いられている。

(3) 就労可能年数

就労可能年数の始期は、未就労者の場合、原則として18歳であるが、大学へ進学する場合は修学終了予定時とされている。一方終期は、原則として67

〈図表 1-3-1〉 被害者死亡に伴う生活費控除率

被害者が一家の支柱であった場合	
被扶養者が1名	40%
被扶養者が2名以上	30%
被害者が一家の支柱以外の者であった場合	
女子（主婦、独身、幼児等を含む）	30%
男子（独身、幼児等を含む）	50%

歳までとされているが、年長者は、67歳までの年数と平均余命の2分の1のいずれか長いほうとされている。なお、年金の逸失利益は平均余命に基づき計算する。

(4) 中間利息控除

東京地方裁判所では、ライプニッツ式が用いられている（上記2(2)(D)参照）。

(5) 幼児の養育費

幼児が死亡した場合、将来の養育費の支払いを免れた部分については、死亡逸失利益から控除しない。

V 慰謝料（精神的損害）

1 死亡慰謝料

(1) 慰謝料額

死亡慰謝料は、被害者が交通事故により即死した場合を含めて、被害者本人にその請求権が発生し、相続人に相続されると考えられている。

もっとも、精神的な苦痛の程度を個別に客観的な判定をするのは困難である。そこで死亡慰謝料の金額については、実務上、〈図表1-3-2〉のような一定の基準が設けられている。

〈図表1-3-2〉 死亡慰謝料の実務上の基準

被害者が一家の支柱である場合	2800万円
被害者が母親または配偶者の場合	2400万円
その他の場合	2000万円〜2200万円

(2) 近親者固有の慰謝料請求権

　民法711条は、被害者の父母、配偶者および子が、被害者から相続した損害賠償請求権とは別に、精神的苦痛による損害賠償を請求することができる旨規定している。また、被害者の父母・配偶者・子に準ずるような近親者については、民法711条の適用が認められる場合があるとされている（最判昭和49・12・17民集28巻10号2040頁）。

　なお、近親者固有の慰謝料の額は〈図表1-3-2〉の基準に含まれていると考えられている。

2　傷害慰謝料

　傷害慰謝料は、原則として入通院期間を基礎として、赤い本「別表Ⅰ」により算定される（赤い本〔2016年（平成28）年版〕（上巻）171頁）。ただし、通院が長期にわたり不規則になされている場合は、実通院日数を3.5倍した日数を基礎とすることもある。

　仕事や家庭の都合のように被害者側の事情により入院期間を短縮した場合、生死が危ぶまれる状態が継続した場合、手術が連続した場合等は、入通院期間の長短にかかわらず、慰謝料額を増額する。また、傷害の部位、程度によっては、別表Ⅰの金額を20〜30％程度増額することもある。

　むち打ち症で他覚所見がない場合や軽い打撲、挫傷の場合は入通院期間を基礎として、別表Ⅰに比べ低い金額を定めている別表Ⅱを使用する（赤い本〔2016年（平成28）年版〕（上巻）172頁）。通院が長期にわたり不規則になされている場合は、実通院日数を3倍した日数を基礎とすることもある。

〈図表1-3-3〉 被害者本人の後遺障害慰謝料

等級	慰謝料額	等級	慰謝料額
1級	2800万円	8級	830万円
2級	2370万円	9級	690万円
3級	1990万円	10級	550万円
4級	1670万円	11級	420万円
5級	1400万円	12級	290万円
6級	1180万円	13級	180万円
7級	1000万円	14級	110万円

3　後遺障害慰謝料

　被害者本人の後遺障害慰謝料は、実務上、後遺障害の程度に応じて〈図表1-3-3〉のとおり認められている。

　また、後遺障害等級14級に至らない場合でも、それに応じた後遺障害慰謝料が認められることがある。また、1級および2級の重度後遺障害の場合には、近親者にも慰謝料請求権が認められる。

4　慰謝料の増額事由

　加害者に故意や重過失（無免許、ひき逃げ、酒酔い、著しいスピード違反、ことさらな赤信号無視等）のある事故態様であったり、加害者に著しく不誠実な態度等（救護しない、謝罪しない、虚偽の報告、不合理な弁解等）がある場合には、慰謝料の増額が認められる場合がある。

Ⅵ 物的損害

交通事故により、運転していた車両等物の損傷により生じた損害が物的損害であり、具体的には以下のものがある。

1 修理費

車両を事故前の状態に回復するためにかかる修理費は、修理が相当な場合、適正修理費相当額が認められる。適正修理費相当額であれば、修理費用を支出する前でも、修理費として認められる。

2 買替差額

①車両が物理的に修理不能な場合（物理的全損）、②修理費が当該車両時価額に買取諸費用を加えた金額を上回るため修理する合理性がない場合（経済的全損）、および③損傷が重大であり社会通念上修理よりも買い替えが相当であるといえる場合（社会的全損）には、事故時の車両時価相当額と売却代金の買替費用が損害として認められることがある。そして、実務上、時価の算定には、「オートガイド自動車価格月報」（オートガイド社刊。通称「レッドブック」）や「中古車価格ガイドブック」（一般財団法人日本自動車査定協会刊。通称「イエローブック」）が用いられている。

3 登録手続関係費（買替諸費用）

買替諸費用とは、被害車両に替えて新車を購入した場合に要する諸費用ではなく、被害車両と同一の車種・年式・型、同程度の使用状態・走行距離等の自動車を中古車市場において取得した場合に要する諸費用をいう（東京地判平成15・8・4交民集36巻4号1028頁）。そして、そのうち登録手数料、車庫証明手数料、納車手数料、廃車手数料、自動車取得税および被害車両の自動車重量税の未経過分は損害として認められる。他方、自賠責保険料および新

車の自動車税・自動車重量税などは損害として認められない。

4　評価損

　交通事故によって損傷した車両を修理したとしても、外観や性能などに欠陥を生じてしまったり、事故歴がついて価値が低下してしまった場合に、この車両の価値の低下を「評価損」という。前者を技術上の評価損、後者を取引上の評価損といい、技術上の評価損は認められやすい傾向にあるが、取引上の評価損は実務上も判断が分かれている。

5　代車使用料

　車両の修理期間中または買替期間中、代車を使用する必要性がある場合には、その使用料は、損害として認められる。修理期間は、一般的に1週間ないし2週間程度とされている。

　代車使用の必要性は、営業上の必要である場合や自動車がなければ通勤・通学ができないなど日常生活に不可欠である場合に認められるが、代替車両や公共交通機関が存在する場合には認められない。

6　休車損

　休車損とは、営業用車両（緑ナンバー等）の修理期間中または買替期間中、車両を使用できれば得られたであろう営業利益の損失をいい、相当な期間について認められる。休車損の金額は、1日あたりの収入から稼働しないことにより支出を免れた経費を控除し、これに相当な修理期間または買替期間を乗じて算定される。

　代車使用料が認められる場合には、それにより利益を得ることが可能であるため、休車損は認められない。

7　雑費

　車両の引き揚げ代、レッカー代、保管料、時価査定料・見積費用、廃車

料・車両処分費・代車整備費用、代車エンジン調整費、代車看板文字代、交通事故証明交付手数料、オーディオ等設備の移設費用等も損害として認められる。

8 営業損害等

家屋や店舗に自動車が飛び込んだ場合等に、家屋や店舗の修理費、商品や設備の修理費、休業を余儀なくされた店舗の営業利益等が損害として認められる。

9 積荷その他の損害

車両の積載物や着衣・携行品が損傷した場合、修理可能な場合には修理費が、修理不可能な場合はこれらの時価額が損害として認められる。ただし、積荷や携行品が高価品であり、加害者がその事情（高価品が積載されていた事情）を知り得る状況になかった場合には、一定程度減額されたり、賠償対象からはずされることがある。

10 物損に関する慰謝料

物損に関する慰謝料は、原則として認められないが、愛玩用のペットが事故にあった場合については、慰謝料が認められる余地がある（東京地判昭和40・11・26判時427号17頁）。

11 ペットに関する損害

治療費、交通費、血液検査費用、葬儀費用、慰謝料等が損害として認められている。

Ⅶ 損益相殺

損益相殺とは、被害者が交通事故により損害を被るとともに、利益を受け

〈図表1-3-4〉 損益相殺の対象

損益相殺されるもの	損益相殺されないもの
・自賠責損害賠償額 ・各種社会保険給付 ・労災保険法に基づく給付金 ・厚生年金保険法に基づく給付金 ・国民年金保険法に基づく給付金 ・健康保険法に基づく給付金	・自損事故保険金 ・搭乗者傷害保険金 ・生命保険金 ・傷害保険金 ・労災保険法に基づく特別支給金 ・見舞金および香典

た場合に、損害賠償額からその利益相当額を控除することをいう。法律上の定めはないが、公平の観点から実務上当然に認められている。

損益相殺の対象となるものとしては、自賠責損害賠償額や遺族年金、障害年金、傷病手当金等の各種社会保険給付等がある。

なお、控除が認められる場合にも同一の損害項目からのみ控除が認められ、また、支給が確定していない場合には控除は認められない。

また、損益相殺と過失相殺のいずれを先にするかによって、損害賠償額が異なるため問題となる。判例および裁判例では、厚生年金保険法、国民年金保険法、健康保険法に基づく給付金については、損益相殺の後に過失相殺をすることとしているが、労働者災害補償保険法（労災保険法）に基づく給付金については、判断が分かれている。ただし、実務上、任意保険会社との示談交渉では、被害者に有利となるように過失相殺前に損益相殺を行うことが多い。

VIII 素因減額

素因減額とは、損害の発生・拡大について、被害者の特異な性格、賠償性神経症、うつ病の既往症等の「心因的要因」や椎間板ヘルニア、脊柱管狭窄の既往症等の「体質的・身体的素因」が寄与・競合している場合に、その被

害者の素因を斟酌して損害賠償額を減額することをいう。

　最高裁判所は、民法722条の過失相殺規定を類推適用し、素因減額を肯定しているが（最判昭和34・11・26民集13巻12号1562頁）、実務上いかなる素因をどの程度考慮するかについては、事案ごとに個別具体的な判断がなされている。

IX　過失相殺

　過失相殺とは、「損害の公平な分担」の観点から、被害者に過失がある場合に、それを斟酌して損害賠償額を減額することをいう（民法722条）。

　実務では、大量な事件処理の必要、公平さの担保の観点から、これまでの裁判例の積み重ねにより、典型的事故については過失相殺率が一定程度定型化されており（東京地裁民事交通訴訟研究会編『民事交通訴訟における過失相殺率の認定基準（別冊判例タイムズ38号）』）、裁判のみならず事前交渉段階でもそれが広く用いられている。

X　損害賠償請求の根拠

1　運行供用者責任

(1)　意　義

　自動車損害賠償保障法3条は、「自己のために自動車を運行の用に供する者は、その運行によつて他人の生命又は身体を害したときは、これによつて生じた損害を賠償する責に任ずる。ただし、自己及び運転者が自動車の運行に関し注意を怠らなかつたこと、被害者又は運転者以外の第三者に故意又は過失があつたこと並びに自動車に構造上の欠陥又は機能の障害がなかつたことを証明したときは、この限りでない」と規定している。同条は、損害賠償責任を負う者の範囲を直接の加害者以外の者にも拡大するとともに、過失の立証責任を加害者側に転換することで、被害者救済を図っている。

(2) 運行供用者

　自己のために自動車を運行の用に供する者を一般的に「運行供用者」という。判例上、「運行供用者」は、自動車の使用についての支配権である「運行支配」を有し、自動車の使用により享受する利益である「運行利益」が自己に帰属する者とされているが（最判昭和43・9・24判タ228号112頁）、近年ではその解釈が弾力化している傾向がある。「運行供用者」として認められた典型例としては、自動車の所有者、レンタカー会社、リース会社、タクシー会社等がある。

　また、「運行」とは、「自動車を当該装置の用い方に従い用いること」（自動車損害賠償保障法2条3項）をいい、原動機（エンジン）、走行装置（アクセル・ブレーキ）に限らず、ドアやトラックの荷台等の当該自動車に固有の装置の利用による事故も運行供用者責任の対象となる。

2　不法行為責任

(1)　一般不法行為責任

　物的損害が発生した事故、運行供用者にあたらない運転者による事故、自転車等自動車損害賠償保障法の適用がない車両による事故の場合等には、一般不法行為責任（民法709条）に基づき損害賠償請求を行う。

(2)　使用者責任

　使用者が事業のために従業員を使用し、従業員が外形上その事業の執行について交通事故を起こした場合には、運行供用者責任を追及できなくとも、使用者責任（民法715条）に基づき損害賠償請求を行うことができる。

(3)　監督者責任

　未成年者による自転車事故のように、責任無能力者が交通事故を起こし被害者に損害を与えた場合には、親権者等の監督者に対し監督者責任（民法714条）に基づき損害賠償請求を行うことができる。責任能力を欠く未成年者の範囲については、裁判例でも判断の分かれるところではあるが、未成年者に責任能力がある場合にも、監督者が監督義務を怠ったとして、一般不法

行為責任（民法709条）が成立するとした判例がある（最判昭和49・3・22民集28巻2号347頁）。

　(4)　共同不法行為

　複数の加害者がいる交通事故にあった場合や交通事故で受傷し医師の治療を受けた被害者が医療過誤により症状が悪化した場合には、複数の侵害行為者は、各自が連帯してその損害全額を賠償する責任を負う（民法719条）。共同不法行為では、寄与度減責の可否が問題となるが、交通事故と医療過誤が競合した事案で、寄与度減責を否定し、各共同不法行為者に損害全額を賠償する責任を認めた判例がある（最判平成13・3・13民集55巻2号328頁）。

　また、交通事故にあい、その治療中に別の交通事故にあい同じ部位を負傷した場合には、異時共同不法行為が成立し、2回目の事故発生前の損害賠償責任を1度目の事故の加害者が負い、2回目の事故発生後の損害賠償責任を2回目の事故の加害者が負うこととなる。もっとも、自賠責保険の請求上限は通常の2倍の240万円となり、後遺障害の等級認定に関しては、双方の自賠責保険会社に申請することができる。

XI　消滅時効

1　時効期間と起算点

　(1)　加害者に対する請求

　運行供用者責任（自動車損害賠償保障法3条）や一般不法行為責任（民法709条）に基づく損害賠償請求権は、被害者またはその法定代理人が損害および加害者を知った時を起算点として3年間行使しないときは時効によって消滅する（民法724条前段、自動車損害賠償保障法4条）。実務における「損害及び加害者を知った時」の取扱いは〈図表1-3-5〉のとおりである。

　(2)　自賠責保険に対する請求

　自動車損害賠償保障法に基づく保険金等の請求権の消滅時効期間は、同法改正により平成22年4月1日以降発生の交通事故につき、2年から3年に変

〈図表 1-3-5〉 損害賠償請求権の消滅時効の起算点（初日不算入）

物損による損害	事故日から3年
傷害による損害	事故日から3年
死亡による損害	死亡日から3年
後遺障害による損害 （傷害による損害も含む）	症状固定日から3年
加害者が不明の場合（ひき逃げの場合等）	加害者が判明してから3年あるいは事故日から20年のうち短いほう

〈図表 1-3-6〉 自賠責保険に基づく保険金等の請求権の消滅時効の起算点

被害者請求

傷害による損害	事故日から3年
死亡による損害	死亡日から3年
後遺障害による損害 （傷害による損害も含む）	症状固定日から3年

加害者請求

加害者が被害者や病院に損害賠償金を支払った日から3年

更された。各請求手続と起算点の関係は〈図表1-3-6〉のとおりである。

2 時効の中断

　時効の中断事由は民法147条以下のとおりであり、交通事故事案では、被害者が裁判上の請求（調停申立て、訴訟提起）をした場合（請求）、加害者または保険会社が書面による賠償額の提示や示談金の仮払いをした場合（承

認）等に時効が中断する。示談交渉が長期にわたり時効期間満了が迫っているにもかかわらず、加害者側が債務の承認をしない場合には、被害者側は、催告をして6カ月間時効期間を延長するか、裁判上の請求をして時効の中断をしなければならない。

　なお、自賠責保険への被害者請求や時効中断申請書の提出、自賠責保険会社からの支払いは、自賠責保険会社に対する保険金請求権の時効中断事由にはなるものの、加害者に対する損害賠償請求権の時効中断事由とはならない。

第2編 交通事故事件の現場
——モデルケースを素材として

第1章 物損事故──過失の有無（事故態様）

I 事案の概要

──〈*Case*①〉──

　事案は、自動車同士の交差点での出会い頭の事故（〈図表2-1-1〉参照）である。依頼者X（代表者A）および相手方Y共に自車が青信号であったと主張し、事故態様が争点となった。

　損害として、X（その代表者A）はいわゆるむち打ち症となったが、人損については自賠責保険でカバーされたため争いは生じなかった。しかし、相手方Yが任意保険に加入していなかったこともあり、物損（修理費と代車使用料）につき争いが生じた。

II 実務上のポイント

〈*Case*①〉における実務上のポイントは、以下の2点である。

① 事故態様の立証方法──刑事事件記録の活用
② 無保険者を相手方とする場合の訴訟戦略

Ⅲ 事件受任

　甲弁護士は、東京都内において個人で法律事務所を経営している。

　交通事故事件は年に1回受任するかどうかという程度で、交通事故事件に精通しているわけではないが、とある地方のお客から、交通事故事件の紹介を受けた。

　紹介者の話をまとめると、事故の状況等は、おおよそ以下のとおりであった。

　　被害者は、有限会社X（以下、「X」という）である。内装業を営むA氏が法人成りした会社で、従業員などはいない。事故車両の所有者は、Xなので、物損事故の被害者は、Xとなる。

　　事故が起きたのは、A氏が仕事帰りに事故車両（社有車）を運転していた時である。A氏が細い道路を進行し、広い道路との交差点に差しかかった時、対面信号が赤信号であったので停止した。A氏運転の車両は、先頭車両であった。対面信号が青に変わったため、通常どおり発進し、広い道路に差しかかったところ、広い道路を進行していたY運転の車両がA氏運転の車両の右前部に衝突した。

　　事故状況を図で示すと、〈図表2-1-1〉のとおりである。

　　事故発生後、Yは、「ごめんなさい」と謝ったそうだが、110番通報し、警察官が臨場すると、自車は青信号だったと主張し始めた。

　　A氏は首に違和感を覚えたため、救急車で病院に搬送され、むち打ち症と診断された。これについては自賠責保険で補償されており、A氏（X）としては、特に争う意図はない。問題は物損について、事故車両の修理費として130万円と90日間の代車使用料として90万円、合わせて220万円の損害が生じており、X側の損害保険会社を通じてYと交渉したが、Yは、自分のほうが青信号であり、信号無視をしたのはXで

あると言って譲らず、示談成立の見通しが立たない。このままではらちがあかないのでA氏としては訴訟したいという意向であった。

悩ましい問題としては、相手方Yは任意保険に加入していないということがある。Yは、50歳代後半の専業主婦であり、資力があるかどうかわからない。任意保険に加入していないことからすれば、むしろ資力に乏しいのではないかと推察される。仮に訴訟で勝訴しても回収可能性がなく、弁護士費用等が無駄になることが懸念される。

〈図表2-1-1〉 事故発生状況図（《Case①》）

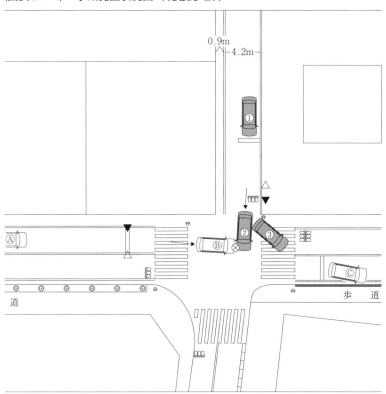

事故発生の模様	（契）	（相）	相互の位置関係
最初に相手を発見し得る地点			1〜2：約13.4m
最初に相手を発見した地点			2〜3：約3.0m
危険を感じた地点			A〜B：約25.0m
回避を行った地点			B〜C：16.0m
衝突地点	2	B	
衝突後の停止（転倒）地点	3	C	

（（契）がX、（相）がY。一部省略）

Ⅳ 依頼者（X代表者A氏）との打合せ

1 事前準備

　紹介者からの話で、大まかな事件の概要は把握できた。双方の主張の隔たりが大きく、示談ではまとめようもないので、訴訟が必須であろう。その前提で依頼者は打合せをしたいとのことであり、後日、依頼者と甲弁護士は、直接面会する運びとなった。

　当日、話を聞いてから、資料を用意してもらうのでは二度手間三度手間になるので、事前に用意してもらいたいものをリストにして、依頼者に電子メールで伝えることにした。

　交通事故の場合、基本的な資料として、まず事故証明書（【書式2-1-1】）は不可欠である。損害保険会社が介在しているので、保険会社が事故調査報告書等を作成している場合もあり、そうであれば事故調査報告書も必要である。また、損害を証明するものとして、まず車両の所有関係を明確にするための車検証と依頼者が法人であるため、会社の現在事項全部証明書（商業登記簿謄本）は必須である。車両の損傷状況を撮影した写真があればそれと車

両修理代の領収書と代車を出してもらったとのことなので代車使用料の領収書も必要となる。

〈*Case*①〉で最も問題となるのは、どちらの信号が青だったのか、という事故態様の立証である。刑事事件記録が証拠として最適であるが、刑事事件として立件されていないと記録は作成されない。立件されている場合、捜査の進捗状況等を把握しておきたいので、資料ではないが、刑事事件の事情を事前に依頼者のほうでまとめておいてもらうことにする。最後に、損害保険会社と弁護士とでやりとりすることも予想されるので、保険会社の担当者の所属と名前を確認しておいてもらう。初動では、まずこれだけのものがあれば、大体の見通しは立てられる。

以上をリストにすると以下のとおりである。
① 交通事故証明書（【書式 2-1-1】）
② （あれば）損害保険会社作成の事故調査報告書
③ 車両損傷を撮影した写真
④ 車検証
⑤ 現在事項全部証明書（商業登記簿謄本）
⑥ 修理費および代車使用料の領収書
⑦ （刑事事件の有無・進捗状況等の情報）
⑧ （損害保険会社の担当者情報）

前記電子メールをＡ氏に送信したところ、Ａ氏から、「すべて手元にあるし、詳しいことは調査報告書に書いてあるから打合せの前に郵送する」との返信があったので、早速に送付してもらうこととした。

2　証拠の吟味

資料が送られてきた。依頼者Ｘ（Ａ氏）の主張によれば、自車が青信号であったとのことだが、記憶違い、勘違いがあるかもしれないし、嘘を言っている可能性もある。事件処理の方向性や見通しを立てるためにも事前に客観的証拠を吟味して、自分なりの心証をとっておくこととする。

Ⅳ　依頼者（Ｘ代表者Ａ氏）との打合せ

【書式2-1-1】　交通事故証明書（《Case①》）

□□□-□□□□
住所　_____

氏名　○○損害保険株式会社

事故照会番号	○○署　第×××号		甲・⑳		_____との続柄	本人・⑪理人	
発生日時	平成27年5月23日　午後2時5分ころ						
発生場所	○○県○○市××					備考	
甲	住所	○○県○○市××　　（TEL00-0000-0000)				甲・乙以外の当事者 無	
	フリガナ氏名		生年月日	昭和××年4月　日（52歳）			
	車種	自家用車 普通乗用自動車	車両番号	○○33た9999			
	自賠責保険関係	有り △△海上火災	証明書番号	ABC123456-3			
	事故時の状態	㊥転・同乗（運転者氏名　　　　　）・歩行・その他					
乙	住所	○○県○○市××　　（TEL00-0000-0000)					
	フリガナ氏名		生年月日	昭和×○年5月　日（58歳）			
	車種	自家用車 普通乗用自動車	車両番号	△△33な9999			
	自賠責保険関係	有り △△損保	証明書番号	EFG123456-3			
	事故時の状態	㊥転・同乗（運転者氏名　　　　　）・歩行・その他					
事故類型	人対車両	車両相互					車両単独			踏切	不明・調査中
		正面衝突	側面衝突	出合い頭衝突 ○	接触	追突	その他	転倒	路外逸脱	衝突	その他		

上記の事項を確認したことを証明します。
　なお、この証明は損害の種別とその程度、事故の原因、過失の有無とその程度を明らかにするものではありません。

　　　　　　　　　　　　平成27年　7月27日
　　　　　　　　　　　　自動車安全運転センター
　　　　　　　　　　　　　　　　　　　　○○県事務所長　　印

証明番号	15001	照合記録簿の種別	人身事故

まず、事故車両の損傷部位を撮影した写真を見る。撮影日は、事故の3カ月ほど後の日付で、損害保険会社が撮影したようだ。A氏（X）の車両は、白い普通自動車である。その右前輪のバンパーからフェンダーにかけて大きく陥没しており、ボンネットは、シャーシの歪みのためか、閉めることができないようで開いたままになっている。自動車の右側から当てられる形で事故が発生したことは間違いない。損傷の大きさは中程度といったところか、低速でコツンとあたったという程度の衝突ではない。時速40から50キロメートルほどによる衝突だと推測する。

　車検証の記載から所有者はXで間違いない。物損のみ請求する場合の原告は、法人であるXとなることを確認する。

　損害額として、130万円の修理代の領収書と90日分の代車使用料90万円の領収書の原本がある。これで損害額の立証はできる。ただ、代車を90日も使ったことについての事情はわからない。ほかに損害として考えられるのは弁護士費用だが、これは弁護士会の旧報酬規定を使うことにする。

　損害保険会社が作成した調査報告書をみる。A氏の供述による事故の態様は次のようなものであった。

　「事故があったのは平成27年5月23日午後2時頃。A氏は、仕事の打合せを終え、いったん自宅に帰ろうとして自動車を運転していた。事故現場の交差点は、何度も通った道である。現場交差点は〈図表2-1-1〉のとおり、A氏が進行していた道が細く、制限速度は時速40キロメートルである。相手方Yが進行していた道路は、県道で広く交通量も多かった。制限速度は時速40キロメートルである。

　A氏は、細い道を時速20～30キロメートルで進行していたところ、対面信号が赤色だったため停止線先頭に停止し信号待機していた（〈図表2-1-1〉の①）。対面信号が青色に変わったため発進し、交差点に入ったところ、右方から車の影が視界に入ったが回避する暇もなく自車の右前部に衝突された（〈図表2-1-1〉の②）」。

　調査報告書には、本件事故によりA氏はいわゆるむち打ち症となり、相

手方Ｙは、業務上過失傷害で検察官送致される予定と記載されている。そして、重要な情報として、事故後に警察が検問を行い、その結果、Ａ氏の自動車の後方を走行していた目撃証人が存在することと、その証言内容が「対面信号が青色になった時、目の前の県道を大型トラックが信号を無視して通過し、その後、Ｙの車が同じく信号無視して交差点に進入し、Ａ氏の車と衝突した」というものであることが記載されている。これを受け、損害保険会社では、過失割合をＡ氏：Ｙ＝０：10と判断している。

この目撃証言は、調査員が警察官から聴き取り書面化したもので、その意味では再々伝聞になるが、何の利害関係もない目撃証人が虚偽の話をする動機がなく、おそらく真実であろう。

ひととおり資料をみて、甲弁護士は、Ａ氏のほうが青信号であり、Ｙが信号を無視して事故が発生したとの心証を得た。〈*Case* ①〉は、基本的に勝ち筋であるが、目撃者の証言をどのように法廷に顕出するかが鍵となる。

3　Ａ氏との打合せ

Ａ氏と打合せを行った。事実関係については、調査報告書等でかなり詳細な事実や現場の位置関係、車両間の関係まで把握できているので、調査報告書の記載に間違いがないかＡ氏に確認するだけである。補足的に、代車を90日もの間必要とした事情と、現時点での刑事事件の進捗状況を聞いてみた。Ａ氏いわく、代車については、Ｙが修理代を支払ってくれないので事故車両の修理ができず、その間代車を使わざるを得なかったということのようである。事故車両は、Ｘの営業車両であり、代車使用自体は認められるだろうが、期間については、若干微妙なところがある。刑事事件に関しては、平成27年６月頃に警察署に被害者として取調べを受け供述調書を作成したが、その後、全く連絡もなく、どうなっているのかわからないとのことであった。

以上を簡単に聞いたうえで、いよいよ打合せの本題に入る。すなわち、Ｙは無保険なので、訴訟に勝利しても回収可能性に乏しく、弁護士費用が無駄に終わる場合も考えられるが、それでも訴訟をするか、について確認する。

甲弁護士は、この旨をA氏に率直に話したうえで以下のとおりのやりとりをしたところ、話がまとまり、正式に受任することとなった。

> 甲弁護士：Aさん。今回保険会社さんもいろいろ動いてくれて助かっていますが、Aさんの保険には弁護士特約というものがついていませんか。もしついていれば、弁護士に支払う費用や裁判所に支払う費用も保険でカバーできるのですが。
> A　氏：先生、それは保険屋に聞いたからわかっています。お金がかからないなら徹底的にやりたいと思っています。今後は保険屋さんと先生で詰めていただけますか。
> 甲弁護士：よかった。弁護士特約が付保されているのですね。それでは思う存分に訴訟をさせていただきましょう。ただ一応リスクと見通しを説明しますね。まず、保険を使うとなると保険料が来年から上がるかもしれませんから、保険屋さんに確かめておいてください。それから、先ほどもお話したとおり、Yさんは保険に入っていないようです。専業主婦ですから、お金はあまりないでしょう。つまり勝訴しても強制執行する財産もないと思います。ですから、訴訟がある程度進んだところで和解して、少しずつでもお金を払ってもらったほうがよいように思います。
> A　氏：わかりました。あまりに少ない金額では困りますが、ある程度の金額なら結構です。

V　訴訟提起と検討

1　訴訟戦略──目的は和解、目標は目撃証言の顕出

クラウゼヴィッツの顰（ひそみ）に倣えば〈*Case*①〉の基本戦略は上記のとおりと

なる。相手方であるYに資力が認められない以上、判決をとりにいっても紙切れに終わる公算が高い。任意で支払わせるほうが実効性があるので可能な限り有利な和解で終わらせることが目的である。有利な和解をするためには、裁判所にYが信号を無視したという心証を与えることが不可欠であり、目撃証言を顕出することが当面の目標となる。

2　目撃証言の顕出方法

損害保険会社の調査報告書の記載やA氏からの聴取りからすれば、事故後行った検問で目撃者をみつけたとのことであるから、警察による実況見分が行われていると考えられる。この目撃者による実況見分調書を入手し、証拠として提出すればよいこととなる。

入手方法としては、弁護士法23条の2による照会（弁護士会照会）か文書送付嘱託またはいわゆる犯罪被害者保護法に基づく閲覧・謄写請求のいずれかによることになるが、前提として刑事事件記録の閲覧・謄写が許される場合でなければならない。

一般的に刑事事件記録の閲覧・謄写の運用は、〈図表2-1-2〉のとおりとなっている。

〈*Case*①〉で、今現在判明している刑事事件の状況は、業務上過失傷害で警察が刑事事件として立件していることと被害者の供述調書が作成されたところまでである。起訴されるかどうかはおろか、検察官送致がされるかどうかもわからない。刑事事件のめどがついてから民事訴訟を提起するという選択肢も理屈の上ではあるが、現実問題として業務上過失傷害のような軽微な犯罪は、数年間店晒しにされることも珍しくなく、刑事事件の進展を待っていては、3年の消滅時効時間を経過してしまうおそれもある。

見通しでは、この刑事事件は、傷害結果が軽いため、不起訴（起訴猶予）になると考えられる。そうすると、今後の手続としては、検察官送致し、検察官が被疑者（Y）を取り調べたうえで最終決裁をとるだけであり、本気になればそれほど時間はかからないはずである。直ちに民事訴訟を提起し、こ

〈図表2-1-2〉 刑事事件記録の閲覧・謄写の運用

不起訴記録	原則実況見分調書・付属書類のみ（平成20年11月19日付法務省刑事局長通達）
継続中記録	第1回公判後（犯罪被害者保護法）
確定記録	原則として誰でも閲覧・謄写可（刑事確定記録法4条、記録事務規程17条）

ちらを進行させつつ、弁護士会照会や文書送付嘱託で刑事事件の進捗を促しつつ、不起訴になった段階で目撃者による実況見分調書を文書送付嘱託で入手するという大まかな作戦を立てる。

　後は粛々とオペレーションするのみである。

3　訴状起案

　【書式2-1-2】のとおり訴状を起案した。交通事故の典型的な訴状ひな形に沿って起案したものであって特に作為を施したところはないが、進行の便宜のため、刑事事件が係属していること、目撃証人が存在すること、刑事事件の記録待ちであることは簡単に触れておいた。

　代車使用料を請求する期間については若干の悩みがあった。事故車両は会社所有の社用車であり、現に営業の用に供していたものであるから、修理が終わるまでの間、営業のための代車の必要性は認められる。ただ、すぐ修理すればそれほど代車期間は必要ないだろうという理屈も理解できる。結局のところ代車を認める相当期間の判断枠組みをどのように考えるかの問題に帰結する。判例の傾向として、修理期間1～2週間程度と被害者と加害者が修理協定（修理範囲、修理方法、修理代金額等の合意）を締結するまでの交渉期間を相当期間として認めているようである。

　ただ、加害者側（保険会社側）の不誠実な交渉態度を問題視し、原告が請求する代車使用期間すべてを被告が甘受するのもやむを得ないとして、相当

長期間の代車使用料を認めた判例も存在する（東京地判平成7・8・29交民集28巻4号1190頁）。

　この判例の枠組みからすれば、〈Case①〉でも客観的には10：0の過失割合で、Yに一方的過失があるにもかかわらず、Yは、A氏の過失を主張するのみで代車はおろか一切の示談交渉を拒んでいる結果、A氏としても修理に着手できなかったのであり、Yとしては、この結果を甘受すべきであるといえる。Yは、代車使用期間すべてについて賠償義務を負うべきとの考えも十分に成り立つ。

　加えて、訴訟戦術的には和解交渉時の材料（減額要素）としても使える。
　したがって、代車使用期間90日全額分を請求することとした。

【書式 2-1-2】　訴状（〈Case①〉）

```
                訴　　　状

                                    平成27年9月1日
○○地方裁判所○○支部　御中

                    原告訴訟代理人弁護士　　　　甲

    〒XXX-XXXX  ○○県○○市○○123-45
                原　　　　　告　　X株式会社
                代表者代表取締役　　　A

    （送達場所）
    〒105-0003  東京都港区○○123-45
                甲総合法律事務所
                原告訴訟代理人弁護士　　　　甲
                  電話　03-XXXX-XXXX
                  FAX　03-XXXX-XXXZ
```

〒YYY-YYYY　△△県△△市△△678-90
被　　　告　　　Y

損害賠償請求事件

訴訟物の価格　金272万8000円
貼用印紙額　　金1万9000円

請求の趣旨

1　被告は、原告に対し、金272万8000円及びこれに対する平成27年5月23日から支払済みまで年5％の割合による金員を支払え。
2　訴訟費用は被告らの負担とする
との判決並びに仮執行宣言を求める。

請求の原因

1　交通事故の発生
　原告は、下記交通事故（以下「本件事故」という。甲1）により、原告所有の普通自動車（以下「原告車両」という。）に損傷を受けた。
記
　①　発生日時　　平成27年5月23日午後2時5分頃
　②　発生場所　　○○県○○市○○1366番地15
　③　加害車両　　被告運転の普通自動車（以下「被告車両」という。）
　④　被害車両　　訴外A（原告代表者）運転の原告車両（甲2）。

2　本件事故の態様
　原告車両は、平成27年5月23日午後2時頃、○○市○○1336番地15先路上、定期周期信号機が設置されている交差点に於いて、原告車両を運転中の訴外Aが同交差点を南西方向に直進通過しようとしたところ、交差道路（県道□□線）を北東方向に直進通過しようとした被告車両と出会い頭に衝突したものである（甲3）。

3　責任

　被告は、交差点に於いては、対面信号に注意し交差点内に車両を進入させる義務があるところ、上記交差点における対面信号が赤色であったにもかかわらず、これを見落とすという過失により、同交差点を直進し、原告車両に衝突したもので、被告は原告の損害に対し、賠償義務がある。

　なお、警察が検問を実施したことにより、目撃証言が得られているとのことであり、必要に応じ、刑事公判記録の閲覧謄写、文書送付嘱託の申立を行う。

4　損害
　①　修理費用

　本件事故により、原告車両は損傷を受け（甲4）、その修理に要した費用は金130万円である（甲5）。
　②　代車使用料

　原告は、原告の営業用車両として原告車両を使用していたところ、本件事故により、原告車両は、修理が完了するまで使用することができなくなり、代車を使用せざるを得なかった。

　その代車使用料として、90日分（1日あたり金1万円）、金90万円が発生している（甲6）。
　③　弁護士費用

　上記①②の損害額の合計（経済的利益）は、金220万円であるところ、原告訴訟代理人が所属する第二東京弁護士会の旧報酬会規によれば、その弁護士報酬総額は、金52万8000円（着手金17万6000円、報酬35万2000円）である（甲7）。
　④　損害額合計

　上記①ないし③の合計額は金272万8000円である。

5　まとめ

　被告は、自己に過失はないとして、原告からの損害賠償請求に応じない。
　よって、原告は被告に対し、不法行為に基づく損害賠償請求として金272万8000円及びこれに対する本件事故の日から支払い済みまで年5％の割合による

遅延損害金の支払いを求める。

証拠方法

1	甲第1号証	交通事故証明書
2	甲第2号証	自動車登録証
3	甲第3号証	事故状況報告書
4	甲第4号証	写真撮影報告書
5	甲第5号証	修理代領収書
6	甲第6号証	代車使用料領収書
7	甲第7号証	第二東京弁護士会報酬会規

付属書類

1	甲号証写し	各1通
2	資格証明書	1通
3	訴訟委任状	1通

以上

4　訴訟提起

　平成27年9月1日、【書式2-1-2】の訴状で訴訟提起した。訴訟提起に先立ち、念のために刑事事件を処理している所轄警察署に事件の進捗を電話で確認してみたが、捜査中との素っ気ない返事であった。ただ、検察官送致はまだしていないことはわかった。

VI
第1回口頭弁論期日から第2回口頭弁論期日まで

1　答弁書の提出

　第1回口頭弁論期日が平成27年10月8日と指定告知され、期日の2日前に答弁書が提出された。代理人がついたようだが、擬制陳述するそうである。答弁書の内容を要約すると以下のとおりである。

① 請求棄却を求める。
② 事故が発生したことは認める。
③ 事故態様は争う。原告車両が赤信号を無視して交差点に進入した。被告に過失はない。
④ 被告車両の損害について、反訴を提起する。

予想されたとおりの内容だが、反訴提起までするとは往生際が悪い。争う姿勢が明確なので、本格的に立証を行うこととする。

被告が欠席なので、第1回は、実質的にはカラ期日となる。管轄裁判所が遠いので、何とも徒労感を覚えるが、せっかくなので甲弁護士は自家用車で出廷し、ついでに現場を走ってみようと考えた。

2　第1回口頭弁論期日

第1回口頭弁論期日が開廷された。甲弁護士のほうから、「刑事事件が係属中であり、いまだ捜査中と聞いている。目撃証言があるようなので、期日間に弁護士会照会を行う予定である」と進行について話し、閉廷した。

その帰りに、原告（X・A氏）が走行したルートを自動車でたどってみた。弁論が13時10分に終わったので、ちょうど、事故があった時と時間帯は同じ頃になる。問題の交差点に差しかかり、運良く停止線の手前で先頭車両として停車できた。被告が走行していた目の前の県道は、道幅も広く、交通量が多い。どの車も制限速度である時速40キロメートル以上で走行しているようである。この状況で、交差点で停止している車両が信号無視して交差点に飛び込むのは自殺行為である。原告が信号無視したとは考えられない状況であることがわかった。

3　第2回口頭弁論期日

第1回口頭弁論期日終了後、直ちに所轄警察署に対し、目撃者の実況見分調書があれば回答に代えて送付してもらいたい旨の弁護士会照会を行った。おそらく、捜査中との回答であろうが、事件処理が進捗することを期待した

い。

　平成27年11月12日、第2回口頭弁論期日が開かれた。期日間に特に書面のやりとり等はない。相手方の乙弁護士と初顔合わせとなる。

　以下、この時の様子を再現する。

裁 判 官：被告のほうで反訴する予定とうかがっていましたが、どうなっていますか。

乙弁護士：事故車両ですが、運転していたのはYですがその名義はYの夫でして、反訴とはなりません。2週間以内に夫を原告として訴えを提起しますので併合審理してもらえればと思います。損害額としては、事故車両の残存価額分として50万円ほどの予定です。

裁 判 官：本件ですが、結局のところ争点は、どちらが赤信号だったかに尽きますね。刑事事件のほうはどうなっていますか。

甲弁護士：警察に確認したところ捜査中でいまだ送検していないということです。期日間に実況見分調書を弁護士会照会の形で請求しました。現在のところ回答はありません。

乙弁護士：刑事事件についてですが、警察からYのほうに事情聴取したいという話はあります。前回期日の10月8日頃に取調べする予定だったようですが、Y本人にリウマチの持病があり、ちょうどその時に入院してしまい取調べはできなかったという経緯があります。最近退院したので、近いうちに取調べが実施されると思います。

裁 判 官：刑事事件記録が最も確かな証拠ですから、刑事事件の進捗を待ちましょう。刑事事件の進捗をみながらこちらも進めるとして、次回期日は長めに2カ月ほど先の日を入れましょう。

　実質的に何の進展もなかった。とりあえず刑事事件の進捗を待つしかない

が、Yの病気により取調べが遅れて進捗していない状況はわかった。甲弁護士が事務所に戻るとタイミング悪く弁護士会照会の回答がきていた。回答としては、「現在捜査中で、送致予定の事件であり回答は差し控えさせていただきます。」という味も素っ気もないものだった。

VII 証拠調べ（本人尋問）まで

1 第3回期日（第1回弁論準備手続）まで

前回期日から2週間が経過したが、被告側からの訴え提起はなかった。次回期日は平成28年1月7日の予定であったが、被告側から提訴もなく、刑事事件の進展もみられなかったことから次回期日を2カ月間延期し、あわせて電話会議（弁論準備）にしてもらった。

その後、2月に入ってから被告Yの夫を原告とし、A氏を被告とする訴えが提起されたので、こちらの事件も甲弁護士が受任し、答弁書を提出した。訴状の内容も答弁書の内容も、本件訴訟の攻守を変えただけの内容である。

この間、甲弁護士のほうで警察に刑事事件の進捗状況を問い合わせたところ、検察官送致がなされたとのことであった。そこで送検された検察庁に問い合わせ、記録の閲覧謄写が可能か聞いてみると、案の定、捜査中で捜査が終了するまでできないとのことであった。そこで、捜査終了の見通しを聞いてみたところ、Yの取調べは1月中に終了したがまだ調書はできていない。目撃者の事情聴取は行うかもしれないがどうなるか未定、したがって捜査終了の見通しも未定とのことであった。

平成28年3月5日、3回目の期日が電話会議で開催された。手続としては、新たに提起された訴訟を本件に併合するというのみで特段の進展はなかった。刑事事件の捜査終了まで記録が出ないということで、刑事事件の終了を待って次回期日を追って決定する運びとなった。

2　第4回期日まで

　刑事事件の進展について、このままではらちがあかないので、検察庁に対し、弁護士会照会を行った。

　しばらくして担当の副検事から電話があり、6月末に捜査が終了するので、その後、文書送付嘱託をしてもらいたいということであった。これでやっと前に進める。

　7月に入ると直ちに文書送付嘱託の申立て（【書式2-1-3】）を行うとともに期日指定の申立てを行い、次回期日が平成28年8月25日と決定した。

【書式2-1-3】　文書送付嘱託の申立書（《Case ①》）

平成27年(ワ)第××号　損害賠償請求事件
原　　告　X
被　　告　Y

送付嘱託の申立書

平成28年7月1日

○○地方裁判所○○支部　民事A係
　　　　　　　　　　　原告訴訟代理人弁護士　　　　甲

　頭書事件につき、下記のとおり文書送付嘱託を申立致します。

1　送付嘱託先
　　〒XXX-XXXX
　　　○○県○○市○○123番地4
　　　○○地方検察庁○○支部
　　　電話　XXXX-XX-XXXX

2　送付を求める文書の表示
　　後記刑事事件について、刑事事件記録中、実況見分調書及びその添付写真、事故原因に関する捜査報告書並びに被疑者の供述調書及び被害者、目撃者の供

述調書。
記
1　被疑者氏名　Y
2　送致警察署　○○署
3　送致年月日　不明
4　検　　　番　平成28年第XXX号
5　処分年月日　不明
6　処分結果　不起訴処分
7　罪　　　名　業務上過失傷害
8　事故発生日　平成27年5月23日
9　事故発生場所　○○県○○市××

　しばらくして、裁判所から実況見分調書2通が検察庁より送付されたとの連絡が入った。直ちに謄写請求を行い取り寄せた。内容は、事前の話のとおりであった。実況見分は、2回行われており、うち1回は、事故発生時に原告と被告が立会いの下で行われたもので、2回目が後日、目撃者の立会いの下に行われたものである。
　目撃者の実況見分調書を要約すると以下のとおりである。

　目撃者は、前方交差点が赤色であることを認め停止した。その時の位置は、〈図表2-1-3〉の「あ」の地点であり、その前方同図表の「一」の地点に原告車両が停止していた。前方信号が青信号に変わったので発進した。同図の「い」の地点で前方の原告車両が衝突したのを目撃した。衝突地点は同図の「×」であり、その時目撃者の位置は、同図の「い」であった。同図「あ」から「い」までの距離は10メートルである。

　原告車両が赤信号で停止し、青信号に変わって発進したところ衝突したことはほぼ明らかとなった。
　一方、被告の実況見分調書によれば、被告は、本件事故状況につき、以下

のとおり供述していることが判明した。

　被告が原告車両を確認した位置は、〈図表2-1-4〉の「3」の位置であるが、被告が前方信号が青信号であることを最後に確認したのは、同図の「3」位置の左側（西側）42メートルの位置である（同図の枠外のはるか左側になる）。仮に被告が制限速度の時速40キロメートルで走行していたとすると、約5秒間ほど被告は全く信号を見ていなかったことになる。この間に前方信号が赤色に変わることは予見可能である。そして、同速度での制動距離を計算すると17.3メートルとなり、少なくとも衝突の1.5秒前には前方信号を確認しておかなければ衝突結果を回避することは不可能であり、結果回避義務違反が認められる。

　以上の内容を準備書面に認め、証拠（実況見分調書2通）とともに提出した。大勢は決したと思う。

　平成28年8月25日、第4回期日（電話会議）が開かれた。この時の様子を再現する。

> 裁　判　官：実況見分調書が出ました。目撃証言で原告のほうが青信号だったという内容ですね。
> 乙弁護士：目撃者の証人尋問を行いたいのですが、実況見分調書の該当箇所が黒塗りでみつけられず……検察庁に調査嘱託を行う予定です。
> 裁　判　官：う〜ん検察庁が回答するか……難しいと思いますけれど採用しましょう。
> 乙弁護士：目撃者が無理でも、被告本人の尋問は行いたいと思います。
> 裁　判　官：わかりました。では、次回までに人証申請をいただき、次々回に証人あるいは本人尋問期日を入れましょう。原告はどうしますか。
> 甲弁護士：原告本人の尋問を簡単に行いたいと思います。ただ、和解も考えられるのではないですか。

Ⅶ 証拠調べ（本人尋問）まで

〈図表 2-1-3〉 目撃者実況見分（《Case ①》）

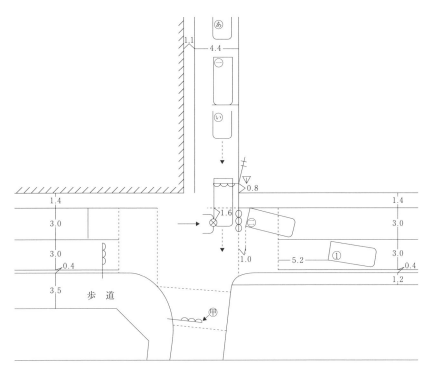

〈図表 2-1-4〉 当事者実況見分（《Case ①》）

事故発生の模様	説明者	関 係	距 離		記号	意 味	記号
最初に相手方（　）を発見し得る地点		①〜②	155.4メートル	▽〜⊗	4.8メートル	通行区分帯	◇
最初に相手方（　）を発見した地点		②〜③	42.0メートル	○〜○	メートル	横断歩道	◇
最初に相手方（　）を発見した地点		③〜⑦	15.0メートル	○〜○	メートル	中央線	＋
危険を感じた地点		③〜⊗	14.1メートル	○〜○	メートル	防護柵	
急停車の措置をした地点		⑦〜⊗	3.9メートル	○〜○	メートル	信号機	
衝突（接触追突）した地点 ×		②〜Ⓐ	58.7メートル	○〜○	メートル	道路鏡	
被疑車の停車（転倒）した地点 ㊙㊙		⊖〜⊕	24.0メートル	○〜○	メートル	道路標識	
被害車（者）の停車（転倒）した地点 囲囲		〃（両面）	9.5メートル	○〜○	メートル	〃（両面）	
		○〜㋐	8.8メートル	○〜○	メートル	島状の安全地帯中央分離帯	
		⊖〜⊗	4.5メートル	○〜○	メートル	島状のない安全地帯	←
		㋐〜⊗	7.6メートル	○〜○	メートル	バス停留所	
		⊗〜④	15.1メートル	○〜○	メートル	軌 道	
		⊗〜⊖	6.0メートル	○〜○	メートル		

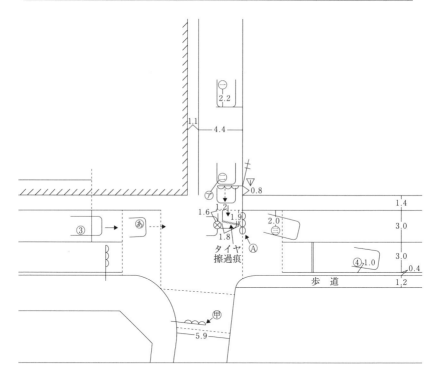

> 乙弁護士：被告が強硬ですから、裁判所からの和解勧告がないと難しいと思います。
> 裁 判 官：和解勧告も考えています。ただ、一応、被告本人の話を聞いてからにしたいと思います。

その後、証人尋問準備のための弁論準備期日が1回開催された。被告側の調査嘱託は、やはり検察庁から拒否の回答があり、目撃者の証人尋問は行わず、本人尋問のみを実施することとなった。

3　本人尋問

本人尋問が行われた。出廷した被告は、持病のリウマチが悪化したのか車椅子姿であった。やはり資力は期待できそうもない。

被告尋問のハイライトは以下のようであった。

> ──〈主尋問〉──
> 乙弁護士：あなたが青信号を確認した地点はどこですか。
> 　被　告：横断歩道です。
> 乙弁護士：〈図表2-1-4〉の「3」のところですか。
> 　被　告：そうです。

> ──〈反対尋問〉──
> 甲弁護士：あなたが原告車両を最初に見たのはどこですか。
> 　被　告：横断歩道です。
> 甲弁護士：〈図表2-1-4〉の「3」のところですか。
> 　被　告：そうです。
> 甲弁護士：青信号を確認した場所はどこですか。
> 　被　告：同じです。

―〈裁判官質問〉―

裁判官：甲〇号証の〇頁を示してください（〈図表2-1-4〉）。あなたが青信号と原告車両を見たのは「3」のところだということですね。

被　告：はい。

裁判官：甲〇号証の×頁を示してください。これは実況見分調書でのあなたの供述ですが、42メートル以上遠いところで青信号を見たということが書いてあります。おかしくないですか？

被　告：よくわかりません。

裁判官：実況見分を行った時、あなたはどこで青信号を確認したと話しましたか。

被　告：記憶がないんです。

本人尋問終了後、裁判官から、この後、和解の話をしたいが、時間はあるかと聞かれた。双方ともに時間があるとのことだったので、書記官室に移動し、和解協議となった。

Ⅷ　エピローグ（和解成立）

1　和解協議

まず、被告から話を聞きたいとの裁判官の意向であったので、原告（A氏）としばし、待つこととする。この間、A氏と簡単に打合せを行う。

甲弁護士：Aさん。お疲れさまでした。尋問結果ですけれど、おそらく、勝訴は堅いと思います。でも被告の姿を見てもわかると思いますが、お金はあまりなさそうですね。金額面で妥協し、分割払いでもよいから和解したほうがよいと思いますよ。

A　氏：仕方ありませんね。でも最低でも修理代は欲しいです。

Ⅷ エピローグ（和解成立）

　裁判官は、被告との面談を終え、甲弁護士らが呼ばれる。裁判官は開口一番以下のように切り出した。

裁　判　官：私から、いくらか払えないか、という形で聞いてみたのですが、総額を130万円にしてほしいとのことです。初回頭金として30万円、残り100万円を33回の分割で支払う。これが限界だ、という話です。

甲弁護士：ちょっと、分割回数が長すぎませんかね。それと総額ですが、修理代のみということでしょうか。もう少し色をつけてもらえるとよいのですが……Aさん、いかがでしょうか。

　A　氏：判決が出ても全部はとれないということは先生から聞いているしわかっています。しかし、33回の分割なんて、途中で払わなかったらどうなりますか。

甲弁護士：まず請求額総額の支払義務を認めたうえで、もし分割払いをきちんと果たすのであれば、一定額を免除する。そういった形にすれば、途中で支払いが滞った場合は全額請求ができることになります。1回くらいは遅れることがあり得るでしょうから、ここは2回まで許してあげてはいかがでしょうか。それから少し頭金が少ないですから、ここを50万円にしてもらって、残り100万円を分割ということにする。月3万3000円ですね。

　A　氏：それで結構です。

甲弁護士：裁判官、このような内容で相手方に打診してくれませんか。

裁　判　官：わかりました。

　裁判官が被告に打診したところ、持ち帰って検討したいとのことであった。そこで、2週間後に和解期日を入れた。

2 和解成立

和解期日の前日、乙弁護士から【書式2-1-4】の和解案で和解が可能である旨と、頭金は和解期日の席上で払うとの連絡が入った。

和解期日に被告側は自らが提起した訴えを取り下げ、無事和解が成立した。

3 てん末

その後、被告は、33回の分割払いを果たし、全額完済した。

【書式2-1-4】 和解条項（《Case ①》）

和解条項

1 被告は、原告に対し、本件損害賠償として金272万8000円の支払義務があることを認める。
2 被告は、原告に対し、第1項の金員の内金50万円を本日支払い、原告はこれを受領した。
3 被告は、原告に対し、第1項の金員の内金100万円を平成○○年○月末日から平成△△年△月末日まで33回に亘り、毎月末日限り（末日が祝祭日の場合はその翌日）金3万円（最終回は4万円）宛下記口座に振込送金して支払う（送金手数料は被告の負担とする）。

記

　　A銀行　B支店　普通　口座番号 XXXXXXXXXXX
　　口座名義　X株式会社

4 被告が前項の分割金の支払を2回以上怠り、その額が金6万円に達したとき、被告は、当然に期限の利益を失い、原告に対し、第1項の金員から既払額を控除した金員及びこれに上記期限の利益喪失の日の翌日から支払済みまで年5％の割合による損害金を付して直ちに支払う。
5 被告が、第3項の分割金の支払いを期限の利益を喪失することなく支払ったとき、原告は被告に対し、第1項の金員から金150万円を控除した残額を免除する。

> 6 原告及び被告は、その余の請求を放棄する。
> 7 原告及び被告は、本和解条項に定めるもののほか、何ら債権債務がないことを相互に確認する。
> 8 訴訟費用は、各自の負担とする。
>
> 以上

> 本稿は、複数の事例を組み合わせるなどして構成したものであり、実際の事例とは異なる。

第2章 物損事故──玉突き事故の責任論・評価損等

I 事案の概要

〈Case②〉

　新潟県在住の相談者Aが都内の首都高速道路を運転中、渋滞につかまり停車していたところ、後続車2台から次々に追突され玉突き事故に巻き込まれた。Aの車両は追突の衝撃で前に押し出され、前の車両にも衝突したので、前部後部とも破損して損害を被った。幸いにもAにけがはなく、人身事故としては届けなかったが、Aの車両がドイツのM社製の高級外車で、かつ、新車で納車後10日しか経っていなかったこともあって損害額が高額となり、「物損」の各項目について争われた。

II 実務上のポイント

〈Case②〉における実務上のポイントは、以下の6点である。
① 弁護士費用特約の活用
② 物損事故の場合の事件処理の流れ
③ 玉突き事故の場合の責任論（過失割合、共同不法行為）
④ 修理代金
⑤ 評価損

⑥　代車使用料

Ⅲ 事件処理

1　相談事例

(1)　相談事例の内容

　甲弁護士は3年目のいわゆるイソ弁であるが、幸いにも個人受任は自由にできる。事務所にはボス弁のほかに兄弁乙がいる。交通事故はこれまで保険会社が算定して提案してきた損害額を前提に示談交渉をするといった案件を2～3件扱ったぐらいである。〈*Case*②〉のように、物損事故であること、また、保険会社の損害額提示の前から介入することは初めてであった。

　〈*Case*②〉は、新潟県で勤務する甲弁護士の同期の丙弁護士からの紹介である。被害者Aは、最初、丙弁護士が所属する事務所に法律相談に行ったが、同事務所では交通事故をあまり扱ったことがなかったこと、および、Aは仕事上新潟と東京を頻繁に行き来しているということで、紹介を受けたものである。甲弁護士は、自身も交通事故案件の経験は少ないものの、弁護士費用特約の普及などもあり交通事故案件を増やしたいこと、交通事故の研修を少なくとも年に1回以上は受けていること、兄弁乙の助言が受けられることもあり、紹介を引き受けることとした。

　平成27年8月24日、甲は自分の事務所でAの相談を受けた。

甲弁護士：初めまして。丙弁護士から紹介を受けました甲と申します。
　　　　　このたびはよろしくお願いいたします。ところで、お身体の
　　　　　ほうは大丈夫ですか。
　A　氏：はい。少しむち打ちのようになりましたが、事故から1カ月
　　　　　以上経ってもどこも痛くないので、人身事故扱いにはしませ
　　　　　ん。私は、事故当時ドイツのM社製の車を運転しておりま
　　　　　したが、やはりM社製は頑丈にできていますね。助かりま

した。今回は修理費や代車使用料などの請求をしたく相談に参りました。

甲弁護士：お身体が無事で何よりです。Aさんのことを少し教えていただけますか。

A　氏：私は現在60歳で、新潟県でX酒造株式会社を経営しております。

甲弁護士：あの、全国的にも有名な日本酒銘柄の会社ですか。

A　氏：はい。私は、一応X社の経営者となっておりますが、それよりも、本職は、酒蔵に入り酒造の核となる麹や醪づくりをやる杜氏です。この過程に必要な仕込みや温度管理は私でなければできません。そのため、私の身に何か起きたら売上げに影響するので、万が一に備え、車は頑丈であるM社製のものを使っておりました。また、M社製にしたのは、お客様を接待する際に信用を得るためでもありました。

甲弁護士：事故の様子をお聞かせください。

A　氏：平成27年6月6日の朝早く、私は、自社製品の営業のため、新潟の自宅から自分でM社製の車（以下、「私の車」または「A車両」という）を運転して、関越道、外環道および首都高速道路を経由して東京の取引先に向かっておりました。ところが、午前9時頃、首都高速道路上で渋滞につかまり、Bさんが運転する前の車両（以下、「B車両」という）が停車したので私も停車しました。停車中フットブレーキを踏んでいたところ、突然後ろから強い衝撃を2回受けました。どうやら私の車の後続車の2台による玉突き事故のようで、私の車はすぐ後ろのCさんが運転する車（以下、「C車両」という）の追突で前に押し出されB車両の後部に衝突し（以下、「第1事故」または「第1衝突」という）、その1、2秒後に私の車の2台後ろを走っていたDさんが運転する車（以下、「D車

両」という）がＣ車両に追突し（以下、「第 2 事故」または「第 2 衝突」という）、その衝撃でＣ車両→私の車→Ｂ車両と玉突きで衝突したようです。この事故で、私の車の前部バンパーと後部バンパーは大破しました。

甲弁護士：本件事故の実況見分はされましたか。

Ａ　氏：実況見分かどうかわかりませんが、事故後すぐに警察が来てその場で計測したり、事情聴取などをしていました。私の前のＢさんと後ろのＣさんはひどいむち打ちになったようで、辛そうにしていました。

〈図表 2-2-1〉　事故状況（《Case ②》）

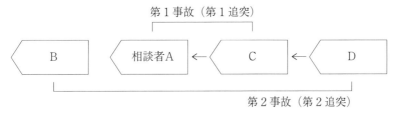

甲弁護士：Ａ車両についておうかがいしますが、どなたの名義ですか。また、いつ頃購入されましたか。

Ａ　氏：Ｘ社の名義です。納車されてから10日ほどで本件事故にあいました。走行距離も500キロメートル程度だと思います。

甲弁護士：後ほど車検証をみせてください。加害者（Ｃ、Ｄ）の情報は把握されていますか。任意保険の加入状況はどうでしょうか。

Ａ　氏：はい。警察からＣとＤの名前と連絡先は教えてもらいました。また、2人とも任意保険には加入しており、早速それぞれの保険会社から連絡がきました。しかし、2社とも責任逃れのようなことを言っており、最初から誠意のない対応で腹

　　　　　を立てております。
甲弁護士：どのようなことを話していましたか。
　A　氏：Dの保険会社については、私の車の後部バンパーはCが先に損傷させているので、前部バンパーのみ補償すると言っており、Cの保険会社に至っては、D車両から追突されたことにより反動で私の車に追突したので、むしろ被害者であり、Cに補償する義務はないなどとふざけたことを言っております。
甲弁護士：そうするとどのようなご主張をされたいですか。
　A　氏：私は、今後むち打ちが再発するかもしれないとか、こんなことに巻き込まれて仕事上も損害を被ったなどと阿漕なことを言うつもりはありません。本当は新車で返せと言いたいのですが、C、Dどちらからでもかまわないので、大破した私の車について適正な修理費を支払ってもらえればそれでいいです。また、仕事上の必要性から私の車と同等の代車を事故後すぐに借りています。この代車費用も補償してもらいたいです。それから、仕事が忙しく自分で交渉する時間もなければ、ストレスがたまり仕事にも差し障りがあります。保険会社とのやりとりの一切を弁護士さんにお願いしたいです。
甲弁護士：今後本件についてご依頼いただければ、保険会社との交渉の窓口はすべて当職となりますので、その点は大丈夫かと思います。弁護士費用ですが、Aさんは弁護士費用特約に入られていますか。もし、入られていれば、上限はございますが、弁護士費用も保険料から賄われます。
　A　氏：確か自動車保険のオプションで付いていたかと思います。まさか使うことになるとは。
甲弁護士：わかりました。それでは、今後の手続の流れと用意していただきたい必要書類等について説明いたします。

(2) 相談者からの事情聴取にあたって

交通事故案件の事情聴取については、①当事者と保険の加入状況の把握（特に、同乗者がいる場合や〈*Case*②〉の玉突き事故のように当事者が複数いる場合は要注意）、②事故の内容（日時、場所等）、③関係機関の情報（警察署等）、④事故の関係車両の情報、⑤責任（人損か物損か、過失割合等）、⑥損害など、聴取すべき項目が多岐にわたる。事前に聴取項目をマニュアル化しておくとよいであろう。いわゆる「赤い本」の巻末の付録にある「損害賠償請求調査事項整理票」などは参考になる（公益財団法人日弁連交通事故相談センター東京支部『民事交通事故損害賠償算定基準上巻（基準編）〔平成27年度版〕』405頁）。

(3) 相談者の主張および論点の整理

Aの主張を整理すると、後続車を運転していたCおよびDのどちらでもかまわないので、適正な修理代と代車使用料を請求したいとのことである。また、納車したての新車であったことから、いわゆる評価損の請求についても望んでいる。

もっとも、CおよびDそれぞれがAの損害との因果関係の一部もしくは全部を否認しているので、両者に対し、損害の全額を請求できる理屈を考える必要がある。

〈*Case*②〉について論点を整理すると以下のようになる。

① 玉突き事故の場合の責任論…過失割合、共同不法行為
② 修理代金…修理の可否、車両時価との関係（経済的全損か）
③ 評価損…根拠と算定方法
④ 代車使用料…代車の必要性、相当性

2 事件の受任

(1) 受任にあたり（弁護士費用特約の活用）

〈*Case*②〉は、登録3年目の若手弁護士の同期からの紹介で、かつ、経験が少ない交通事故案件である。しかし、甲弁護士は、交通事故案件について今後も取り扱っていきたい意思があること、研修等で準備していたことお

よび身近に質問できる兄弁がいるとのことであれば、迷わず引き受けるべきである。結果的に同期に恩も売れ（むしろ甲弁護士が借りをつくったか）、いずれにせよ今後はお互いに事件を紹介し合えるような関係になれるし、何よりも、依頼者が有名な酒造会社の社長なのでこの縁を大切にし、受任して全力を尽くすべきであろう。無論、紹介者の顔を潰すわけにもいかない。

　また、被害者との関係で受任の際にまず確認したいのは、弁護士費用特約の加入の有無である。ある損害保険会社によると、現在自動車保険の7割以上の契約者がオプションで加入しているとの情報もある。被害者からすれば弁護士費用を支払わずに済み、弁護士にとっても気兼ねなく受任できる。畢竟、迅速かつ適切な解決ができるようになり、被害者のメリットも大きい。

　弁護士費用特約については、以下のポイントを押さえておきたい。

① 　保険会社が弁護士を紹介してくれるが、被害者が自ら弁護士を選ぶことができる。後述するように弁護士会も紹介してくれる。
② 　被害者が加入する自動車保険のオプション以外に、被害者自身や家族が加入している火災保険、同乗者が加入している自動車保険などにも付いている場合があるので、被害者には、およそ加入している損害保険会社すべてに問い合わせてもらう。
③ 　弁護士費用特約から支払われる費用の上限は、法律相談が10万円、弁護士費用が300万円である。一般的に右金額の範囲内であれば、実費や主張日当も出る。〈*Case*②〉のように遠方の相談者や遠方での事故でも受任しやすくなる。なお、上限額を超える場合には、超過分について別途依頼者と報酬契約を締結する必要がある。
④ 　過失割合に関係なく利用できる。
⑤ 　利用しても自動車保険の等級があがることはない。
⑥ 　弁護士費用の算定基準は、日弁連リーガル・アクセス・センター（通称「LAC」とよばれる。保険会社と協力して弁護士保険（権利保護保険）を発足させた日本弁護士連合会（以下、「日弁連」という）内の委員会組織であり、日弁連・各地の弁護士会を通じて、希望する保険加入への弁護士の紹介

等も行っている。日弁連ウェブサイト参照〈http://www.nichibenren.or.jp/activity/resolution/lac.html〉）の基準に従うところが多い。LAC基準は旧日弁連報酬基準に近いが、最低でも10万円（税別）の着手金が保障される点が異なり、低額な経済的利益の物損事故の場合にも弁護士を利用しやすくなった。ちなみに、人身事故の場合は、事故後すぐに受任すると、今後の入通院状況や後遺障害等級の有無により経済的利益が大きく異なってくるので受任時に着手金を算定しにくい。そこで、保険会社とは、事故の内容からある程度損害額を予測して算定し（たとえば、むち打ち症であれば14級相当を前提として）、着手金の一部とするなどして弁護士費用の交渉をすることとなる。

(資料2-2-1)　弁護士保険における弁護士費用の保険金支払基準（2014年3月12日）〔抜粋〕

第2条　弁護士報酬の保険金の計算方法
1　弁護士保険における保険金の支払額の計算は、以下の基準により受任弁護士が受けることができる金額を尊重してなされるものとする。
2　法律相談料
　　法律相談料は、1時間当たり1万円とし、超過15分ごとに2,500円の法律相談料を請求することができる。
　（略）
3　着手金
　　弁護士保険に係る事件の受任における着手金は、原則として、弁護士が被保険者から依頼を受け、委任事務を処理すべき事故等について、依頼時の資料により計算される賠償されるべき経済的利益の額（既払金、保険会社からの事前支払提示額及び簡易な自動車賠償責任保険（以下「自賠責保険」という。）の請求（損害賠償請求権の存否及びその額に争いがない場合の請求をいう。）により支払が予定される部分は控除する。ただし、控除した既払金及び保険会社からの事前提示額に含まれるもの以外の自賠責保険相当部分は、当該弁護士が自賠責保険に請求したか否かにかかわらず、

別途、第2条6(1)の基準により手数料方式として請求することができる。）を基準として、以下のとおりとする。

- 経済的利益の額が125万円以下の場合　　10万円
- 300万円以下の場合　　経済的利益の8％
- 300万円を超え3000万円以下の場合　　経済的利益の5％＋9万円
- 3000万円を超え3億円以下の場合　　経済的利益の3％＋69万円
- 3億円を超える場合　　経済的利益の2％＋369万円

　　ただし、事件受任時において事件の種類、委任事務処理の難易等の事情により、上記の金額が不相当であると認められる場合は、疎明資料を示し、受任弁護士と依頼者が協議の上、上記の着手金を30％の範囲で増額することができる。

4　報酬金
(1)　報酬金は、弁護士の委任事務処理により依頼者が得られることとなった経済的利益の額（既払金、保険会社からの事前支払提示額及び簡易な自賠責保険の請求により支払が予定される部分は控除する。ただし、既払金及び保険会社からの事前提示額に含まれるもの以外の自賠責保険相当部分は、手数料を既に受領した場合を除き、当該弁護士が自賠責保険に請求したか否かにかかわらず、別途、第2条6(1)の基準により手数料方式として請求することができる。）を基準として以下のとおりとする。

- 経済的利益の額が300万円以下の場合　　経済的利益の16％
- 300万円を超え3000万円以下の場合　　経済的利益の10％＋18万円
- 3000万円を超え3億円以下の場合　　経済的利益の6％＋138万円
- 3億円を超える場合　　経済的利益の4％＋738万円

　　　ただし、委任事務の終了時において、委任事務処理の難易等の事情により、上記の金額が不相当であると認められる場合は、疎明資料を示し、受任弁護士と依頼者が協議の上、上記の報酬金を30％の範囲で増額することができる。

(2)　また、同一弁護士が引き続き上訴審を受任したときの報酬金は、特に定めのない限り、最終審の報酬金のみを受ける。

(2)　受任以後の手続の流れ

　事件を受任すると、以下のような手続を踏んでいくことになる。もちろん、

相談者に対しても説明が必要である。
　① 委任状および委任契約書の作成・取得
　② 受任通知の発送
　③ 証拠資料等の収集
　④ 交渉
　⑤ 裁判所その他第三者の解決機関を利用
　ここでは、上記①ないし③についてみることとする。
(A)　委任状および委任契約書の作成・取得
　上記①について、委任状は、各種書類の取寄せにあたって使用するので、複数取得しておくとよい。委任契約書については、LACからの紹介案件であればLAC専用の契約書を使用する（LACから事件の紹介を受けるには、各弁護士会を通じてLACの名簿に登録しておく必要がある）。弁護士費用の算定基準については、弁護士費用特約の保険会社に確認する必要があるが、多くは前述のとおりLAC基準によっている。
(B)　受任通知の発送
　上記②の受任通知は、加害者もしくは加害者の加入する任意保険会社に対してのみならず、弁護士費用特約の保険会社に対しても発送する。加害者および加害者の加入保険会社の連絡先等の情報は、相談者が警察から聞いたものである。
(C)　証拠資料等の収集
　上記③の証拠資料等の収集は重要である。相談者に資料の有無および請求先等の情報を確認しながら早急に着手する必要がある。〈*Case* ②〉の物損事故において必要な資料等としては、以下のものがあげられる。
・相談者の運転免許証
・自動車検査証
・履歴事項全部事項証明書（被害車両が法人名義のため）
・弁護士費用特約の保険証書
・交通事故証明書

・自動車損害調査報告書（保険会社作成のもの）
・事故車の写真
・その他保険会社の見解書
・修理代金見積書、領収書
・代車使用料の見積書、領収書
・実況見分調書、物件事故報告書

このうち、〈*Case*②〉を解決するにあたりポイントとなった立証資料について述べる。

　(a)　交通事故証明書

交通事故証明書は保険会社もすぐ取り寄せるので、通常は保険会社に請求すれば写しをもらえる。保険会社から入手できなくても、最寄りの交番に申請書があるので、必要な事故情報を記載して申請すれば、1週間程度で取り寄せることができる。もっとも、代理人が申請する場合には委任状が必要となるので、早く入手したい場合には被害者本人に取り寄せてもらうとよい。

〈*Case*②〉は玉突き事故であり、相談者Aは、第1事故と第2事故の2つの事故の被害者なので、それぞれの事故証明書を入手する必要がある。

　(b)　自動車損害調査報告書

自動車損害調査報告書は、保険会社が事故調査の専門家のアジャスターに命じて作成させる調査報告書である。保険会社に請求すれば開示してもらえる。同報告書には、事故原因の分析、事故車両の写真報告、修理費用の見積りなどが記載されており、物損事故においては有用な証拠となるので必ず取り寄せる。

アジャスターとは、一般社団法人日本損害保険協会に登録され、同協会に加盟する保険会社の保険事故の損害調査を行う者である。資格を有する事故調査の専門家であり、具体的には、損害車両の損害額、事故の原因および損傷部位と事故との技術的な因果関係の調査確認並びにそれらに付随する業務を行う。

なお、事故後、被害者が事故車両を修理するにあたり、修理の時期も修理

先も自由に選択できるが、アジャスターによる事故調査を経ずに修理をしてしまうと、後々保険会社から修理費用や事故態様などで異議を出された場合に、検証ができなくなり交渉が難航するおそれがある。修理の時期に関しては留意し、アジャスターによる調査の機会を確保するようにすべきである。

〈*Case*②〉は、衝突の状況について、相談者と後続車両2台のそれぞれの運転者の主張が異なっており、事故の原因を特定するうえで、損傷部位の検証が特に必要であった。幸いにも、甲弁護士が介入する前にすでにアジャスターの調査を経て自動車損害調査報告書が作成されていたので助かった。

　(c)　実況見分調書、物件事故報告書

〈*Case*②〉では、前述のとおり、相談者と後続車両2台のそれぞれの運転者の主張が異なっていることから、事故状況を記した捜査資料の検証も不可欠である。

ところで、物損事故の場合には、一般的に実況見分調書を作成せず、物件事故報告書が作成されるのみである。

物件事故報告書とは、物損事故扱いになった場合に作成される事故概要書である。物損事故は刑事事件にならないので、交通事故証明書と同程度の情報と簡易な図面が記載されている程度の報告書であり、実況見分調書のように、衝突地点や距離の測定、立会人の指示説明などの記載はなく、過失割合や事故状況を検証するには足りない。しかし、それでも事故の概要を証する公的な書面なので、物損事故の場合には必要に応じて取り寄せなければならない。

しかし、相談者Aによると、〈*Case*②〉では、BおよびCがひどい痛みを訴えていたことを目撃しており、また、事故後の警察の現場調査においてAにも詳細に指示説明を求められていることなどに鑑みると、自動車運転過失傷害や道路交通法違反などで刑事事件として捜査されており、実況見分調書が作成されている可能性が高いことがわかる。そこで、まずは、捜査をした警察署に物件事故報告書と送致先の検察庁等の開示を求めるべく弁護士法23条の2の照会（弁護士会照会）をすることとした。なお、検察庁に直接

実況見分調書の閲覧謄写申請をしたいところであったが、Aは刑事事件の当事者ではないためこれができず、また罪名・被疑者も含め刑事事件の確かな情報がなかったこともあり、先に上記照会をするに至ったものである。

【書式2-2-1】 照会申出書（警視庁宛て）（《Case②》）

照会申出書

平成27年9月3日

○○弁護士会　会長　殿

　　　　　　　　　　　　東京都
　　　　　　　　　　　　○○法律事務所
　　　　　　　　　　　　TEL　03－○○○○－○○○○
　　　　　　　　　　　　FAX　03－○○○○－○○○○
　　　　　　　　　　　　弁護士　　甲　　（登録番号　○○）

　当職受任中の下記事件について、弁護士法第23条の2第1項に基づき、下記の照会事項について照会の申出をいたします。

1　受任事件
　(1)　当事者（事件における立場も記載してください）
　　　　依頼者名　X酒造株式会社
　　　　相手方名　C及びD
　(2)　事件名・係属庁・事件番号（準備中の場合は、その旨を記載してください）
　　　　不法行為に基づく損害賠償請求事件（準備中）

2　照会先（担当部署が判明している場合は、それも記載してください）
　(1)　警視庁　高速道路交通警察隊長　殿
　(2)　〒○○○-○○○○　　東京都
　　　　TEL　03－○○○○－○○○○

手続きに関する希望（該当するものにレ印をつけてください）
- (1) 同一性証明（※）の発行　　　　　■希望する　　□希望しない
  　　※照会申出書と回答書の対応関係（同一性）に関する会の証明
- (2) 照会先への照会書発送方法　　　　■普通郵便　　□速達郵便
- (3) 回答書の受領方法　　　　　　　　■郵送（□速達　■普通）　□来会
- (4) 手数料免除の該当生　　　　　　　□国選　□扶助
  　　※扶助事件の場合は扶助決定書の写を添付してください。

3　照会事項
- (1) 平成27年6月6日午前9時00分ころ、東京都○区○町○番地先首都高速道路上り線5キロポスト付近路上において発生した交通事故の件について、物件事故報告書の有無をご回答下さい。
- (2) 上記交通事故について物件事故報告書が存在する場合には、同報告書を開示下さい。
- (3) 物件事故報告書が存在しない場合、その理由をご回答下さい。
- (4) 上記交通事故について刑事事件として検察庁に送致されている場合には、送致先の検察庁及び送致番号等をご回答下さい。

4　照会理由
- (1) 本件事故当時、本件事故現場にはB氏運転車両、及び、同車両に後続する依頼者代表者A（以下「A」といいます。）運転車両が停止していました。
  　　本件事故は、停止中のA氏運転車両に加害者C（以下「C」といいます。）運転車両が追突した上（以下「第1追突」といいます。）、C運転車両が加害者D運転車両から追突され、C運転車両がA氏運転車両に再度追突したものです（以下「第2追突」といいます。）。
- (2) しかしながら、Cは、第1追突は存在せず、C運転車両は第2追突によりA運転車両に衝突したものであり、本件事故について何らの責任も負わないなどと主張し、本件事故態様及び因果関係について、双方の主張に齟齬があります。

(3) そこで、物件事故報告書により本件事故態様について明らかにするため、本照会の申出に及んだ次第であります。

以上

【書式 2-2-2】 照会の回答書（警視庁）（〈*Case* ②〉）

高速　第○号
平成27年9月10日

○○弁護士会
会長　○○○○　様

警視庁交通部
高速道路交通警察隊長　○○○○　印

弁護士法第23条の2に基づく照会に対する回答について

平成27年9月3日付け、発第2015－○号で照会の交通事故につきましては、平成27年8月14日、東京地方検察庁に送致番号○○○○で、自動車運転過失傷害罪及び道路交通法違反として送致してありますので、同庁に照会頂きたく回答致します。

　照会の結果、管轄の検察庁へ照会するようにとの回答を得たので、これに従い同庁に照会をかけると、実況見分調書の謄写は可能であるとの回答がきた。そこで、早速謄写申請をして入手した。
　〈*Case* ②〉は、事故状況や過失割合が激しく争われているので、実況見分調書を入手できたことは非常に大きかった。

【書式 2-2-3】 照会申出書（検察庁宛て）（《Case ②》）

照会申出書

平成27年9月15日

○○弁護士会　会長　殿

　　　　　　　　　　　東京都
　　　　　　　　　　　○○法律事務所
　　　　　　　　　　　TEL　03－○○○○－○○○○
　　　　　　　　　　　FAX　03－○○○○－○○○○
　　　　　　　　　　　弁護士　　甲　　（登録番号　○○）

　当職受任中の下記事件について、弁護士法第23条の2第1項に基づき、下記の照会事項について照会の申出をいたします。

1　受任事件
　（略）
2　照会先（担当部署が判明している場合は、それも記載してください）
(1)　東京地方検察庁　御中
(2)　〒○○○－○○○○　東京都
　　 TEL　03－○○○○－○○○○

手続きに関する希望（該当するものにレ印をつけてください）
　（略）

3　照会事項
(1)　平成27年6月6日午前9時00分ころ、東京都○区○町○番地先首都高速道路上り線5キロポスト付近路上において発生した交通事故の件について、物件事故報告書、実況見分調書、事故態様に関するC（貴庁平成27年第○号）及びD（貴庁平成27年第○号）の供述調書その他事故態様に関する書類の有無をご回答下さい。
(2)　上記交通事故について上記各書類が存在する場合には、ご開示下さい。

(3)　同調書が存在しない場合、その理由をご回答下さい。
　(4)　C及びDに対する処分結果について、ご回答下さい。

4　照会理由
(1)　（略）
(2)　（略）
(3)　そこで、刑事事件記録により本件事故態様について明らかにするため、本照会の申出に及んだ次第であります。
　　　　　　　　　　　　　　　　　　　　　　　　　　　　以上

【書式 2-2-4】　照会の回答書（検察庁）（《Case②》）

東京地三検第〇号
平成27年9月24日

〇〇弁護士会
　会長　〇〇〇〇　殿

　　　　　　　　　　　　　　　東京地方検察庁
　　　　　　　　　　　　　　　保管検察官　〇〇〇〇　印

　　　　　弁護士法第23条の2に基づく照会について（回答）

平成27年9月15日付け発第2015－〇号をもって照会のありました
　　　被疑者　①C
　　　　　　　②D
　　　罪　名　①自動車運転過失傷害、②道路交通法違反
の件について下記のとおり回答いたします。

　　　　　　　　　　　　　　　記

1．照会事項(1)について
　　以下の書類の閲覧、謄写が可能です。

　　　　実況見分調書（写真添付のもの）
　　　なお、その他については、回答に応じかねます。
2．照会事項(3)について
　　　回答に応じかねます。
3．照会事項(4)について
　　　①C　不起訴
　　　②D　不起訴

以上

3　交　渉

訴訟・調停や他の紛争解決機関を利用すると一般的に手間と費用がかかる。できれば、交渉で迅速に紛争解決をしたいところである。

　(1)　Cの保険会社との交渉

〈*Case*②〉は、甲弁護士の見解として加害者が2名いる。まずは、すぐ後ろの車両を運転していたCの保険会社に対し、交渉を開始した。まず、Cの保険会社との1回目のやりとりは以下のとおりである。

甲弁護士　　：A車両が渋滞で停車中にC車両に追突されました（第1事故）。この第1事故により、A車の前部と後部に損害が生じました。修理費用（前部：400万円、後部200万円）の全額を請求します。また、代車使用料、評価損についても請求予定です。

Cの保険会社：Cさんによると、A車両が渋滞で停車しているのを確認し、自分もブレーキをかけA車両の後ろに停車しました。その直後、D車両から追突され、その衝撃で前に押し出され、A車両に衝突したとのことです。つまり、Cさんは、自分の運転によりA車両に追突はしておらず、D車両の追突により押し出されたにすぎず、自分

> はあくまで被害者にすぎないと言っております。人身事故届も出しているようです。
> 甲弁護士：そうですか。Ａさんの供述や実況見分でのＣさんの指示説明とだいぶ違うようですね。Ａさんは２度衝撃を感じたと供述しており、実況見分調書では、Ｃさんは、自分の前方不注意によりＡ車両と追突して停止した後、後続車Ｄ車両に追突され、その衝撃でさらにＡ車両に追突したと指示説明しております。Ｃさんに、このあたりの事実確認をしていただけますか。
> Ｃの保険会社：一度確認してみます。

その後、２回目の交渉の機会をもった。

> Ｃの保険会社：やはり、前回お話したとおり、Ｃさんは渋滞で停車中にＤ車両から追突されたとのことです。実況見分でのＣさんの供述は間違いで、その後、警察には自分は停車中にＤ車両に追突されたと言い直しているようです。
> 甲弁護士：そうすると、Ｃさんに過失は一切ないとのことですか。
> Ｃの保険会社：そうなります。本件事故では自分は被害者であり過失もないので、保険も使わないと言われております。保険会社としては、代理交渉の許可も得られていないので、これ以上交渉ができません。
> 甲弁護士：後続車のＤの保険会社は、実況見分調書に従ってある程度過失を認めているようです。そうすると、Ｄから求償される可能性もあり、今のうちに交渉されたほうがよいのではありませんか。裁判になると、弁護士費用もかさみますよね。
> Ｃの保険会社：そのあたりは認識しておりますが、Ｃさんに保険を使わ

> ないと言われてしまうとどうしようもありません。これ以上の請求は裁判等をしていただくしかありません。

　Cとは任意の交渉が難しいことがわかった。後は、Dの保険会社を抱き込んでCを交渉の場に引きずり出せるか模索することにした。
　(2)　Dの保険会社との交渉
　Dは前方不注意等の過失を認め、実況見分調書とおりの主張をしているようである。Dの保険会社としては、仮にAに損害を全額負担せざるを得なくなった場合には、Cに負担割合を超えた部分を求償しなければならない立場にあり、Cを交渉のテーブルに着かせることについてはAと利害が一致する。Cの主張を覆す情報が得られればラッキーである。
　1回目の交渉のやりとりは以下のとおりである。

> 甲弁護士　　：Cの現在の態度は知っていますか。
> Dの保険会社：はい。Dは過失を認めているので、適正な修理費用の支払いは認めますが、うちの負担割合が100だとは思っておりません。CとDの過失割合およびその後の求償も含めて、Cさんには一緒に交渉のテーブルに着いてほしいと考えております。もっとも、うちが負担する部分はA車両の前部の損害のみと考えております。なぜなら、A車両の後部については、第1事故によりC車両が損害を生じさせていることから、Cがすべて負担すべきだからです。ちなみに前部についても、第2事故の寄与度はCとDで50％と考えていますが、法律的にはAに対し全額を支払わなければならないでしょうから、Cへの求償権確保は非常に重要です。
> 甲弁護士　　：Aとすれば、CとDの負担割合は関係なく、どちらからでも全額保証していただければかまわないのですが、

　　　　　　　訴訟になると弁護士費用がかさむと思います。何とか、
　　　　　　　Ｃの保険会社に交渉に入っていただくことを頼めませ
　　　　　　　んか。
Ｄの保険会社：何度か電話しているのですが、過失がないの一点張りで
　　　　　　　す。
　甲弁護士　：そうですか。では、その過失をＣに認めさせたいのです
　　　　　　　が、実況見分調書ではＣの過失をうかがわせる記載
　　　　　　　があるようです。ほかに立証資料はありますか。貴社
　　　　　　　（Ｄの保険会社）にとっても、損害の負担者が増えること
　　　　　　　については利益があると思います。
Ｄの保険会社：すでに自動車損害調査報告書をつくらせております。こ
　　　　　　　れに基づいて、弊社の担当者が社内向けに意見書を作成
　　　　　　　しております。それによりますと、Ａ車両の後部の損
　　　　　　　傷状況からみて、Ｃ車両が①制動中に追突されたときの
　　　　　　　損傷と、②制動中ではないときに追突された損傷の２つ
　　　　　　　の損傷が確認できたとのことです。これにより、Ａ車
　　　　　　　両は少なくとも２度にわたり追突されていることがわか
　　　　　　　ります。すなわち、第１事故で、Ｃ車両はＡ車両に追
　　　　　　　突しているということです。
　甲弁護士　：その意見書と自動車損害調査報告書をみせていただけま
　　　　　　　すか。
Ｄの保険会社：問題ないと思いますが、一応確認いたします。

その後の２回目の交渉は、以下のやりとりが行われた。

　甲弁護士　：自動車損害調査報告書と意見書の開示をいただきありが
　　　　　　　とうございます。当方らにとって有利な証拠になります
　　　　　　　ね。ところで、後部の損傷については全く認めてもらえ

>　　　　　　ませんか。
> Dの保険会社：はい。Cの保険会社の出方もあり、任意の交渉で後部の損傷までは認めることはできません。Cを引きずり出すためにも、裁判等をやっていただいたほうがよいかと思います。弊社もむしろそれを望みます。

　甲弁護士は、任意の交渉での解決は、これ以上は難しいと判断した。もっとも、紛争解決機関は裁判所以外にもいくつかあり、どこを利用すべきか迷っていた。兄弁から公益財団法人交通事故紛争処理センター（略して「紛セン」などとよばれている）をよく利用していると聞いていたので、〈*Case*②〉についても相談してみた。

　しかし、兄弁によると、紛センは、人身事故の慰謝料や逸失利益の損害額の開きがある場合に、被害者側の証拠は弱いが被害者の意見を聞いてもらいたいときに有益なようで、事実認定や過失割合などの責任論に争いがある場合には適さないとのことであった。

　〈*Case*②〉は、まさに事実認定や責任論に争いがある事案であり、かつ、弁護士費用特約が付いており被害者に費用面での心配もないことなどから、通常訴訟を選択することとした。

4　訴　訟

　相談者Ａにこれまでの交渉の経緯を説明したうえで、訴訟提起の承諾を得たので、あらためて、委任状および委任契約書を作成することとした。また、弁護士費用特約の保険会社とも、追加着手金の交渉をして、着手金を請求することとした。

　Ａの請求金額は以下のとおりである。
　①修理代　　　600万円（前部400万円、後部200万円）
　②評価損　　　500万円
　③代車使用料　90万円（1日3万円×30日分）

④弁護士費用　119万円
合計　　　　1309万円

　争点は、これまで述べてきたとおり、①玉突き事故の場合の責任論（過失割合、共同不法行為）、②修理代金（修理の可否、車両時価との関係）、③評価損の根拠と算定方法、④代車使用料の必要性・相当性、である。

　なお、Aは仕事上の必要性と事故車を修理して使用を続けることに不安を覚えるとのことで、事故後すぐに事故車と同型のドイツM社製の車両を新車で購入している。修理費の請求金額については、気持としては新車相当額に近い額を請求したいが、早期解決のため、自動車損害事故報告書記載の修理見積額でかまわないとしている。

【書式2-2-5】　訴状（《Case②》）

訴　　　状

平成27年10月○日

東京地方裁判所　民事部　御中

　　　　　　　　原告訴訟代理人弁護士　　　　甲

〒○○○-○○○○　新潟県
　　　　　　　　原　　　　　告　　　　X酒造株式会社
　　　　　　　　上記代表者代表取締役　　　　A
〒○○○-○○○○　東京都
　　　　　　　　○法律事務所（送達場所）
　　　　　　　　上記訴訟代理人弁護士　　　　甲
　　　　　　　　電　話　03-○○○○-○○○○
　　　　　　　　FAX　03-○○○○-○○○○
〒○○○-○○○○　東京都
　　　　　　　　被　　　　　告　　　　C
〒○○○-○○○○　東京都

被　　告　　　　　D

損害賠償請求事件
　　訴訟物の価額　　1309万円
　　貼用印紙の額　　6万2000円

第1　請求の趣旨
　1　被告らは、原告に対し、連帯して1309万円及びこれに対する平成27年6月6日から支払済みまで年5分の割合による金員を支払え
　2　訴訟費用は、被告らの負担とする
との判決並びに仮執行宣言を求める。

第2　請求の原因
　1　当事者等
　(1)　原告は、日本酒の酒造・販売を主な目的とする株式会社であり（甲1）、「新潟〇」の普通乗用自動車（以下「原告車両」という。）の所有者である（甲2）。
　　　訴外A（以下「訴外A」という。）は、原告代表者であり、後記第2項記載の本件事故当時、原告車両を運転していた。
　(2)　被告C（以下「被告C」という。）は、本件事故当時、「足立〇」の普通乗用自動車（以下「被告C車両」という。）を運転していた。
　(3)　被告D（以下「被告D」という。）は、本件事故当時、「練馬〇」の普通乗用自動車（以下「被告D車両」という。）を運転していた。

　2　本件事故の発生
　(1)　第1追突
　　　被告Cは、被告C車両を運転し、平成27年6月6日午前9時00分ころ、東京都〇区〇町〇番地先首都高速道路上り線5キロポスト付近路上において、訴外Aが運転し、渋滞のため同路上に停車中であった原告車両に追突させた（甲3、以下「第1追突」という。）。
　(2)　第2追突

被告Dは、第1追突発生直後、被告D車両を運転し、第1追突により同路上で停止していた被告C車両に追突させ、被告C車両を原告車両に玉突き追突した上、原告車両を原告車両の前方に停止していた車両に玉突き追突させるなどした（甲4、以下「第2追突」といい、第1追突と第2追突を総称して「本件事故」という。）。

3 違法性
 (1) 第1追突について
  ア 第1追突発生当時、被告Cは、車両運転者として、道路、交通及び当該車両等の状況に応じ、他人に危害を及ぼさないような速度と方法で運転しなければならない安全運転義務を負っていた（道路交通法70条）。
   同義務により、被告Cは、前方車両の動静を注視しなければならず、前方車両との間に適切な車間距離を保持しなければならなかった。
  イ しかしながら、被告Cが動静注視を怠ったことにより、第1追突が発生した。
   被告Cは、平成26年6月6日に行われた実況見分において、第1追突について「動静注視を怠った地点は〇」であると指示説明しており（甲5）、第1追突が自身の動静不注視に起因するものであることを認めている。
   また、第1追突発生当時、被告Cが被告C車両と原告車両との間に適切な車間距離を保っていれば、第1追突は生じなかった。
   被告Cは、「急ブレーキをかけた地点は〇」であると指示説明しているが（同頁）、被告C車両は急ブレーキによっても原告車両との追突を免れなかったものであり、被告Cが被告C車両と原告車両との間に適切な車間距離を保持していなかったことは明らかである。
  ウ このように、被告Cには、第1追突について動静不注視及び車間距離不保持という安全運転義務違反の過失があるから、被告Cは不法行為責任を負う。
 (2) 第2追突について
  ア 被告Dについて

第 2 追突発生当時、被告 D もまた、車両運転者として、道路、交通及び当該車両等の状況に応じ、他人に危害を及ぼさないような速度と方法で運転しなければならない安全運転義務を負っていた（道路交通法70条）。

しかしながら、被告 D が動静注視を怠ったことにより、被告 D 車両が被告 C 車両に追突し、これにより第 2 追突が発生した。

現に、被告 D は、同日付実況見分において、第 2 追突について「動静注視を怠った地点は○」であると指示説明している（甲 5）。

このように、被告 D は、第 2 追突について自身の動静不注視があったことを認めており、被告 D には、安全運転義務違反の過失が認められ、不法行為責任を負う。

イ 被告 C について

第 2 追突当時、被告 C 車両と原告車両との間に適切な車間距離が保たれていれば、第 2 追突によって被告 C 車両と原告車両とが追突することもなく、また、被告 C 車両が原告車両を前方に押し出すこともなかったので、玉突き追突が生じることもなかった。

このように、被告 C には、第 2 追突についても動静不注視及び車間距離不保持という安全運転義務違反の過失があり、不法行為責任を負う。

(3) 被告らの責任原因

後記第 4 項記載のとおり、第 1 追突及び第 2 追突との間には関連共同性があるので、被告らは、民法719条 1 項により、共同不法行為責任を負う。

4 第 1 追突と第 2 追突との間に関連共同性があること

被告 D 車両が被告 C 車両に追突したことにより第 2 追突が発生し、被告 C 車両が原告車両を前方に押し出したのは、第 1 追突において被告 C 車両が原告車両に追突し、第 2 追突発生当時、両車両間に適切な車間距離が保たれていなかった状態にあったことが原因である。

また、第 1 追突と第 2 追突は、同時刻、同現場において発生したものであり、被告らは、これら追突により、後記第 5 項記載の損害を不可分一体

のものとして生じさせた。

　第1追突につき被告Cに、第2追突につき被告らに過失があったことは上記第3項記載のとおりであるから、本件事故が被告らの過失の競合により生じたものであることは明らかである。

　このように、第1追突と第2追突との間には、関連共同性がある。

5　損害の発生及び損害額

　本件事故により、原告は、原告車両の後部バンパー、前部バンパー等が破損、変形する等の損害を被った（甲5）。また、原告車両の修理期間中、代車を使用せざるを得なかった等の損害を被った。

　本件事故により原告が被った総損害額は1190万円であり、その内訳は、以下のとおりである。

⑴　車両修理代　　600万円

　　本件事故により損傷した原告車両を修理した際の代金である（甲6）。

⑵　代車使用料　　90万円

　ア　概要

　　　平成27年6月15日から同7月14日までの30日間、原告が代車の使用を余儀なくされたことにより、平成27年8月31日、原告が訴外株式会社Yに対して支払った費用である（甲8の1及び2）。

　イ　必要性について

　　㈠　原告車両は、M社製○であり、いわゆる○クラスと呼ばれる車両である。

　　　　これは、M社製の中でもグレードの高い車両であり、他のM社製車両と比しても堅牢な作りとなっているため、より安全性の高い車両である。

　　　　原告が訴外Aのためにこのような安全性の高い車両を所有していた理由は、以下のとおりである。

　　㈡　訴外Aは、平成2年に新潟県○市で3代続く原告の代表取締役に就任した（甲1、9の1）。訴外Aが承継後も原告の売上は順調に推移していた。平成○年頃になると日本酒ブームがおきた。原告はこのとき、「○山」という有名な日本酒の銘柄を作り上げ、以後、

経営は安定している。

（略）

原告には、訴外Aの他、数名の杜氏（日本酒の醸造工程を行う職人）がいるが、「○山」も含め、醸造工程の核となる麹や醪の管理ができるのは、訴外Aだけである。このような理由により、訴外Aは、病気やけがにより休業することのないよう平素から万全の注意を払っていたものであり、自己の通勤等のための自動車での移動においても、交通事故により手足を負傷し、後遺障害を残すことのないよう安全性の高い車両に乗車する必要があった。

(ｳ) 加えて、訴外Aは、顧客を同乗させて接待するなど、原告の所有する自動車を営業活動等にも使用している。

原告の顧客には、国内外の企業の役員等、社会的地位の高い者も少なくなく、このような地位にある顧客の多くは、原告車両と同クラスの自動車を使用している。これら顧客は、原告と同様、万が一交通事故に遭った場合の被害を最小限に抑えるべく、やはり高い安全性を求め、普段からM社製の車両を使用する者が多い。

このように、社会的地位のある顧客を接待するという点においても、原告は、世界的に有名なブランドであり、かつ安全性に定評のあるM社製の上位クラスの車両を代車としなければならなかった。

(ｴ) このような理由により、原告は、原告車両と同程度の安全性を有する代車を使用する必要性があった。

ウ　相当性について

原告車両と同型車を代車として使用したところ、代車使用料は1日あたり3万円であった（甲10）。原告が代車を使用するにあたり、原告車両と同程度の安全性を有する車両を使用しなければならなかったことは上記イ記載のとおりである。また、代車を使用した期間も約1か月程度であり、自動車の修理に通常要する期間であるから、上記代車使用料は相当なものであった。

エ　このように、上記代車使用料は、必要かつ相当なものである。

(4) 評価損　　500万円

ア　原告車両は、平成27年5月15日に初度登録を行ったものであり（甲

2)、本件事故当時、初度登録後わずか1か月も経っていない。

また、本件事故当時の原告車両走行距離は500キロメートルであり（甲8の1）、新車同様の状態であった。

イ　一般に、新車自動車の初度登録年次の下取価格は、新車購入価格の7割程度が相場である。

原告車両の車両本体価格は1700万円であるから（甲11）、本件事故当時の原告車両を下取りに出した場合、上記本体価格の7割相当額である1200万円程度での下取りが見込まれた。

しかしながら、本件事故により原告車両の価格が低下したため、実際の原告車両の下取価格は600万円であり、上記下取見込額と実際の下取価格との間に500万円の差額が生じている（甲11）。

ウ　そのため、上記差額500万円が、本件事故により生じた評価損の額である。

(5)　弁護士費用　　119万円

上記(1)ないし(4)記載損害合計額1190万円の10パーセント相当額である。

6　関連事実

(1)　交渉の経緯

本件事故後、原告は、被告C及び被告Dとの間で、上記第5項記載の損害の賠償について交渉を行ってきた（甲12）。

しかしながら、被告C及び被告Dは、いずれも責任の有無や範囲について争うなどし、原告に対して損害の賠償を行おうとしなかった。

具体的な交渉の経緯については、以下のとおりである。

(2)　被告Cとの交渉経緯

ア　被告Cの主張

原告と被告Cとの本訴訟前の交渉において、被告Cは、第1追突につき、原告車両が停止しているのを認識し、ブレーキをかけるなどして被告C車両を停止させたので、被告C車両は原告車両に衝突しなかったなどと主張し、責任の有無及び範囲について争った。

イ　原告の主張

(ｱ)　原告車両後部の損傷は、後部バンパー下部から下側に集中してお

り、被告Ｃ車両前部の損傷は、前部バンパー上部からボンネットの間に集中している。これら損傷状況から、被告Ｃ車両の前部バンパー上部が原告車両の後部バンパーから下部に潜り込むように衝突したものと推認される（甲13）。

（略）

上記損傷状況からすると、被告Ｃ車両は、制動中に原告車両に衝突したものであるから、被告Ｃ車両の急ブレーキが間に合わず、第１追突が生じていたことは明らかである。
(ｲ)　また、原告車両後部には、後部バンパー中央付近と右角部の２か所に損傷がある（甲13）。

（略）

このように、原告車両には、位置及び高さの異なる２か所の損傷があり、上記損傷の状況から、被告Ｃ車両が原告車両に２度追突したことは明らかである。
(ｳ)　なお、被告Ｃ自身、本件事故当日である平成27年６月６日に行われた実況見分において、「前車に追突した地点は○」「前車と衝突した地点は○」と指示説明しており、被告Ｃ車両が原告車両に２度衝突したことを認めている（甲５）。
ウ　以上により、被告Ｃが、第１追突及び第２追突により、原告車両の後部部及び前部部を損傷させたことは明らかであり、被告Ｃの上記主張は事実に反する。
(3)　被告Ｄとの交渉経緯
ア　被告Ｄは、本訴訟前の交渉において、原告車両後部部分は第１追突により損傷しており、同損傷は第２追突により生じたものではないから、被告Ｄが責任を負うのは前部部分の損害についてのみであるなどと主張して、因果関係及び責任の範囲について争った。
イ　しかしながら、上記(2)記載のとおり、原告車両の後部部には２か所の損傷があり、これら損傷は２度の追突により生じたものである。

そのため、第２追突により、被告Ｄ車両が被告Ｃ車両を前方に押し出し、被告Ｃ車両と原告車両を玉突き追突させたことで、原告車両後部部が損傷したことは明らかである。

　　　　　また、第2追突は、被告D車両が被告C車両に追突したことにより、被告C車両が再度原告車両に追突したものであるから、第2追突が原告車両後部部の損傷を拡大させたことも明らかである。
　　　ウ　以上により、被告Dは、第2追突により原告車両後部部を損傷させ、または原告車両後部部の損傷を拡大させたものであるから、原告車両後部部の損害についても賠償義務を免れない。

　7　結語
　　　よって、原告は、被告らに対し、民法719条1項の共同不法行為による損害賠償請求権に基づき、請求の趣旨記載の判決を求める。

　　　　　　　　　証　拠　方　法
証拠説明書（略）記載のとおり
　　　　　　　　　附　属　書　類
　　　　1　訴状副本　　　　　　　　　　2通
　　　　2　甲第1ないし第13号証写し　　各3通
　　　　3　資格証明書　　　　　　　　　1通
　　　　4　訴訟委任状　　　　　　　　　1通

　(1)　責任論
　Aは、第1追突と第2追突との間に関連共同性があるとして、CおよびDを共同不法行為者として、それぞれに連帯して全額の支払いを請求している。当方の客観的証拠（実況見分調書、自動車損害調査報告書等）からすれば、証拠調べ（本人尋問）を経たとしても、Cの過失により第1追突事故が起きたことを立証できる自信はあった。そうすると、少なくとも、修理代金については、後部の損傷分は民法719条1項後段が適用されてCおよびDに対して請求でき、前部の損傷分については、これを交渉段階で認めていたDに請求するとして、結果として、修理費の全額が認められると考えていた。

ところが、裁判が始まると、交渉段階とは違って、Cが自分の過失で第1追突事故を発生させたと主張を変えた。しかし、第1追突事故でA車両が前のB車両の後部に玉突き衝突した点については否認した。主張を変遷させた理由は明らかではないが、Cの訴訟代理人が本訴訟で提出されている証拠等から不利だと判断し、CおよびCの保険会社を説得したうえ、Dとの間で事前に負担割合の点で何らかの話し合いがあったようにも推察できる。

いずれにせよ、Cの答弁により、事故状況についての証拠調べの必要性は低くなった。

(2) 修理代金

修理代金については、一般的に①修理が可能か（不能なら買換差額）、②可能として修理代金が車両の時価を上回るかを検討する。

修理代金が車両の時価を上回る場合を「経済的全損」という。この場合、原則として事故時の車両の時価が車両損害とするのが判例・実務である。もっとも、近時の判例の中には、車両時価に加え、車検費用や車両購入費用等を含めるものもある（東京地判平成14・9・9交民集35巻6号1780頁）。なお、車両の時価を知るには、「中古車価格ガイドブック」（イエローブック）、「オートガイド自動車価格月報」（レッドブック）が参考になる。

〈*Case*②〉では、修理が可能な事案で、かつ、修理代金（600万円）が車両時価（業者に査定させたところ1200万円であった）を下回るので、修理代金として600万円を請求した。

しかるに、上記修理代金額自体については争いがなく、後述するように、加害者2名の負担割合が問題となっていた。

(3) 評価損

上記の車両損害と関係するところであるが、修理をしたとしても、事故当時の車両価格に比して修理後の車両価格が下がってしまう場合がある。この両価格の差額を評価損という。評価損には、車両の機能や外観が修復されない技術上の評価損と、事故歴で売却価格が下がる取引上の評価損がある。

評価損については、多くの判例で認められてはいるが、明確な算定方法は

ない。一般的には、修理の程度、車種（人気度）、登録年度、走行距離、購入時の価格、中古車市場での価格などを総合考慮して判断しているようで、認める場合の具体的な金額の基準としては、修理費用の10〜30％とする場合が多いようである。あってないような基準である。

この点に関し、保険会社は、評価損の基準が上記のようなこともあり、任意の交渉の段階では認めない場合が多い。

しかし、〈*Case*②〉は、ドイツのＭ社製の最高ランクの人気が高い車種で、登録から１カ月程度（納車から10日）で事故にあっていることから、訴訟を提起すれば、評価損は認められると踏んでいた。参考判例として、①BMW735i（登録後４カ月、走行距離5576キロ）の事案で修理費の30％（東京地判平成18・1・24交民集39巻１号70頁）、②メルセデスベンツ CL600（登録後４年半、走行距離約４万7000キロ）の事案で修理費の30％（京都地判平成18・9・22自動車保険ジャーナル1678号12頁）などがある。

問題は、その金額である。

判例を調べたが、手元の資料では、修理費用の30％を上回る評価損を認めた事例をみつけることはできなかった。そこで、以下の算定式により損害金額を求めた。

事故時の車両時価（1200万円）－実際の下取価格（700万円）＝600万円

上記下取価格は、実際にディーラーに買い取られた価格であるが、一般財団法人日本自動車査定協会による評価落ちの査定（事故減価証明書）を取得することも判例上参考とされる場合があり有用である。しかし、〈*Case*②〉では、上記下取価格より高めに出たこともあり、訴状の段階では提出を控え、様子をみることとした。

(4) 代車使用料

代車使用料を請求するには、必要性と相当性が要求される。

必要性であるが、Ａは会社の経営者として、事故当時も車両を会社の取引先の接待や営業用として日常的に使用していた。他方で、ＡおよびＸ社

は、本件被害車両以外に車両を所持していなかった。これらからすると、代車の必要性は容易に認められよう。

　次に相当性であるが、使用期間については新車買換えに必要な30日であり、これも問題ないであろう。問題は、代車の車種である。ここは、相談者Aがこだわっていたところである。

　Aは酒造会社の経営者であり、かつ杜氏であった。Aは経営者として取引先の接待や信用維持のため、ステータスの高い本件事故車（ドイツM社製の最高ランク）を利用する必要があったし、また、杜氏として実際に現場で五感を働かせ醸造しており、自身の身の安全を図るために頑強な本件事故車を使用する必要もあった。そこで、〈*Case*②〉では、代車も本件事故車両と同等のものを実際に使用し（1日3万円×30日分）、そこには相当性も認められると主張した。

　立証資料として、本件事故車両のカタログ、本件事故車両が頑丈であることがうたわれているパンフレット、Aが経営者兼杜氏として紹介されている新聞や書籍などを提出した。

　しかし、判例をみるとどんなに高級な外車であろうと、一応営業の実情を加味して、なぜか国産高級車相当の1日1万5000円〜2万5000円程度である（東京地判平成19・11・29交民集40巻6号1543頁（メルセデス・ベンツS500Lの事案で、1日1万5000円×60日分等））。

(5)　和　解

(A)　和解の打診

　4回目の期日で書面での主張および証拠は出尽くし、裁判所から和解の打診がなされた。期日前まで争いのあった事故状況については、本訴訟において被告Cが自己の過失により第1追突事故が発生したこと、同事故が原因で、少なくともA車両の後部の損傷については責任がある旨を認めたことから、裁判所は、被告Cと当初より前部の損傷だけを認めていた被告Dに対し、負担割合や請求権の法的性質はともかくとして、両被告で合わせて原告の主張する修理代金は認められないかと打診した。もし、可能であれば、

期日間に両被告間で負担割合を話し合ってほしいとのことであった。

また、原告側に対しては、評価損と代車使用料は、提出された立証方法を前提にすると、多くの判例どおりの数字になるだろうとのことであった。

裁判所は、上記修理代金の案に対し、両被告が保険会社から決済が下り次第、和解勧告をするとして同期日を終えた。

(B) 和解勧告

4回目の期日の5日後、裁判所から和解勧告書が届いた。保険会社は裁判所から打診されるとレスポンスは早い。

弁護士甲もある程度の数字を予測して、期日報告によりAに対して裁判所の心証を伝えていたが、ほとんど予測どおりの数字であった。評価損は修理費用の30％、代車使用料は1日あたり1万5000円であった。代車使用料は国産高級車レベルの金額で最低限の数字は確保した。また、評価損については、判例で認められている幅の上限なので勝ち得たといえる。全体として、勝訴的な和解と評価してよいのではないかと思われた。なお、和解条項案の両被告の負担額であるが、被告Cは後部の損傷分の損害額並びに評価損および代車使用料のそれぞれ2分の1の額、被告Dは前部の損傷分の損害額並びに評価損および代車使用料のそれぞれ2分の1の額となっていた。

弁護士甲は、和解の意思を確認する重要な場面なので、Aに事務所まで来てもらい和解内容を説明することとした。Aとの打合せの結果、裁判所の和解勧告を受け入れることになった。

【書式2-2-6】 和解条項（《Case②》）

和解条項

1　被告Cは、原告に対し、本件損害賠償債務として、335万円の支払義務があることを認める。

2　被告Cは、原告に対し、前項の金員を、平成28年○月○日限り、原告指定の下記金融機関口座に振り込む方法により支払う。ただし、振込手数料は被

告Cの負担とする。

記

○銀行○支店
普通口座　口座番号○
口座名義「弁護士甲　預り口」

3　被告Dは、原告に対し、本件損害賠償債務として、535万円の支払義務があることを認める。
4　被告Dは、原告に対し、前項の金員を、平成28年○月○日限り、原告指定の第2項の金融機関口座に振り込む方法により支払う。ただし、振込手数料は被告Dの負担とする。
5　原告は、その余の請求をいずれも放棄する。
6　原告及び被告らは、原告と被告らとの間に、本件に関し、本和解条項に定めるもののほか、何らの債権債務がないことを相互に確認する。
7　訴訟費用は、各自の負担とする。

IV 最後に

　本章では、物損事故について、受任から交渉・訴訟までを概観してきた。交通事故案件について思うことは、弁護士費用特約の存在は大きいということである。交通事故による損害については、たとえば、人身事故における慰謝料等で、被害者本人が示談する場合の保険会社の任意保険基準、弁護士が介入した場合の赤い本基準（裁判所基準・弁護士基準ともいわれ、こちらのほうが高額）とあるように、弁護士の介入の有無により損害額を上乗せできる項目が多い。これは、保険会社において、弁護士がつけば訴訟まで持ち込まれる可能性があり、他方で訴訟では被害者よりの判断になりがちなので、費用がかかる訴訟に持ち込まれる前に赤い本基準で示談したほうがよいとの判断があるからだと思われる。

　弁護士費用特約があれば、被害者は自分で弁護士費用を支払わなくて済むので、示談交渉についてほぼ弁護士に委任することになる。そうすると、被

害者は上記の赤い本基準の恩恵が受けられ、また、物損事故においては、経済的利益が小さい事件であっても最低限の着手金が保証され、弁護士が介入しやすくなり、この点からも被害者救済に資するものと考える（〈*Case*②〉は例外的に経済的利益が大きかったが）。

　弁護士甲は、本件和解成立後、本件和解で認められた金額を経済的利益として前述のLAC報酬基準で報酬を算出し、これまでかかった実費をあわせて弁護士費用特約の保険会社に請求した。そういえば、訴状では、弁護士費用相当額も訴額に含めて請求していたが、仮に判決等でかかる費用が損害として認められた場合、はたして、弁護士費用特約の保険会社に対する報酬請求権とはどのような関係になるのだろうか。

　本稿は、複数の事例を組み合わせるなどして構成したものであり、実際の事例とは異なる。

第3章 物損事故──過失の有無

I 事案の概要

〈Case ③〉

　Aは、妻であるX所有の車両を運転していたところ、交差点に入ったところで、左側から運転してきたタクシー（運転手はY、タクシー会社はZ社）に衝突され、当該車両が大破してしまった（なお、運転していたAにはけがはない）。Yが運転していた車線には一時停止規制があったが、Aによると、Yは一時停止せずに交差点に進入してきたという。

　Xは、事故車両の損害をZ社に請求したいとのことで、甲弁護士のボス弁に相談をした。

II 実務上のポイント

　〈Case ③〉における実務上のポイントは、以下の3点である。
① 車両時価相当額の考え方（経済的全損事案）
② 代車使用の必要性・相当性
③ 過失相殺

III
第1回打合せ前の依頼事項

　甲弁護士は、都内にある主に企業法務を扱っているT法律事務所で勤務している。交通事故事件を受任した経験はほとんどない。

　ある日、ボス弁の下に、その知り合いであるXから物損事故に関する相談がきた（なお、人損はないとのことである。また、すでに、本件事故車両は廃車にしたとのことであった）。甲弁護士は、ボス弁に言われ、本件事件を担当することになった。

　そこで、まず、Xには、事前に以下の資料を揃えてもらったうえで、打合せをすることとなった。

　・本件交通事故の概要をまとめた資料
　・交通事故証明書
　・事故車両を修理する場合の明細書
　・自動車検査証（車検証）
　・自動車保険証券

　物損事故の相談にあたり、最低限確認したい事項としては、①当事者名、②事故日、③事故態様、④相談者が加入している保険会社名や担当者名、⑤加害者が加入している保険会社名や担当者名、⑥物損事故の状況があげられる。

　特に、弁護士費用特約を利用する場合には、相談者が加入する保険会社の担当者と連絡をとる必要がある。

　「交通事故証明書」とは、自動車安全運転センターが発行する証明書で、事故の「発生日時」、「発生場所」、各当事者の住所・氏名等、「事故類型」等が記載されている。交通事故事件を処理するうえでは、基本的な書類である（交通事故証明書については、【書式2-1-1】（43頁）を参照されたい）。多くの場合、交通事故証明書は被害者にお願いして取り寄せてもらう（依頼者からの委任状があれば、代理人も交通事故証明書を取得することはできる）。また、イ

ンターネットを通じて交通事故証明書を取り寄せることもできる。ちなみに、交通事故証明書の一番下の欄に「照会記録簿の種別」として、「人損事故・物件事故」いずれかを丸で囲む欄があり、当該交通事故が人損事故として処理されているのか、または物件事故として処理されているのか、この欄で確認することができる。

また、物損事故の場合、損害賠償請求権者は運転者ではなく、あくまでも車両の所有者となるので、車両の所有者は誰であるのか（運転者と車両の所有者が同一か否か）、自動車検査証で確認をする必要がある。

Ⅳ 第1回打合せ

平成21年1月下旬、T法律事務所にて、甲弁護士は、相談者Xとその夫であるAと打合せを行った。甲弁護士が、XおよびAからヒアリングした内容および事前に準備をお願いしていた資料から明らかになった事実は以下のとおりである。

1 本件事故の概要等

本件事故は、平成20年11月19日にXの夫A（62歳）が運転する車両（以下、「本件事故車両」ともいう）と、Yが運転するZ社のタクシーとが衝突したという事案である。具体的には、事故現場は信号機のない交差点で、Aが運転していた車線は優先道路であり、他方、Yが運転していた車線には「止まれ」と大きく白線で示され、一時停止の標識が設置されており、一時停止規制があった（〈図表2-3-1〉参照）。

Aによると、Yは一時停止規制があるにもかかわらず、一時停止はおろか、減速もせずに本件交差点に進入してきたとのことである。また、Yは、本件事故による接触後、左にハンドルを切りながら、3メートルほど前方に動き、その後、本件事故車両を引きずる形でバックをし、来た道路の対向車線に駐車する等不可解な行動をとっていたこと、Z社の事故係担当者は、Y

は頻繁に事故を起こしており、もう仕事を辞めさせたいと愚痴をこぼしていたとのことであった。

　他方で、Aは、交差点であることから時速10キロメートル程度に減速して注意深く運転（直進）していたとのことであった。

　また、Xに持参してもらった自動車検査証を確認したところ、本件事故車両の所有者はXであることがわかった。

　本件事故車両の用途について、Aは昭和44年頃から自宅で工務店を営んでおり、本件事故車両を営業車として使用していたとのことであった。

2　目撃者の存在

　本件事故には目撃者のNがおり、Nは、本件事故の一部始終を目撃していた。幸い、Aは、Nから名刺をもらっており、Nの連絡先等を把握していた。

3　相手方保険会社・Z社との示談交渉の経緯

　Xは甲弁護士と打合せをする前、すでに、Z社の担当者との間で示談についての話を試みていた。Z社は損害保険に加入していたが、当該保険は100万円以下の事故は免責とのことであり、同保険から保険金は支払われないとのことであった。そこでやむを得ずXは、X加入の保険会社を通じてZ社と示談交渉を続けた。

　しかし、Z社は、あまりにも誠意のない対応だったので、平成20年12月16日頃、Xは、90万円で示談に応じるので、そのように相手方と交渉してほしいと、Xが加入している任意保険会社の担当者に交渉を依頼した。しかし、同月24日、Z社からは50万円であれば示談に応じるとの誠意のない回答であったので、Xは憤慨し、Z社の態度が許せないということで、訴訟提起に踏みきりたいとのことであった。

4　被害者弁護士費用担保特約

　甲弁護士もZ社の対応には憤慨したが、物損事故の場合、請求金額自体が高額になることはあまり多くはないので、弁護士費用をかけてまでXがZ社に訴訟提起すべきかについては悩んでいた。しかし、Xに事前に持参することをお願いしていた自動車保険証券をみると、Xが加入していた損害保険には、特約として、「被害者弁護士費用担保特約」が付されていた（保険金額300万円）。すなわち、Xとしては、この特約が付されていることにより、300万円までは、弁護士費用を負担する必要はないことがわかった。

5　〈Case③〉における損害

　本件事故車両を修理する場合に必要な費用として、①事故車両の修理に148万3062円の費用がかかることがわかった。

　そのほかに、Xのヒアリングによって、②本件事故車両のレッカー代金として7万4153円、③車両保管料（42日間）として4万2000円、④代車使用料（42日間）として71万4000円がそれぞれかかっていることが判明した。

6　本件事故車両が非常に整備されていたものであること

　なお、Xは、本件事故車両を購入したE社（XはE社に本件事故車両の整備を定期的に依頼していた）から、概要、以下の内容が記載された書面を取得していた。

> 　今回の事故にあわれる前までの車両は稀にみる非常に良好な車両でした。
> 　現在、同車種の一般的な販売価格は、70万円～90万円程度と思われますが、X様の所有車両（事故以前の）と同等の良好車両を探した場合の想定車両価格は、90万円程度の費用を要するものと思われます。（車検残・車両状態により前後します）
> 　また、同様の車両装備品の追加費用も必要になる場合も想定されますので、その場合は、追加装備品装着の別途費用が必要となります。（15万円から25万円前後）

〈図表2-3-1〉 事故状況（《Case ③》）（A がまとめたもの）

① 事故の瞬間

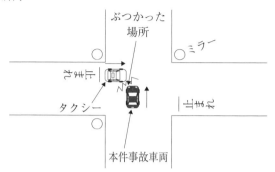

② 事故後の動き

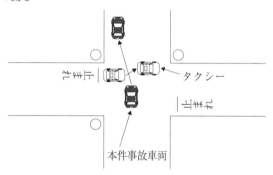

③ 事故後の駐車位置

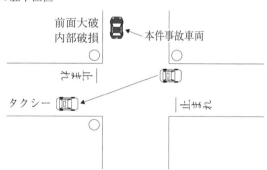

このE社作成の書面によれば、本件事故車両は最大で115万円程度になると思われた。

7　過失相殺

打合せの場で、XおよびAは、本件交通事故の原因はYの不注意に尽きるのであり、A側には一切過失はないと甲弁護士に訴えていた。そこで、甲弁護士は、別冊判例タイムズ16号の【57】事例を示し、(修正要素はあるものの)基本的にYが減速しなかったことを立証できても、判決となれば、その過失割合は10対90となることを丁寧に説明したうえで、任意の交渉や訴訟の段階では、A側には過失はないことをしっかりと主張していくことで同人らの納得を得られた。

V　今後の方針

甲弁護士は、上記のXおよびAの話と取得した資料を踏まえると、〈*Case*③〉では以下の点が争点になると考えた。

1　経済的全損事案であること

物損事故において、事故車両の修理が可能な場合には、原則として、修理費相当額が損害として認められるが、ここで、「修理が可能」といえるためには、物理的に修理が可能というだけでは足りず、経済的にも修理が可能であることが必要である(このことは、被害の回復という損害賠償制度の目的から要請される)。そして、修理費用が、事故当時における車両の時価(消費税相当額を含む)と事故車両の売却代金との差額(買替差額)に買替諸費用を加えた金額を超えている場合(いわゆる「経済的全損」の場合)、車両損害として認められるのは、修理費用ではなく、買替差額および買替諸費用の限度にとどまる(東京地判平成14・9・9交民集35巻6号1780頁)。なお、ここでいう買替諸費用とは、特段の事情がない限り、事故車両と同一の車種・年式・型、

同程度の使用状態・走行距離等の車両を中古車市場において取得するのに要する諸費用等をいう（東京地判平成15・8・4交民集36巻4号1028頁）。具体的には、①登録、車庫証明、廃車の法定手数料分、②ディーラー報酬部分のうち相当額、③自動車取得税、④車両本体価格に対する消費税相当額、⑤事故車両の自動車重量税の未経過分は損害として認められる（公益財団法人日弁連交通事故相談センター東京支部『民事交通事故訴訟・損害賠償額算定基準〔2016年版〕（上巻）』（以下、「赤い本」という）220頁参照）。

〈Case③〉では、Xから提出してもらった請求書によると、事故車両の修理費用に148万3062円かかるとのことであるが、その一方でE社の書面によると、「同車種の一般的な販売価格は、70万円〜90万円程度」、「同等の良好車両を探した場合の想定車両価格は、90万円程度」とされているので、甲弁護士は、いわゆる経済的全損の事案であると考えた。

2　車両の時価額

ところで、甲弁護士は、E社の書面によると「同車種の一般的な販売価格は、70万円〜90万円程度」との記載があり、その価格を事故当時における車両の時価として考えていたが、このような主観的な書面で車両の時価額を決めてよいのか疑問を抱いた。そこで、同じT法律事務所の同僚弁護士に、物損事故における車両の時価額がどのように決まるのか質問してみた。これに対し、同僚の弁護士から、いわゆる「レッドブック」や「イエローブック」とよばれるものが参考にされるとの話を聞いた。そこで、甲弁護士は、これらについて調べてみると、レッドブックとは、有限会社オートガイド社が発行する「オートガイド自動車価格月報」をいい、イエローブックとは、一般社団法人日本自動車査定協会が発行する「中古車価格ガイドブック」をそれぞれ指すこと、ただし、車両の時価額を算定するうえでは、走行距離その他の車両状態まで考慮する必要があるため、同資料だけで車両の時価額が算定できるわけではないことなどがわかった。

そこで、早速、甲弁護士は、合同図書館に行き、「レッドブック」で本件

事故車両の時価額を調査した。レッドブックによると、本件事故車両の時価額は65万円であるが、本件事故車両の事故当時の走行距離は9万6511キロメートルであったので、走行距離の加減評価により12万円～16万円程度減額されることがわかった。そうすると、レッドブック上は、本件車両の時価額は最低49万円ということになるが、この価格にXは納得いかないと思われるので、E社の書面を基に、本件事故車両はさまざまな装備品を付けており、また整備も行き届いている車両であったことを強調することとした。

　甲弁護士は、すぐにレッドブックの調査結果をXおよびAに報告したうえで、まずは、任意の請求をする段階では、E社が出した書面にのっとって、本件事故車両は時価額115万円（90万円＋25万円）として請求すること、ただし、訴訟になった場合、裁判所はレッドブックなどの客観的な資料を基準に車両時価額を算定する傾向にあることを説明した。

3　代車使用料

　今回、Xには、本件事故の翌日から42日間分の代車使用料として、71万4000円の費用がかかっている。

　この点、Aによると、代車を使用した理由について、Aは、自宅で工務店を営んでおり、本件事故車両は工務店の営業車として稼働できる状況になければならなかったことから、本件事故車両と同じグレードの車両をE社から借りたとのことであった。

　甲弁護士は、代車自体無制限に認められるものではなく、代車の必要性、同等性、相当性を満たす必要があることは知っていた。〈*Case*③〉では、Aは自宅で工務店を営んでおり、本件事故車両を営業車として使用していたことからすれば、代車の必要性は認められると考えた。

　また、Xは、本件事故車両と同等のグレードの車両を借りたとのことであり、特段、代車の同等性を否定するような事情は認められない。問題は、代車使用期間の相当性が認められるかである。一般的に、代車使用の認められる期間は、現実に修理または買替えをするまでに要した期間ではなく、相

当な修理期間または買替期間中、レンタカー使用等に代車を利用した場合に認められる（赤い本〔2016（平成28）年〕（上巻）224頁には、（代車使用料は）「相当な修理期間または買替期間中、レンタカー使用等により代車を利用した場合に認められる。修理期間は1週間ないし2週間が通例であるが、部品の調達や営業車登録等の必要があるときは長期間認められる場合もある」と記載されている）。

このような赤い本の記載を前提にすると、〈*Case*③〉において甲弁護士としては、42日間の代車使用料を請求するのは、やや過大な気もしてきた。ただ、まずは請求ベースでは、赤い本の記述があることを前提に、Xにかかった費用全額を請求することとした。

4 小　括

以上、〈*Case*③〉の論点を整理した甲弁護士は、訴訟提起を前提に、まずは、YおよびZ社に対して内容証明郵便にて、本件事故によりXが被った損害の賠償を求める書面（【書式2-3-1】）を送ることとした。

【書式2-3-1】　通知書（〈*Case*③〉）

通知書

冠省

　当職は、東京都○○区○○ X（以下「通知人」といいます。）の嘱託を受けましたので、その代理人として、Y（以下「貴殿」といいます。）及びZ株式会社（以下「貴社」といいます。）に対し、以下のとおりご通知いたします。

1　ご承知のとおり、通知人の夫であるAが平成20年11月19日午後3時25分頃、普通乗用自動車（以下「本件自動車」といいます。）を運転して、東京都○○区×丁目×番先優先道路を進行中、貴社の業務としてタクシーを運転していた貴殿が、上記優先道路を走行中の本件自動車に気づかずに衝突し、その後も停止せず3メートル程度前進した上、本件自動車を引きずる形でバックをするなどして、本件自動車を大破させました（以下「本件事故」といいます。）。

また、貴殿は貴社の従業員であり、本件事故は貴社の業務であるタクシー運転中の事故ですから、「事業の執行について」生じた事故として、貴社は、この事故につき、使用者としての責任があります（民法第715条第1項）。

2　通知人が、本件事故によって被った損害は以下のとおりです。
　　　車両価格　　　　金115万円
　　　代車使用料　　　金71万4000円
　　　車両保管料等　　金11万6153円

3　よって、通知人は、本書をもって、貴殿及び貴社に対し、本件事故によって被った上記損害の合計金198万0153円をお支払いいただきますよう、請求いたします。なお、お支払いは、下記口座にお振込みの方法でお願いします。
　　　万一、平成21年4月6日までにお支払いをいただけず、またご連絡をいただけない場合には、通知人は上記損害金の支払いを求めて法的手段をとる所存ですので、ご承知おきください。

4　なお、本件につきましては、当職が受任いたしましたので、今後本件に関する一切のご連絡等は当職までお願いいたします。

敬白

記

Ｍ銀行　△△支店
普通預金
口座番号　1234567
名義　弁護士甲

平成21年3月24日
　　東京都△△区××二丁目
　　Ｔ法律事務所
　　　電　話　03-〇〇〇〇-〇〇〇〇
　　　ＦＡＸ　03-〇〇〇〇-〇〇〇〇
　　通知人Ｘ代理人
　　　　弁護士　甲

埼玉県××市×××-×-×
Ｙ　殿

```
　　　　　　　　　　　　　　東京都××区××丁目×-×
　　　　　　　　　　　　　　Ｚ株式会社
　　　　　　　　　　　　　　代表取締役　××××　殿
```

VI 通知書に対するＺ社の反応

　通知書を郵送した数日後、Ｚ社の事故担当者から甲弁護士の下に電話連絡があった。Ｚ社の事故担当者からの電話の内容としては、①本件事故車両の時価額は49万円が相当であること、②代車使用料はその必要性がなく、一切支払うことはできないという内容であった。また、同担当者からは、これ以上の金額での交渉は不可能なので、訴訟提起するのであればそうしてほしいとの話があった。

　このような検討の余地もない回答をＺ社から受けて、甲弁護士はＸおよびＡと打合せを行い、ＹおよびＺ社を被告として訴訟を提起することとした。

VII 訴訟提起

　上記のとおり、相手方から、通知書に対する誠意ある回答はなかったので、甲弁護士は、予定どおり、ＹおよびＺ社に対して、訴訟を提起することとした。甲弁護士は下記１から３を検討したうえで、【書式2-3-2】のとおり訴状を起案した。

1　責任原因

　〈*Case*③〉は物損事故であるので、Ｙに対する請求は不法行為に基づく損害賠償請求（民法709条）、Ｚ社に対する請求は使用者責任に基づく損害賠償請求（同法715条１項）ということになる。

なお、自動車損害賠償保障法（以下、「自賠法」という）3条は、「自己のために自動車を運行の用に供する者は、その運行によって他人の生命又は身体を害したときは、これによって生じた損害を賠償する責に任ずる」と規定しており、裏を返せば、物を壊したときには自賠法3条の適用はない（したがって、立証責任の転換もない）ので物損のみを請求する場合には留意が必要である。

2　車両時価額

　上記Z社の事故担当者の回答からも明らかなとおり、車両時価額に関して、被告らはレッドブックによる反証を試みてくることは明らかであった。そこで、甲弁護士は、E社からの書面だけではなく、本件事故車両と同等の車両がいくらであるかをインターネットで調べた結果もあわせて裁判で証拠提出することとした。早速、甲弁護士がインターネットで本件事故車両と車種、年式および走行距離等が類似する中古車を検索したところ、90万円に近い中古車が複数発見されたので、それをプリントアウトして、証拠提出することとした（下記【書式2-3-2】訴状の甲第4号証）。

3　代車使用料

　代車使用料について、甲弁護士は、赤い本の記載に従い、2週間の修理期間を前提に、同期間の代車使用料を請求することとした。

【書式2-3-2】　訴状（《Case③》）

訴　　　状

平成21年5月14日

東京地方裁判所民事部　御中

　　　　　　　　　　　　　原告訴訟代理人
　　　　　　　　　　　　　　弁護士　　　甲

〒○○○-○○○○　東京都○○区○○123-45
　　　　　　　　　　原　　　告　　　　X
〒○○○-○○○○　東京都中央区○○123-45
　　　　　　　　　　　　T法律事務所（送達場所）
　　　　　　　　　　　　電話　03-××××-××××
　　　　　　　　　　　　FAX　03-××××-××××
　　　　　　　　　　上記訴訟代理人弁護士　　　甲

〒×××-××××　埼玉県××市×××-×-×
　　　　　　　　　　被　　　告　　　　Y
〒×××-××××　東京都××区××丁目×-×
　　　　　　　　　　被　　　告　　　　Z株式会社
　　　　　　　　　　代表者代表取締役　　×　×　×　×

損害賠償請求事件（交通事故）
　訴訟物の価額　　金140万4153円
　貼用印紙額　　　金1万3000円

第1　請求の趣旨
　1　被告らは、各自原告に対し、140万4153円及びこれに対する平成20年11月19日から支払済みまで年5分の割合による金員を支払え
　2　訴訟費用は被告らの負担とする
　との判決並びに仮執行の宣言を求める。

第2　請求の原因
　1　交通事故の発生
　　　下記の交通事故（以下「本件交通事故」という。）が発生した（甲1）。
　　(1)　日　　時　　平成20年11月19日午後3時25分頃
　　(2)　場　　所　　東京都○○区×丁目×番先道路
　　(3)　原告車両及び運転者　　普通乗用自動車（登録番号○○300ま1234）

　　　　　　　　　　　訴外A
　　(4)　被告車両及び運転者　　普通乗用自動車（登録番号○○500あ5678）
　　　　　　　　　　　被告Y
　　(5)　態　　様　　被告Y運転の普通乗用自動車が訴外A運転の普通乗用自動車に接触したもの
2　責任原因
　　被告らは、次の事由により本件交通事故に基づき原告に生じた損害を賠償すべき責任がある。
　(1)　被告Yは、事故現場である交差点に進入するに際し、一時停止義務があるにもかかわらず、その義務を怠った過失及び左右の安全確認を怠った過失があるので、民法第709条の責任がある。
　(2)　被告Zは、被告Yの使用者であるが、本件交通事故は被告Yが被告Zの業務を執行する際の事故であるから、被告Zには民法第715条の責任がある。
3　損害
　(1)　原告車両時価額　90万円
　　　本件事故により原告車両は破損し、修理代として148万3062円を要するに至った（甲2）。しかし、本件事故当時の原告車両の中古価格は90万円（甲3、甲4）であるので、右中古価格の限度で損害が発生した。なお、原告車両の所有者は原告である。
　(2)　代車使用料　23万8000円
　　　原告の夫である訴外Aは自宅で工務店を営んでいるところ、原告車両は当該工務店の営業車として常に稼働できる状況になければならなかったことから、原告は、E社より、代車として被害車両と同じグレードの車両を賃借した。かかるレンタカー代は、一日1万7000円で42日間賃借したので71万4000円である（甲5）。本件のような経済的全損事案の場合、少なくとも買替えに要する2週間程度は代車使用が認められるべきものであるので、代車使用料として、23万8000円が損害となる。
　(3)　雑費　11万6153円
　　　原告は、E社に対し、本件事故により破損した本件事故車両の保管を依頼した。保管期間は、平成20年11月20日から平成20年12月31日までで

あり、保管料は合計 4 万2000円である（甲 5 ）。

　また、原告は、E 社に対し、被害車両の移動及び修理見積を依頼した。原告は、この費用として、 7 万4153円を支出した。

(4)　弁護士費用　15万円

　本件訴訟を提起するにあたり、原告は、原告代理人との間で着手金を19万8000円、成功報酬を経済的利益の16パーセントとする内容で委任契約を締結しており（甲 6 ）、上記第 2 の 3 (1)ないし(3)の損害合計125万4153円のうち12パーセント相当である15万円が損害として認められるべきである。

4　結論

　よって、原告は、被告らに対し、連帯して合計金140万4153円及びこれに対する本件事故日である平成20年11月19日から支払済みに至るまで民法所定の年 5 分の割合による遅延損害金の支払いを求める。

証拠方法

　　　甲第 1 号証　　交通事故証明書
　　　甲第 2 号証　　鈑金塗装請求書（控）
　　　甲第 3 号証　　「—X 様所有車両について—」と題する書面
　　　甲第 4 号証　　カーセンサー NET
　　　甲第 5 号証　　請求明細書
　　　甲第 6 号証　　委任契約書
　　　甲第 7 号証　　自動車検査証

附属書類

（略）

VIII　被告らの答弁書

　被告らの答弁書が提出された。甲弁護士が予想したとおり、被告らは、①本件事故車両の時価額、②代車使用料の相当性、③雑費、④過失相殺につい

て争ってきた。具体的な内容は【書式2-3-3】のとおりである。

【書式2-3-3】 答弁書（〈Case ③〉）

答　弁　書

平成21年6月10日

東京地方裁判所民事第27部×係　御中

〒×××－××××
東京都千代田区×－×－×
　　Ｓ法律事務所（送達場所）
電話　03－××××－××××
FAX　03－××××－××××
　　被告ら訴訟代理人
　　　弁護士　　　　乙

第1　請求の趣旨に対する答弁
　1　原告の請求をいずれも棄却する
　2　訴訟費用は原告の負担とする
との判決並びに被告ら敗訴のときは、仮執行免脱宣言を求める。

第2　請求の原因に対する認否
　1　同1「交通事故の発生」は認める。
　2　同2「責任原因」は概ね認めるが、後記のとおり過失相殺を主張する。
　3　同3「損害」について
　(1)　同(1)「原告車両時価額」について
　　　本件事故により原告車両が破損し、その修理が、原告車両の時価額を超過するため、いわゆる経済的全損として時価額が損害となることは認める。
　　　しかし、原告車両の時価額が90万円であるとの主張は否認する。
　　　原告車両は、初年度登録平成8年10月、本件事故時の走行距離9万6511キロであった。
　　　乙1号証の1のとおり、同型車の一般的な市場価格は、65万円である

が、上記走行距離が約10万キロに達していたことに鑑み、乙1号証の2のとおり16万円を控除し、その時価額は、49万円が相当である。
(2) 同(2)「代車使用料」について

日額1万7000円、使用期間2週間分での代車使用料の請求については、不知。

代車使用の必要性、相当性を判断するに当たり、原告は、原告車両の修理の有無又は買替の有無、及びその時期を明らかにするとともに、代車費用についての領収書を提出されたい。
(3) 同(3)「雑費」について

保管費用4万2000円及び見積料7万4153円は不知。

本件において、保管費用、見積料の必要性及び相当性が明らかではない。

仮に原告において、保管費用、見積料を支払っているのであれば、領収書を提出されたい。
(4) 同(4)「弁護士費用」は不知。

第3　被告らの主張（過失相殺）

本件事故は、交差点における出会い頭の接触事故である。

本件交差点においては、被告車両側に一時停止規制があった。被告Yは、停止線において一時停止した上で、本件交差点に進入したが、原告車両との目測を誤り接触するに至ったものである。

上記のような事故態様からすると、被告車両の速度は低速であったものと推認されることから、原告車両を運転する訴外Aにおいても、前方への注意を払っていたら接触を避けられたものと認められる。

したがって、本件事故においては、訴外Aの注意義務違反を考慮し、少なくとも2割の過失相殺が認められるべきである。

以上

IX
第1回口頭弁論期日、答弁書への反論

　第1回口頭弁論期日では、次回期日までに原告側が答弁書に対する反論をするということであっさりと終わってしまった。また、次回から、弁論準備手続に付されることとなった。

　甲弁護士は、答弁書に対する反論として、次のように主張・立証を考えた。

1　本件車両の時価額

　予想どおり被告らはレッドブックに基づき車両時価額の主張をしてきたので、甲弁護士は、あらためて、レッドブックが示す価格は、一般的な市場価格の1つを示すにすぎず、中古車価格が、各車両の状態等の個別の事情によって大きく異なるものであることを丁寧に主張・立証することとした。

　具体的には、甲弁護士がインターネットで調査した本件事故車両と同種の車両の中古車市場の価格は25万8000円から89万円と千差万別であること、E社の書面によれば、本件事故車両は稀にみる非常に良好な車両であること、本件事故後の写真を証拠として提出し、事故による損傷部分以外は非常にきれいで、外観上も良好であることを主張することとした。

2　代車使用料

　甲弁護士は、代車の必要性については、Aが自宅で工務店を営んでおり、本件事故車両を営業車として使用していたことを、代車使用の相当性については、赤い本に従い、経済的全損事案においては、少なくとも買替えに要する2週間程度の代車使用料は認められるべきであることをそれぞれ主張することとした。

3　雑　費

　保管費用については、物理的全損事案の裁判例を参考に、少なくとも、事

故車両を廃車にするのか否かを考慮するのに必要な期間は認められるべきであることを主張することとした。

〈*Case*③〉では、Z社加入の保険会社から免責を主張され同保険会社から保険金が支払われず、また、Z社と直接示談交渉するも、50万円という誠意のない回答しかなかったため、Xは、やむを得ず廃車にしたことを主張し、少なくとも、本件事故の翌日である平成20年11月20日から同年12月31日までの保管費用は認められるべきことを主張することとした。

4 過失相殺

Z社は、Yが一時停止したうえで交差点に進入したなどと、全くAの認識とは異なる主張をした。

そこで、甲弁護士は、Aから連絡先を預かっていた目撃者Nに連絡をし、〈*Case*③〉が訴訟になっており、Nが本件事故を目撃した時の状況を陳述書としてまとめて裁判所に提出したいので、協力をしてほしい旨依頼すると、Nは快く引き受けてくれた（Nの陳述書は【書式2-3-4】のとおりである）。

【書式2-3-4】　陳述書（〈*Case*③〉）

陳　述　書

平成21年8月7日

東京地方裁判所民事27部　御中

東京都○区○－○－○
N

　私は、平成20年11月19日午後3時過ぎ頃、東京都○○区×丁目×番先路上において、Aさんの運転の自動車（以下「原告車両」といいます。）とYさん運転の自動車（以下「被告車両」といいます。）が接触した事故（以下「本件事故」といいます。）を目撃しました。Xさんの代理人弁護士から、原告車両の所有者であるXさんが、Yさんとその使用者であるZ社に対して、本件事故

によって生じた損害の賠償を求めており（以下「本件訴訟」といいます。）、本件訴訟で事故の状況等が争われていると聞きました。そこで、今回、私が目撃した事故の状況等について、ありのままに説明します。

1 　私は、東京都〇〇区で学習塾を経営しております。

　　本件事故を目撃した日は、塾の近くにあるホームセンターで、塾で使用するコピー用紙を購入しに行く途中でした。本件事故が起こる前、私は、別紙地図（略）にマークがされている付近を右端に寄って歩いていました。その時、原告車両が、私の左後方を走行しており、少し気になっていたのを覚えています。というのも、ホームセンターは、私の進行方向より左側にあるため、歩行している道路の左側に渡りたいなと思っていたところ、原告車両は、時速10キロ程度の非常にゆっくりした速度で走行しており、これでは原告車両が行き過ぎるまで時間がかかるなと思っていたからです。

　　そのような状況で道路を歩いていると、本件事故があった交差点（以下「本件交差点」といいます。）の左側から、被告車両が、時速20キロ出ているかいないか位のスピードで直進し、一時停止の標識等があるのに、それを無視して一時停止はおろか徐行すらせずに、本件交差点に進入してきました。被告車両が本件交差点に進入してきたとき、私は本件交差点の約3メートル手前にいたと思います。そして、そのまま原告車両の左側前方部分と被告車両の前方部分が接触しました。

　　なお、事故状況等を目撃した位置からは、何も遮るものはなかったため視界は良好で、11月とはいえ時間は午後3時過ぎで暗くもなく、視力は眼鏡をかけて両目1.5あります（本件事故を目撃した当時も眼鏡をかけていました。）ので、見間違いはありません。また、私自身も、自動車の運転免許は持っており、交通規制については理解しています。

2 　私は、本件事故を目撃して、一時停止の標識があるにもかかわらず、一時停止はおろか、減速もせずに本件交差点に進入してきた被告車両が一方的に悪いと思っていたので、事故当時、その現場で、Aさんに対して、「この事故は100％被告車両が悪い」とお話しをしました。そういうことですから、本件事故は、既に何の問題もなく円満に解決したものと思っていました。しかし、Xさんの弁護士から、揉めて訴訟になっていると聞いて大変驚いて

います。

　　　　　　　　　　　　　　　　　　　　　　　　　　　　　以上

　以上のような点を念頭において、早速、甲弁護士は、答弁書に対する反論の準備書面を起案した（【書式2-3-5】）。

【書式2-3-5】　第1準備書面（《Case ③》）

　　　　　　　　　　　　　第1準備書面

　　　　　　　　　　　　　　　　　　　　　　　　　　平成21年8月20日

東京地方裁判所民事第27部×係　御中

　　　　　　　　　　　　　　　　　　　　　　原告訴訟代理人
　　　　　　　　　　　　　　　　　　　　　　　弁護士　　　　甲

第1　「原告車両時価額」について
　　被告らは、レッドブックに基づき、原告車両の時価額は49万円であると主張する。
　　しかし、レッドブックが示す価格は、一般的な市場価格の1つを示すに過ぎないところ、中古車価格が、当該車両の状態等の個別の事情によって大きく異なるものであることは常識の範疇に属する事柄である。例えば、甲4によれば、原告車両と車種、年式及び走行距離が類似する車両の中古車市場の価格は、25万8000円から89万円までと千差万別である。そして、E社作成の意見書によれば、原告車両は稀にみる非常に良好な車両であり、仮に同車両と同等の車両を探した場合の想定車両価格は、90万円程度であるとの見解が示されている。また、事故後の写真からも、原告車両は、事故による損傷部分以外は非常に綺麗であり、外観上も良好な状態であったことを窺い知ることができる。
　　したがって、本件における原告車両時価額は、原告車両の整備が非常に行き届いたもので、状態が良いものであったという点等の以上の掲記した事情を勘案して90万円と考えるのが相当である。
第2　「代車使用料」について

1　代車使用の必要性について
　　原告車両は、原告名義であるが、原告の夫であるAが自宅で工務店を営むために原告車両を使用することを目的として購入した車両であり、事故当時もAは同車両を使用して継続的に営業活動を行っていた。
　　したがって、原告車両が営業車として稼働していた以上、その代車がなければ営業に支障を来すことは明らかであり、代車の必要性は当然に認められる。
2　代車使用の相当性について
　　訴状記載のとおり、経済的全損事案においては、少なくとも買替えに要する2週間程度の代車使用料は認められるべきであり、その請求額も高額であるというような事情はない以上、本件における代車の使用が相当であることは明らかである。
3　代車費用支払の事実
　　原告は、平成21年5月15日、E社に対し、代車費用として、71万4000円を支払った。
第3　「雑費」について
　1　保管費用の必要性・相当性について
　　（略）
　2　見積料の必要性・相当性について
　　（略）
　3　保管費用、見積料支払の事実
　　（略）
第4　「過失相殺」について
　被告Yは、停止線において一時停止した上で、本件交差点に進入したが、原告車両との目測を誤り接触に至ったという点は否認する。
　被告Yは、一時停止はしておらず、左右の安全を確認しないまま、本件交差点に進入してきた。本件交通事故の目撃者であるN氏によれば、被告車両は、一時停止の標識（一時停止規制）があるにも関わらず一時停止はおろか、減速もせずに本件交差点に進入してきた（なお、被告Yによれば、被告Yが本件交通事故現場付近に来たのは初めてとのことである。）。他方で、Aは、交差点付近であることから時速10キロ程度に減速して注意深く

運転していた。このことからすると、Aには何の注意義務違反もなかったことは明らかである。なお、被告Yは、本件交通事故による接触後、ハンドルを左に切りながら、3メートルほど前方に動き、その後、原告車両を引きずる形でバックをし、来た道路の対向車線に駐車する等不可解な行動をとっていること、また、被告Zの事故係担当者は、被告Yは頻繁に事故を起こしており、もう仕事を辞めさせたい旨の発言をしていたことからすると、被告Yの運転技術は非常に未熟であったと推測される。

　以上のとおり、被告Yは、本件交差点に進入する前に一時停止をしないばかりか、減速すらせずに、左右の確認を怠った状態で本件交差点に突進してきた一方で、Aは時速10キロ程度のスピードで注意深く運転していたのであるから、交差点内を走行中のAが、停止線を停止せず、徐行をしないまま本件交差点に突進してきた被告車両を避けるのは不可能というべきであり、Aには、何らの注意義務違反はなかったのである。

以上

X
第1回弁論準備手続期日でのやりとりの概要

第1回弁論準備手続期日においては、下記のとおりのやりとりがあった。

裁 判 官：原告から第1準備書面が提出されましたが、これについて反論はありますか。

乙弁護士：本件の争点は、①原告車両の時価額と、②事故態様にあると考えており、それらについての反論はしたいと考えています。ただし、時価額については、レッドブックによる以外に新たな証拠はないと思います。

裁 判 官：今後の進行について、原告側に意見はありますか。

甲弁護士：過失相殺について大きな争いがあるようであれば、Aや目撃者の証人尋問も考えることになります。しかし、過失相殺について、大きな争いがなければ、その必要もないと考えて

裁　判　官：います。
　裁　判　官：では、被告らが提出する反論の準備書面をみて、今後の進め方について検討しましょう。

XI 被告ら側の準備書面の提出・第2回弁論準備手続期日

1　被告ら準備書面の内容

　被告らから提出された内容は、従前の主張の繰り返しで、新たな主張はなかった。概要、車両の時価額については、法的安定性、事案ごとの公平性を担保するため、その客観性に一定の評価が与えられているレッドブックを用いるべきこと、他方で、原告が提出したE社の書面（甲3）の内容は抽象的、主観的な評価に基づくものであり、客観的な裏付けがないこと、原告がE社の顧客であり、同社が原告車両の整備を行っていたことからすれば、甲3の作成者（E社）は、原告車両に対して、中立に客観的な評価ができるものではないとの主張であった。

　また、過失相殺については、本件事故現場のように、車両、人を問わず比較的交通量の多い住宅街の交差点に一時停止することもなく進入することの危険性は、Yは職業運転手として十分認識しており、原告主張のような運転行為に及ぶ理由はないという主張をし、あらためて、Yが交差点侵入前に一時停止したことを主張した内容であった。

2　第2回弁論準備手続期日

　第2回弁論準備手続期日の概要は以下のとおりである。

　裁　判　官：今後の進行についてはどのように考えていますか。
　甲弁護士：書証は出し終えており、後は陳述書が残っているのみです。
　乙弁護士：当方も同じです。

裁判官：それでは、今後の進行について、原告・被告別々に話をうかがいたいと思います。まずは、原告側から。

乙弁護士は退出し、甲弁護士と裁判官の間で以下のやりとりがあった。

裁判官：和解か判決かは、過失割合にもよると思いますが、そのあたりはどのようにお考えになっていますか。
甲弁護士：被告らの準備書面では、一時停止をしていたと主張しているだけです。仮に一時停止をしたとしても、時速10キロで走行していた原告車両に、一時停止をしていた被告車両が時速20キロ程度で衝突したとなると、やはり被告側の過失が100％であり、過失割合は問題にならないのではないかと思います。もちろん、被告車両は一時停止していないというのが、Aさんと目撃者の話です。
裁判官：被告らにはその説明では納得しがたいと思います。むしろ、判例タイムズに記載されている数字に近い数字を言ってくる可能性があります。
甲弁護士：本件が判例タイムズ掲載の事案に乗ってくる事例なのか疑問です。また、レッドブックの金額については理解しますが、Xさんとしては非常に丁寧に、大切に乗っていた車であり、レッドブックの平均的な数字ではとうてい納得できないでしょう。もちろん、一切和解に応じないというわけではありませんが。
裁判官：本件は、目撃者がいますが、その方をわざわざ呼び出して尋問するというのも大がかりになりますし、その前に、一度、和解を試みたいと思います。

以上のやりとりを経て、甲弁護士と入れ替わりで、乙弁護士が入室した。

しばらくして、甲弁護士もよばれた。

> 裁判官：当事者双方とも、和解の意向があるようなので、尋問の準備に入る前に、裁判所から和解を打診したいと思います。
> 甲・乙弁護士：わかりました。

　期日は以上のやりとりで終了したが、甲弁護士は、帰り際に乙弁護士に声をかけられ、本件事故により、Z社の車両（タクシー）には、約32万円の損害が生じているので、仮に和解ということになれば、この債権と相殺処理することとなる旨の話があった。

　甲弁護士は、被告側からこのような主張がされることは想定していたが、訴訟上には一切被告車両の損害の話が出ていなかったので、事務所に戻ると、裁判所の担当部に電話をし、乙弁護士から以上のような話があったことを念のため伝えた。

XII 裁判所からの和解案の提示等

1　被告側からの準備書面の提出

　前記期日終了後、乙弁護士が話をしていたとおり、被告側から、①本件事故により、被告車両には、32万1090円の損害が生じていること、②本件訴訟内で和解をすることが困難となった場合には、この損害について別訴を提起する予定であるとの内容の準備書面が提出された。

2　裁判所和解案

　平成21年10月21日、担当裁判官から、以下の内容の和解案が提示された（【書式2-3-6】）。

【書式2-3-6】 裁判所和解案（〈Case ③〉）

平成21年(ワ)○○号

裁判所和解案

東京地方裁判所民事第27部
裁判官　○○　○○

当裁判所は、本件の早期解決のため、下記の和解案を提示します。
　これは和解限りのものであり、今後の審理・判決を拘束するものではありません。
　本和解案の受託の可否について、次回期日にご連絡をいただけると幸です。

記

第1　原告の損害
※別紙【損害計算書】のとおり
　1　原告車両時価額　53万円
　　　レッドブックによれば原告車両と同種の車両の時価は65万円とされている。また、原告車両は初年度登録平成8年4月であって、事故日までに121カ月以上が経過していることから減価するのが相当である。そして、走行距離が9万キロメートルであれば8万円、10万キロメートルであれば16万円の減価が相当であるところ、原告車両の走行距離は9万6511キロメートルであるから、その中間値である12万円の減価をするのが相当である。したがって、原告車両時価額は53万円と認められる。
　2　代車使用料　23万8000円
　　　単価、期間とも相当なので、全額認める。
　3　原告車両保管料　4万2000円
　　　期間がやや長いようにも思えるが、和解においては全額認める。
　4　見積料
　　　被告が加入している保険会社においても見積りをしているのであればその必要性について疑問がないとはいえないが、和解においては全額認める。

第2　被告Z社の損害

32万1090円

第3　過失相殺
　本件事故現場は信号機による交通整理が行われていない交差点であり、被告車両側に一時停止規制がされているので、過失割合の判断に当たっては別冊判例タイムズNo.16図【57】を参照するのが相当である。
　本件においては、特に被告車両が一時停止したかどうかが争われているが、目撃者がおり、被告車両が一時停止をしていなかったとしていることから、これを無視することはできないが、本件のような出会い頭の事故において、証拠調べをしない段階で原告が無過失であるとするのも躊躇を覚える。
　そこで、和解の段階においては、過失割合について、原告10：被告90とすることとする。

第4　調整金
　事案の内容や審理の経過その他本件に顕れた一切の事情を考慮して、調整金を付する。

第5　和解金
　被告らは、原告に対し、連帯して、81万6000円を支払う。
　原告は、被告Z社に対し、3万3000円を支払う。

以上

（別紙）　損害計算書

細目	原告	被告	裁判所(原告)	裁判所(被告)
原告車両時価額	900,000		530,000	
代車使用料	238,000		238,000	
原告車両保管料	42,000		42,000	
見積料	74,153		74,153	

			321,090		321,090
小計	1,254,153	321,090	884,153	321,090
過失割合	0 %		10%	90%
過失相殺	1,254,153	321,090	795,737	32,109
弁護士費用	150,000			
合計	1,404,513	321,090	795,737	32,109

※ 上記数字は和解限りのものです。

XIII 和解案の検討

甲弁護士は、早速裁判所和解案を検討し、X・Aと打合せを行った。

甲弁護士：やはり、車両時価額については、裁判所は、レッドブックを基準として、当方の整備が行き届いた本件事故車両を53万円で取得することは困難であるという主張は認めてくれませんね……。

X 氏：それは、先生からもあらかじめ聞いていたので仕方ないなと思います。しかし、今回の事故で、過失割合が10：90というのは納得がいきません。

甲弁護士：そうですね。お気持はよくわかります。ただ、最初の打合せの時にもお伝えしたとおり、裁判所は、基本的に赤い本や判例タイムズに従って判断をしますし、また、和解条項案の中でも記載されていたように、裁判所としては、目撃者等の尋問を行っていない中で、0：100という思いきった和解案を提示できないのでしょう。

> X　氏：そうですか……。早期解決ということも考えたいので、裁判所の和解案でまとめていただいて結構です。
> 甲弁護士：わかりました。

　その後、甲弁護士は、FAXで裁判所に和解条項案の内容を送り、【書式2-3-7】のとおりの内容で和解が成立した。

【書式2-3-7】　和解条項（《Case③》）

和解条項

1　被告らは、原告に対し、連帯して、本件交通事故にかかる一切の解決金として、81万6000円の支払義務があることを確認する。
2　原告は、被告Yに対し、本件交通事故にかかる一切の解決金として、3万3000円の支払義務があることを確認する。
3　原告及び被告らは、第1項の被告らの債務と第2項の原告の債務とを対当額で相殺する。
4　被告らは、原告に対し、連帯して、第1項の金員中、相殺によって控除した残額78万3000円を、平成21年11月末日限り、次の預金口座に振り込む方法により支払う（振込手数料は被告らの負担とする。）。
　　（金融機関）　　（略）
　　（口座種別）　　（略）　　（口座番号）　　（略）
　　（口座名義）　　（略）
5　原告は、その余の請求をいずれも放棄する。
6　原告及び被告らは、原告と被告らとの間には、本件交通事故に関し（被告らが被ったと主張する損害関係も含む。）、この和解条項に定めるもののほかに何らの債権債務がないことを相互に確認する。
7　訴訟費用は各自の負担とする。

以上

> 本稿は、複数の事例を組み合わせるなどして構成したものであり、実際の事例とは異なる。

第4章 休業損害——家事従事者の休業損害と和解あっせん手続

I 事案の概要

―〈Case ④〉―

　Xは、33歳の女性である。XがX車両を運転し、信号待ちのため、X車両を完全停止させていたところ、X車両の後続車であるY運転のY車両がX車両に追突した。

　この事故により、Xは、頸椎ねんざ等の傷害を負い、頸部右側や右肩から右腕にかけて痛みやしびれの症状があったため、事故後、整形外科および整骨院への通院を余儀なくされた。

　事故から5カ月後、Xには、頸部右側や右肩から右腕にかけて痛みやしびれが残っていたものの、Yの加入する任意保険会社であるA損害保険株式会社担当者Zより、治療費の支払いを打ち切るので、後は自費で通院するよう告げられたため、やむなく治療を終了することとした。Xが治療を終了させた後、Zが事前認定を行ったものの、結果は非該当であった。

　Zは、Xに対し、事前認定の結果を前提に賠償額の提示を行ったが、Xは、Zからの提示額に納得がいかなかった。

　そこで、Zからの提示額が妥当な金額であるかについて、弁護士からアドバイスを受けるべく、交通事故案件を扱っている法律事務所をインターネット上で検索し、乙弁護士の法律事務所に電話をかけ、法律相談

の予約をした。

II 実務上のポイント

〈*Case*④〉における実務上のポイントは、以下の2点である。
① 家事従事者の休業損害
② 交通事故紛争処理センターにおける和解あっせん手続

III 初回相談

　乙法律事務所のボス弁である乙弁護士は、初回相談日時の調整のためXに電話をかけた際、あわせて、今回の事故の概要について聴取りを行った。
　乙弁護士がXから話を聞いた限り、過失割合に争いもなく、それほど複雑そうな事案ではなかったため、Xとの打合せに新人の甲弁護士を同席させ、甲弁護士に聴取りを担当させることにした。
　乙弁護士は、甲弁護士に対し、赤い本（公益財団法人日弁連交通事故相談センター東京支部『民事交通事故訴訟・損害賠償額算定基準』）や青本（公益財団法人日弁連交通事故相談センター『交通事故損害額算定基準』）を読んで、交通事故事件処理の概要を勉強しておくように告げた。
　甲弁護士は、交通事故案件を扱ったことがなかったので、事務所内の本棚に置かれていた赤い本と青本を一読し、Xとの初回相談に臨んだ。

　乙弁護士：初めまして、弁護士の乙です。よろしくお願いします。こちらは、Xさんの件を共同で担当する弁護士の甲です。
　甲弁護士：初めまして、弁護士の甲です。よろしくお願いします。
　X　女　：こちらこそ、よろしくお願いします。弁護士さんに相談するのは初めてで、何を話せばよいかもわからなくてご迷惑をお

　　　　　かけするかもしれませんが。
乙弁護士：お話いただきたいことについては、甲弁護士のほうから質問
　　　　　させていただきますので、ご安心ください。
　Ｘ　女：そうしていただけると助かります。
甲弁護士：早速ですが、交通事故の被害にあわれたということですが、
　　　　　現在も通院されていらっしゃるのでしょうか。
　Ｘ　女：いえ、もう通院はしていません。つい先日、保険会社の担当
　　　　　者から、私に支払うお金についてお話がありました。でも、
　　　　　相手が支払うと言っている金額が妥当な金額かどうかわから
　　　　　なくて……。
甲弁護士：賠償額は、通院期間がどのくらいか、けがの痛みや通院のた
　　　　　めにお仕事を休まれたか、後遺障害があるかどうかなどによ
　　　　　って変わってきます。今日は、事故に関する書類などはお持
　　　　　ちいただいていますか。
　Ｘ　女：はい、持ってきました。
甲弁護士：ちょっとみせていただけますか。

　Ｘの持参した書類は、非該当との結果が記載された後遺障害等級認定票と、Ｚの作成した賠償額が記載された書面であった。

　乙弁護士からＸに対し、後遺障害の認定結果に不服がある場合、異議申立てという手続により、後遺障害の有無および等級についてあらためて判断してもらうことができる旨説明したものの、Ｘの希望は、生活のため早めに示談金を受け取りたいというものであった。そのため、異議申立ては行わず、非該当を前提に賠償額の増額交渉を行うこととした。

　また、甲弁護士および乙弁護士がＺの提示した賠償額の内容について確認したところ、費目として記載されていたのは治療費と通院慰謝料のみであった。

　治療費については、相手方保険会社より全額支払い済みであり、治療費相

〈図表2-4-1〉 保険会社から提示された賠償額の内容（《Case④》）

損害の内容	算定額	備考
治療費	841,055円	全額お支払い済み
通院慰謝料	560,000円	弊社基準により算定
既払金	▲841,055円	
今回お支払額	560,000円	

当額の既払金を除いた5カ月分通院慰謝料56万円が今回の支払額であると記載されている（〈図表2-4-1〉）。

　甲弁護士は、予習した赤い本と青本の内容を必死に思い出し、通院交通費や休業損害が費目としてあがっていないことに気づいた。

　そこで、甲弁護士は、通院のために電車やバスを使っていたかどうか、事故が原因で仕事を休んだりしていないかを確認する必要があると考えた。

甲弁護士：Xさん、整形外科や接骨院に通われた際、電車やバスなどは使われましたか。
　X　女　：いいえ、どちらも自宅から徒歩5分ほどの距離にあるので、歩いて通っていました。
甲弁護士：普段はどのようなお仕事をされていらっしゃいますか。
　X　女　：いいえ、仕事はしていないです。仕事をしていないと、交渉のときに不利になるのでしょうか。
甲弁護士：不利になるといったことはありませんが、お仕事をされていらっしゃる方であれば、休業損害という形で賠償額の上乗せができるので、確認させていただきました。
　X　女　：私の場合、弁護士さんにお願いしても、金額は変わらないのでしょうか。

甲弁護士：慰謝料として、56万円の提示がなされていますが、「弊社基準により算定」と記載されているように、これは弁護士基準の金額ではありません。ここは増額が見込めます。

Ｘ　女：どのくらい上がりますか。

甲弁護士：う〜ん、そんなに大きな金額にはならないと思います。

乙弁護士：弁護士が被害者側代理人として関与した場合や訴訟になった場合に用いる基準を赤い本基準といいますが、赤い本基準で5カ月分の通院慰謝料を計算すると、79万円ですね。

Ｘ　女：だいたい20万円ですか。もう少し上がりませんか。

甲弁護士：（ほかに請求できそうなものは、何かあるかな……）

乙弁護士：Ｘさん、ご結婚はされていらっしゃいますか。

Ｘ　女：はい、しています。

乙弁護士：お子さんはいらっしゃいますか。

Ｘ　女：はい、5歳の子がいます。

乙弁護士：今、ご主人とお子さんと3人で同居されていますか。

Ｘ　女：ええ、3人で一緒に暮らしています。

乙弁護士：普段、家事はどなたがなさっていますか。

Ｘ　女：すべて私がやっています。子供の幼稚園の送り迎えなども私がやっています。

乙弁護士：通院しながら家事もこなすとなると、すごく大変でしたよね。

Ｘ　女：そうなんです。病院に行って治療を受けるのに時間もかかりますし、首から肩にかけての痛みがひどくて腕を上げるのが辛かったので、家事に時間がかかったりしてしまって……。

乙弁護士：わかりました。Ｘさんには、休業損害が発生していると思われますので、ご依頼いただければわれわれが交渉します。

甲弁護士：（休業損害？　家事をやっている人にも休業損害があるのか……？）

Ｘ　女：でも、先ほどおみせした書類を受け取った後、保険会社の担

当者から電話がかかってきて、「これ以上の金額を支払うことはできない」「この金額で納得がいかないなら訴訟でも何でもやってくれ」と言っていたのですが、大丈夫でしょうか。訴訟とかよくわからないですし……。
乙弁護士：われわれにお任せいただければ、もうそんな高圧的な態度はとらせませんよ。少しでもXさんの受け取る金額が上がるように交渉いたします。それに、ご依頼いただければ、今回の事故の件についてはすべてわれわれが窓口となりますので、Xさんがその担当者と直接やりとりすることもなくなります。
X　女：それは助かります。ぜひ、よろしくお願いします。保険会社からの連絡がストレスになっていたので、担当者と直接話をしなくてよいというだけで気持が楽になりました。

　法律相談終了後、Xとの打合せ内容を踏まえ、乙弁護士と甲弁護士とで今後の事件処理方針について話し合いを行った。
　その結果、まずは交渉により通院慰謝料を赤い本基準に引き上げること、家事従事者の休業損害の請求を行うこととした。
　乙弁護士は、甲弁護士に対し、今回の事件では家事従事者の休業損害が主な争点となるので、赤い本や青本で家事従事者の休業損害について確認しておくようにとアドバイスをした。
　また、乙弁護士は、甲弁護士に対し、Xとの打合せの際、乙弁護士がXに結婚しているか、家族と同居しているか、X以外に家事を負担している者がいるかについて質問した理由について考えておくように告げた。
　乙弁護士からのアドバイスを受け、甲弁護士は、家事従事者の休業損害について勉強することにした。

Ⅳ 家事従事者の休業損害

1 休業損害とは

　休業損害とは、事故後、治癒または症状固定に至るまでの間、受傷や治療のために休業を余儀なくされるなど十分な就労ができなくなり、本来得られたはずの利益を得られなくなったことにより被った損害をいう。

2 家事従事者の休業損害の算出方法（有職でない家事従事者の場合）

　有職でない家事従事者の休業損害を算出するには、年齢、性別のいかんを問わず、通常、賃金センサス第1巻第1表産業計、企業規模計、学歴計、全年齢平均賃金を基礎収入として用いるのが一般的である。

　この基礎収入を365で除して1日あたりの収入額を算出し、収入日額に実通院日数を乗じる方法や、収入日額に総治療期間を乗じ、さらに一定の割合を乗じて休業損害額の算出を行うのが一般的である。

　以下では、収入日額1万円、総治療期間180日、実通院日数90日と仮定し、算出方法の説明を行うこととする。

(1) 収入日額に実通院日数を乗じる方法

　収入日額1万円に実通院日数90日を乗じた90万円が休業損害額となる。計算式は、以下のとおりとなる。

```
10,000円×90日＝900,000円
```

　なお、通院のために要した時間等を考慮し、収入日額に一定の割合を乗じた金額を通院1回あたりの休業損害額とすることもある。

(2) 収入日額に治療期間を乗じ、一定の割合を乗じる方法

　事故後、症状固定に至るまでの間、治療により身体機能が回復し、労働能力も向上することに鑑みると、受傷や治療による減収の割合についても、症状固定に近づくにつれて、徐々に低下するものと考えられる。

このような考え方を前提に、収入日額に治療期間を乗じたうえ、減収割合を乗じた金額を休業損害額とする手法もある。

減収割合については、①事故後、症状固定までの総治療期間全体について平均化した数値を定める場合と、②総治療期間をいくつかの期間ごとに分割し、分割された期間ごとに減収割合を定める場合がある。

⒜　①の場合

総治療期間を通じた減収割合を平均化した数値が40％とすると、収入日額1万円に総治療期間180日を乗じた180万円に、0.4を乗じた72万円が休業損害額となる。計算式は、以下のとおりとなる。

> 10,000円×180日×0.4＝720,000円

⒝　②の場合

たとえば、ⓐ事故直後の30日間の減収割合を100％、ⓑ次の60日間の減収割合を50％、ⓒ最後の90日間の減収割合を10％とし、期間ごとに、収入日額に対象期間の日数を乗じ、各期間の減収割合を乗じた金額の合計額を休業損害額とする。

この例では、ⓐ収入日額1万円に30を乗じた30万円、ⓑ収入日額1万円に60を乗じた60万円に、減収割合0.5を乗じた30万円、ⓒ収入日額1万円に90を乗じた90万円に、減収割合0.1を乗じた9万円の合計額である69万円が休業損害額となる。計算式は、以下のとおりとなる。

> （10,000円×30日×1）＋（10,000円×60日×0.5）＋（10,000円×90日×0.1）＝690,000円

Ⅴ　交渉経過

Ｚとの交渉を開始するにあたり、まずは対案を作成してＺに送付するこ

ととした。

　この対案の送付がX側からの初回の賠償額提示となることから、乙弁護士は、甲弁護士に対し、若干高めの金額を提示するよう指示した。

　甲弁護士は、通院慰謝料については、赤い本別表Ⅱ（赤い本〔2016（平成18）年版〕（上巻）172頁）により5カ月分79万円の提示を行うこととし、休業損害については、平成26年女性全年齢学歴計賃金センサス（赤い本に掲載されているが、各ウェブサイトにも掲載がある）を用いて収入日額を算出したうえ、総治療期間150日分、100％で提示を行うこととし、対案を作成した（〈図表2-4-2〉）。

　なお、甲弁護士が作成した対案におけるXの休業損害額は149万6383円であり、計算式は、以下のとおりである。

$$3{,}641{,}200 \times 150/365 = 1{,}496{,}383 \text{円}$$

　乙弁護士の了承を得て、甲弁護士がZに対して〈図表2-4-2〉の対案をFAXで送信したところ、1時間もしないうちにZから電話がかかってきた。

　甲弁護士が電話に出ると、Zは、甲弁護士に対し、通院慰謝料については、円満な解決のため、交渉段階では赤い本基準の8割相当額までしか提示でき

〈図表2-4-2〉　甲弁護士らが提示した賠償額の内容（《Case ④》）

費　目	損害額	備　考
治療費	841,055円	
通院慰謝料	790,000円	赤い本別表Ⅱ、総治療期間5カ月
休業損害	1,496,383円	平成26年賃金センサス女性全年齢学歴計、総治療期間150日分、100％
既払金	841,055円	
損害賠償額	2,286,383円	

ないこと、休業損害については、Xの負傷が頸椎ねんざ等の比較的軽微なものであり、家事労働に支障を来すほどの症状がXにあったとは考えがたいから、休業損害はゼロ提示とせざるを得ないことなどを話した。

　甲弁護士は、Zに対し、慰謝料については裁判手続に至れば赤い本基準満額の認定がなされること、休業損害については、そもそもXの負傷が軽微なものではなかったことなどを強く主張したが、この日、Zは、賠償額の増額には応じなかった。

　その後、甲弁護士とZとの間で書面による賠償額の提示が何度か繰り返された結果、Zは、赤い本別表Ⅱに従い、通院慰謝料79万円を支払うことにしぶしぶ応じた。

　しかし、休業損害については、Zは、本件事故は比較的軽微な事案であるなどと頑なに主張し、Xの家事従事者の休業損害の発生を否定し続けた。

　この交渉経過について甲弁護士から報告を受け、乙弁護士は、甲弁護士に替わり、自らZと交渉を行うこととしたが、Zは、一貫して、Xのけがの状況等に鑑みると主婦業に支障を来したとは考えがたく、やはり家事従事者の休業損害の発生は認められないなどと主張した。

　このように、Zが休業損害について譲歩する姿勢をみせなかったことから、甲弁護士および乙弁護士としては、交渉ではこれ以上の増額は見込めないと判断せざるを得なかった。

　そこで、甲弁護士および乙弁護士は、今後の事件処理の方針についてXと打合せを行うことにした。

甲弁護士：こんにちは、事務所までお越しいただいてありがとうございます。
　Ｘ　女　：いえ、こちらこそ、いつもありがとうございます。
甲弁護士：今日は、今後の事件処理の方針についてXさんに相談させていただきたく、お打合せをお願いしました。
　Ｘ　女　：ちなみに、今、どのような状況になっているのですか。

甲弁護士：保険会社の担当者と交渉を重ねましたが、交渉では、これ以上金額が上がらないだろうというところまできています。ただ、弁護士として、この金額であれば妥結してもよい金額だと言える金額ではありません。

Ｘ　女：相手はいくら支払うと言っているのですか。

甲弁護士：79万円です。これは、Ｘさんが通院を余儀なくされたことに対する慰謝料です。相手方は、今までに相手方がＸさんの通院先に対して支払った治療費と、通院慰謝料については、支払義務があることを認めています。

Ｘ　女：ありがとうございます。最初の打合せの際に、乙先生から、休業損害を請求できるとうかがいましたが、相手は休業損害についてはどのように言っているのですか。

甲弁護士：ちょっと言いにくいのですが、相手方は、Ｘさんには休業損害が生じていないと主張しています。

Ｘ　女：では、ゼロということですか。どうしてですか。

甲弁護士：それがですね……。

乙弁護士：いったん保険会社が賠償額の提示をすると、被害者側から、その提示額が賠償額の最低ラインとして扱われてしまうので、保険会社としては、あまり金額の提示をしたくないのです。

Ｘ　女：そうですか。

乙弁護士：われわれが保険会社と交渉して、保険会社が交渉段階で提示できる限界の金額まで提示させました。ここから先、この事件の進め方は大きく3つあります。1つは、ここであきらめて、相手から提示された79万円を受け取って終わりにするやり方。もう1つが、この事件を裁判所に持ち込んで金額を上げるやり方。最後が、紛センというところに持ち込んで金額を上げるやり方です。

甲弁護士：（ふ、ふんせん……？）

X　女：訴訟ですか……。

乙弁護士：選択肢の1つとして、訴訟もあるということです。先ほど、甲弁護士からも説明がありましたが、休業損害がゼロで、慰謝料79万円だけを支払うという相手方の提示は、弁護士として、Xさんに妥結したほうがよい金額だと言える内容ではありません。最終的には、Xさんご自身にご決断いただくことになりますが、お話をうかがった限り、訴訟等の手続を進めた場合、休業損害が認められる可能性が十分ある事案なので、戦ったほうがよいと思います。

X　女：でも、訴訟はお金も時間もかかると聞きますし、私自身が裁判所まで行くことになるのはちょっと……。

乙弁護士：確かに、訴訟を起こすとなると、半年から1年ほどかかることは珍しくありません。それでは、裁判所を使わない、紛センというところに持ち込むのはいかがでしょうか。

X　女：その、「ふんせん」というところだと、どのくらいの期間がかかるのですか。

乙弁護士：事件の混雑状況にもよりますが、早ければ3カ月程度で終わります。また、裁判所を使う手続と違って、手続を利用するのに費用がかかりません。

X　女：そうですか。では、その「ふんせん」という手続でお願いします。

乙弁護士：わかりました。それでは、こちらで手続を進めさせていただきます。

　裁判手続を避けたいというXの希望を考慮しつつ、第三者機関の判断により〈*Case*④〉の解決を図るべく、紛センにあっせん手続の申込みをすることとなった。

　乙弁護士は、甲弁護士に対し、紛センとは、交通事故紛争処理センターの

略称であることを説明し、インターネットで紛センの情報を検索し、申込み手続をするよう指示した。

また、乙弁護士は、甲弁護士に対し、交通事故の事件処理において、紛センを利用するケースも少なくないので、今後、紛センを利用するメリット、デメリットについて、依頼者や相談者に対して説明できるよう準備しておくことをアドバイスした。

甲弁護士は、乙弁護士のアドバイスに従い、「交通事故　ふんせん」というキーワードをインターネットで検索し、「ふんせん」がどのようなところなのか調べてみることにした。

甲弁護士が調べた結果、紛センの利用には、次のようなメリットとデメリットがあることがわかった。

まず、メリットとしては、下記があげられる。
① 裁判手続と比して、簡易迅速な解決が期待できる。
② 手続の利用にあたり、印紙代、予納郵券代等の費用が不要である。
③ 加害者側保険会社は、審査会の裁定を尊重しなければならない。なお、被害者側は、審査会の裁定に拘束されるものでない。

一方、デメリットは、下記があげられる。
① 事実認定に争いのあるケース等、争点の内容によっては、裁判手続と同程度の期間を要することもある。
② 紛センに和解あっせんの申込みを行っても、消滅時効は中断しない。
③ 弁護士費用および遅延損害金の請求が認められない。

VI 和解あっせん手続の申込み

甲弁護士は、インターネットで紛センのホームページを検索し、電話で予約ができることを知った。また、紛センは全国11カ所にあること（平成28年5月31日現在）、申立人の住所地または事故地の都道府県により、申込先所在地が決まることがわかった。

今回の依頼者であるXの住所地も事故地も東京都であるため、甲弁護士は、紛センの東京本部に架電し、和解あっせん手続の申込みを行うこととした。

甲弁護士：もしもし、弁護士の甲と申します。今、交通事故の被害にあわれた方から依頼を受け、加害者の加入する保険会社と交渉を行っているのですが、あっせん手続の申込みをお願いできないでしょうか。
担 当 者：かしこまりました。被害者の方のお名前を教えていただけますか。
甲弁護士：はい。Xさんです。
担 当 者：都道府県まででかまいませんので、事故の発生場所を教えてください。
甲弁護士：東京都です。
担 当 者：事故日はいつでしょうか。
甲弁護士：あれ、えーっと、少々お待ちいただけますか。事故証明どこだったかな。あっ平成26年○月○日です。
担 当 者：後遺障害の有無と、物損の処理状況を教えていただけますか。
甲弁護士：後遺障害は非該当で、物損については示談が成立しています。
担 当 者：先生の事務所名とご連絡先を教えていただけますか。
甲弁護士：事務所名が乙法律事務所、場所が東京都××区△△1−1−1です。連絡先は電話番号でよろしいでしょうか。
担 当 者：はい、お願いいたします。
甲弁護士：03−××××−○○○○です。
担 当 者：相手方の保険会社はどちらでしょうか。
甲弁護士：A損害保険株式会社です。
担 当 者：保険会社の担当者のお名前と、連絡先を教えてください。
甲弁護士：担当者がZさん、連絡先の電話番号が03−□□□□−△△

　　　　　　　△△です。
担 当 者：ありがとうございます。初回の期日についてですが、お早めですと、来月10日午後1時であれば入りますが、いかがでしょうか。
甲弁護士：はい、出席できます。
担 当 者：それでは、来月10日の午後1時を初回の期日とさせていただきます。相手方保険会社担当者には、先生から期日をご連絡いただき、都合があわないようであれば、再調整させていただきますので、再度当センター宛てにご連絡いただけないでしょうか。
甲弁護士：承知しました。当日までに、何か提出する書類等はありますか。
担 当 者：先生、当センターのご利用は初めてでしょうか。
甲弁護士：はい、初めてです。
担 当 者：では、先生の事務所宛てに、初回期日までの流れや提出書類の書式等の書類を郵送いたしますので、そちらをご確認のうえ、ご対応いただけますか。
甲弁護士：ありがとうございます。
担 当 者：お送りする書類については、2回目以降のお申込みの際にはお送りいたしませんので、書式をコピーしてご使用いただけないでしょうか。
甲弁護士：承知しました。よろしくお願いいたします。

　このように、紛センを利用するにあたっては、まず、申立人側が電話で和解あっせんの申込みを行う。申込み時には、被害者氏名、被害者住所または事故発生現場（都道府県まで）、事故日、後遺障害の有無および等級、相手方保険会社および担当者、申立人代理人および相手方保険会社担当者の連絡先等の情報について質問される。

甲弁護士は、初めての和解あっせん手続申込みでどのようなことを聞かれるのかわからなかったとはいえ、交通事故証明書やＺの連絡先の記載された書類くらいは手元に置いておけばよかったと反省した。

VII 第１回期日までの準備

1　提出書類の確認

甲弁護士が紛センにあっせん手続の申込みを行った翌日、紛センからの郵便物が甲弁護士に届いた。

甲弁護士が封筒を開け、中身を確認すると、紛センの利用規定、案内図のほか、各種書式、「〈別紙①〉事前にご提出いただく資料について」と題する書面等が入っていた。

この書面には、事前提出資料としてさまざまなものが記載されていたが、甲弁護士は、乙弁護士と相談のうえ、①利用申込書（原本提出）、②委任状・印鑑登録証明書（原本提出）、③和解あっせん申立書（様式は任意）、④損害額計算書（対比表形式、別紙②見本参照）、⑤治療状況表（様式は任意、別紙③見本参照）、⑥事故発生状況図（事故現場見取図）、⑦交通事故証明書、⑧診断書・診療報酬明細書・施術証明書、領収証等、⑨後遺障害診断書、認定結果通知書・後遺障害認定理由書を提出することにした。

2　提出書類の準備

書類の提出方法について記載された用紙をみると、初回期日の３営業日前までに紛セン宛てに正本を、５営業日前までに相手方保険会社宛てに副本を送付するようにとの指示が書かれていた。

甲弁護士は、書類の提出期限を知らずに比較的近いところで初回期日を入れてしまったので、すぐさま提出書類の準備にとりかかることとした。

まず、実印の押印された委任状と印鑑登録証明書の添付が必要とのことであったので、Ｘに架電し、委任状に実印で押印してほしいこと、印鑑登録

証明書が必要となるので取得をお願いしたいことを伝えたところ、Xから、実印を持っていないのだがどうしたらよいかとの質問を受けた。

甲弁護士は、紛センに確認のうえで折り返す旨述べ、受話器を置くや否や、すぐさま紛センに電話をかけ、事情を説明した。

紛センからの回答は、紛センを利用するにあたり、実印の押印された委任状と印鑑登録証明書は必ず提出してもらわなければならない書類であるから、実印を持っていないのであれば、実印登録をしたうえ、上記各書類を準備し、期限までに提出するようにという内容であった。

甲弁護士がすぐさまXに架電し、紛センからの指示を伝えると、Xは、明日にでも実印登録をし、すぐに委任状と印鑑登録証明書を送るとのことであった。

Xから委任状と印鑑登録証明書が届くまでに、甲弁護士は、他の提出書類を準備することとした。このうち、④損害額計算書（対比表形式、別紙②見本参照）、⑤治療状況表（様式は任意、別紙③見本参照）、⑥事故発生状況図（事故現場見取図）については、紛センから送られてきた書類の中に書式があったため、書式をそれぞれ1部コピーし、手書きで記入したものを提出することとした。

また、和解あっせん申立書については、所定の様式がなく、任意でかまわないということだったので、甲弁護士は、乙弁護士と相談のうえ、訴状を簡略化させた内容で申立書を作成した（【書式2-4-1】）。

数日後、Xから委任状と印鑑登録証明書を受領したので、甲弁護士は、事務所内で準備してきた他の提出資料とあわせて、紛センおよびZに対して資料を郵送し、提出した。

【書式2-4-1】 交通事故紛争処理センター宛て和解あっせん申立書（《Case④》）

和解あっ旋申立書

平成26年○月○日

交通事故紛争処理センター　御中

　　　　　　　　　申立人代理人弁護士　　　乙　　㊞
　　　　　　　　　同　　　　　　　　　　　甲　　㊞

　平成26年○月○日午後○時ころ発生した相手方加害者Y（以下「相手方」という。）と申立人被害者X（以下「申立人」という。）との間の交通事故事件につき、和解あっ旋の申立てを行う。

1　請求の内容
　相手方任意保険会社は、申立人に対し、228万6383円を支払え。

2　事故の発生
　申立人は、平成26年○月○日午後○時ころ、車両番号「品川×××ら××××」の普通乗用自動車（以下「申立人車両」という。）を運転し、東京都○○区1丁目22番地先路上を走行していた。
　同時刻、相手方は、車両番号「多摩□□□せ□□□□」の普通乗用自動車（以下「相手方車両」という。）を運転し、申立人車両の後続車として、上記路上を走行していた。
　申立人車両が信号待ちのため上記路上にて完全停止していたところ、相手方が相手方車両を申立人車両に追突させる交通事故（以下「本件事故」という。）が発生した。

3　過失
(1)　相手方は、本件事故当時、相手方車両を運転していたものであるから、道路交通法70条により、「道路、交通及び当該車両等の状況に応じ、他人に危害を及ぼさないような速度と方法で運転しなければならない」という安全運転義務を負っていた。
　　かかる義務により、相手方は、先行車両に追突することのないよう前方を注視しなければならなかったにもかかわらず、これを怠ったものであるから、相手方には前方不注視による安全運転義務違反の過失がある。

(2) また、相手方は、先行車両との間に適切な車間距離を維持しなければならなかったにもかかわらず（道路交通法26条）、これを怠ったものであるから、車間距離不保持の過失もある。
(3) このように、相手方には、安全運転義務違反及び車間距離保持義務違反の過失がある。

4 損害の発生

本件事故により、申立人は、頚椎ねんざ等の傷害を負い、本件事故日から同年×月×日までの150日間（以下「本件治療期間」という。）、上記傷害の治療のため通院した。

これにより、申立人は、通院のために家事労働に従事することができないなどの損害を被った。

なお、申立人に後遺障害は認定されていない。

5 損害額
(1) 治療費　　84万1055円
　　本件治療期間中、申立人の治療に要した費用である。
(2) 通院慰謝料　　79万円
　　申立人は、本件治療期間中通院を余儀なくされたものであるから、通院慰謝料の額は、79万円である（赤い本別表Ⅱ）。
(3) 休業損害　　149万6383円
　ア　休業損害の発生
　　　本件事故当時から現在に至るまで、申立人は、会社員である夫及び5歳の子と同居している。
　　　申立人は、家庭において、炊事、掃除、洗濯等の家事労働に従事していたものである。
　　　しかしながら、本件事故により負傷したため、申立人は、治療のための通院を余儀なくされた。
　　　申立人は、本件治療期間中、やむなく家事労働に従事する時間を削って通院を継続したものである。
　　　このように、申立人は、本件事故による負傷により、通院を余儀なく

されて家事労働に従事する時間を失ったものであるから、申立人に家事従業者としての休業損害が生じていることは明らかである。
　　イ　休業損害額の算出
　　　　平成26年度賃金センサス女性学歴計全年齢平均364万1200円に治療期間150日を乗じ、365で除した金額である149万6383円が、申立人に生じた休業損害の額である。

6　損害の填補　　▲84万1055円
　上記第5項記載損害額のうち、申立人がすでに支払いを受けた金額である。

7　結語
　以上により、申立人は、相手方任意保険会社に対し、上記第5項記載損害合計額312万7438円から上記第6項記載既払金84万1055円を控除した残額である228万6383円の支払いを求めるものである。

以上

VIII　第1回期日

　期日の前日、乙弁護士は、甲弁護士に対し、明日の紛センの期日には1人で出席してくるよう指示した。

　期日当日、紛セン東京本部の所在地であるビルに到着すると甲弁護士は、エレベーターに乗ってビルの25階にある紛センに向かった。

　エレベーターを降り、入口を入ってすぐ左に曲がると受付があった。受付にて、甲弁護士が受付担当者に対し、午後1時からの期日の被害者X代理人である旨を告げると、担当者は、受付表のような用紙にチェックし、甲弁護士の後方を指さし、甲弁護士に対して時間まで待合室Aで待機するよう述べた。

　甲弁護士が後ろを振り返ると、待合室の入口が2つあり、申立人側と相手方側とで待合室が分かれていることがわかった。

指定された待合室で椅子に座り、Xの事件の記録を確認していると、男性の声で「1時からのXさん代理人の甲先生、相談室5番へお入りください」というアナウンスが聞こえた。

みていた記録を急いでかばんの中に突っ込み、指定された相談室の前まで行き、ドアをノックすると、中から「どうぞ」という返事があった。

ドアを開けると、中は会議室のような小さな部屋で、部屋の中央には机が1つ。机の周りには、椅子がいくつか置かれていた。

甲弁護士	：失礼いたします。弁護士の甲と申します。よろしくお願いいたします。
あっせん委員	：あっせん委員の弁護士丙です。よろしくお願いいたします。それでは、おかけください。
甲弁護士	：ありがとうございます。失礼いたします。
あっせん委員	：早速ですが、事前に資料をお送りいただき、ありがとうございました。内容について確認させていただきました。本件では、治療費や慰謝料の額、過失割合については争いがなくて、休業損害のところで折り合いがつかなかったようですね。
甲弁護士	：はい。こちらが家事従事者の休業損害の発生を主張したのに対し、相手方は、けがが軽微であったから、家事従事者の休業損害は発生していないなどと主張し、話がまとまらなかったため、あっせん手続の申込みをしました。
あっせん委員	：なるほど。それで、先生のほうからご請求されている金額としては、女性、全年齢、学歴計の賃金センサスを使って、事故から症状固定までの5カ月分丸々ということですね。
甲弁護士	：おっしゃるとおりです。
あっせん委員	：あっせん申立書（【書式2-4-1】）によると、Xさんには

　　　　　　　　ご主人とお子さんがいらっしゃって、ご主人が外で働か
　　　　　　　　れているのですね。
　甲弁護士　：はい。
あっせん委員：Xさんはお仕事をされていらっしゃらないのですか。
　甲弁護士　：していません。専業主婦です。
あっせん委員：そうですか。ご主人が外で働いていらして、お子さんが
　　　　　　　　5歳となると、家事はすべてXさんがなさっていたの
　　　　　　　　ですかね。
　甲弁護士　：そのように聞いております。ですので、家事従事者とし
　　　　　　　　ての休業損害が全く発生していないという相手方の主張
　　　　　　　　には承服できません。
あっせん委員：先生のご主張は理解いたしました。ただ、先生も当然ご
　　　　　　　　存じかとは思いますが、今回のようなケースの場合、事
　　　　　　　　故発生日から症状固定日までの全期間、日額100％分を
　　　　　　　　家事従事者の休業損害として認めることはなかなか難し
　　　　　　　　いというのが正直なところです。事前にお送りいただい
　　　　　　　　た資料の中に、休業損害に関する資料は入っていなかっ
　　　　　　　　たようなので、次回期日までに何らかの資料をご提出
　　　　　　　　いただけないでしょうか。
　甲弁護士　：はい、早めに提出いたします。
あっせん委員：それでは、今度は相手方からお話をうかがいますので、
　　　　　　　　いったん待合室でお待ちいただけますか。
　甲弁護士　：はい、失礼いたします。

　甲弁護士は、相談室を退室し、申立人側の待合室で待つことにした。
　椅子に座って20分ほど本を読んでいると、相談室5番に入室するようにとのアナウンスが流れてきた。
　甲弁護士が相談室5番の部屋の前に行き、ドアをノックすると、「どうぞ」

という丙弁護士の返事が聞こえてきた。

　甲弁護士がドアを開けて入室すると、相談室の中には、丙弁護士だけでなく、別の男性も椅子に座っていた。

　　Ｚ　氏　　：Ａ損害保険株式会社のＺです。よろしくお願いいたします。

　甲弁護士　：弁護士の甲です。よろしくお願いいたします。

あっせん委員：甲先生からもＺさんからもお話をうかがいまして、休業損害以外に争いのないことを確認させていただきました。それで、Ｚさんには、私からも先生のご主張をお伝えいたしましたが、やはり先生の主張されている金額では承諾できないとのことです。ですが、私のほうで作成させていただくあっせん案の中でＸさんの休業損害が認定されるようであれば、内容について社内で検討しますとのことでした。Ｚさん、よろしいですね。

　　Ｚ　氏　　：はい。

あっせん委員：ということですので、次回期日までに甲先生のほうから追加の資料をご提出いただき、それを踏まえたうえで、次回期日に私からあっせん案を出させていただきます。

　甲弁護士　：はい。

あっせん委員：それでは、次回期日を決めましょうか。

　そう言うと、あっせん委員は、相談室の中に設置された電話の受話器をとり、事務局に予約状況の確認を行った。

　あっせん委員が甲弁護士およびＺに対し、事務局から提案された次回候補日を口頭で告げたところ、甲弁護士もＺも出席できる日程だったので、この日を次回期日とし、第１回期日は終了した。

IX 第2回期日に向けての準備

　第1回期日を終え、事務所に戻った甲弁護士は、乙弁護士に期日の内容を報告し、次回期日までにどのような資料を提出するかについて事務所内での打合せを行った。

　打合せの結果、Xから生活状況について聴取りを行い、陳述書を作成して提出することとした。

　甲弁護士がXに架電し、再度打合せをしたい旨を伝えると、Xは快く応じ、甲弁護士と乙弁護士は、Xとの3度目の打合せを行うこととなった。

　乙弁護士は、甲弁護士に対し、Xとの打合せに向けて、Xの休業損害額を少しでも上げるため、陳述書にどのような内容を盛り込むべきかについて検討するよう指示した。

　乙弁護士の指示を受け、甲弁護士が陳述書の記載内容を検討し、相手方保険会社が休業損害の発生そのものを争っていることを踏まえ、Xが家事従事者であることや家事の負担割合、Xの事故後の生活状況について記載することとした。

　そこで、甲弁護士は、①Xの家庭では、Xがすべての家事を行っていたこと、②通院に時間を割かれ、家事労働を行えなかったこと、③通院しなかった日も、事故によるけがが原因で家事労働を行えなかったことについて、Xから詳細に聴取りを行うこととした。

　Xとの打合せ後、Xから聴き取った内容を基に、甲弁護士が起案した陳述書が【書式2-4-2】である。

【書式2-4-2】　陳述書案（《Case④》）

陳　述　書

　公益財団法人　交通事故紛争処理センター　御中

平成28年○月○日

住　所
氏　名

1　家事労働に従事していたこと
(1)　今回、私が被害に遭った交通事故（以下「本件事故」といいます。）当時から現在に至るまで、私は、夫と子どもと3人で暮らしており、他に同居人はいません。
(2)　私は、子どもを出産した5年前からいわゆる専業主婦として家事労働に従事しており、私たち家族は、会社員である夫の給与所得により生計を立てています。
　　　夫の就業時間は午前8時から午後5時までで、私たちの自宅から夫の就業先までは片道1時間30分ほどかかります。
　　　そのため、夫は、午前6時00分過ぎには自宅を出て就業先に向かい、残業のある日だと、帰宅するのは午後8時30分頃という生活を送っていますので、夫に家事を手伝ってもらうこともできません。
(3)　また、私の子は、現在5歳であり、家事を手伝えるような年齢ではありません。
(4)　このように、私たち家族には、私以外に家事労働に従事できる者がおりませんので、私が家事全般をこなしていることに間違いございません。
2　通院により家事労働に従事できなかったこと
　　本件事故により、私は、頚椎ねんざ等のけがをし、整形外科や整骨院への通院を余儀なくされました。
　　通院先の整形外科と整骨院は、いずれも私の自宅から徒歩圏内にあるものの、お年寄りの方が多い地域ですので、常にたくさんの患者さんが待合室にいる状況です。
　　このような状況ですので、整形外科や整骨院に行っても、受付をしてすぐに治療やリハビリを受けられるものでなく、毎回、1時間ほど待合室で待たされます。
　　その後の治療やリハビリにも、1時間から1時間30分ほどの時間がかかっ

てしまいますので、通院すると、半日つぶれてしまっていました。
3　痛み等の症状が家事労働に支障をきたしたこと
　(1)　本件事故後、私は、首の右側から右肩、右腕にかけての痛みやしびれなどの症状に悩まされています。
　(2)　事故直後は特にこれら症状が強く出ており、立ったままでいる、座ったままでいるなど、同じ姿勢で過ごすのもつらい状況でした。
　　　そのため、私自身の通院や子どもの幼稚園の送り迎えなど、やむなく外出するときを除いては、ベッドやソファーに横になっていました。
　　　事故に遭う前は、毎日掃除や洗濯をしていたのに、週に１、２回しかできなくなってしまいました。
　　　テーブルの上を片付ける気力もなく、家の中が散らかってしまうなどして、夫とけんかするようにもなりました。
　(3)　時間が経過するにつれ、事故直後に比べたら症状はよくなってきましたが、やはり首の右側から右肩、右腕にかけてのしびれや痛みはありました。
　　　こうした症状により、私は、利き腕である右腕を満足に使えませんでした。
　　　首や肩が痛かったので、首を前後左右に傾けたり、右腕を肩の高さ以上に上げたりすることができず、食事を作ったり、食器を洗ったり、洗濯物を干したりするのに、事故に遭う前の３倍ほどの時間がかかってしまうようになりました。
　　　また、事故前は、子どもの幼稚園の送り迎えを自転車で行ってきましたが、痛みで首を動かすことができず、安全確認ができない状態でしたし、右腕にも痛みやしびれがあり、ハンドル操作にも不安があったので、歩いて送り迎えをするようになりました。
　　　子どものペースにあわせて歩かなければならないので、送り迎えについても、やはり事故に遭う前の３倍程度の時間を要するようになりました。
4　まとめ
　　このように、私は、従前、家事労働に従事してきましたが、本件事故によるけがや通院により、満足に家事労働ができなくなってしまいました。
　　私の依頼している弁護士の方から、加害者側保険会社担当者は、私の症状が家事労働に影響を及ぼすほど重いものではないかのような主張をしている

> とお聞きしましたが、本当に腹立たしいです。
>
> 　私は、正しく損害の賠償をしてほしいだけで、不当な請求をしているわけではありません。
>
> 　加害者側には、事故を起こした責任をきちんととっていただきたいです。
>
> 以上

　甲弁護士の起案した陳述書案（【書式2-4-2】）を読んだ乙弁護士は、これを出せば、さすがに休業損害がゼロにはならないだろうと言い、甲弁護士に対し、Xに内容を確認してもらうよう指示した。

　2日後、陳述書案（【書式2-4-2】）の内容を確認したXは、甲弁護士宛てに架電し、陳述書案の内容に間違いがないこと、事件処理とは直接関係のない相手方保険会社の対応についての不満や気持を記載してもらって少し怒りが収まったことなどを述べ、「この内容で提出していただきたいので、表紙に記入、押印して郵送します」と話した。

　翌日、陳述書を受領した甲弁護士は、紛センおよびZ宛てに陳述書の写しを送付し、第2回期日を待つことにした。

X 第2回期日

　第1回期日と同様、受付を済ませ、申立人側待合室の椅子に座っていると、丙弁護士の声で、「Xさん代理人の甲先生、A損保のZさん、双方相談室3にお入りください」とのアナウンスが流れた。

　甲弁護士が先に相談室3に入室すると、ほどなくしてZも入室した。

> あっせん委員：それでは、本日もよろしくお願いいたします。
> 　甲弁護士　　：よろしくお願いいたします。
> 　　Z　氏　　：よろしくお願いいたします。
> あっせん委員：期日間に、申立人から陳述書が提出されました。相手方も受領されていますよね。

Ｚ　氏	：はい、受け取りました。
あっせん委員	：陳述書の内容を踏まえ、今回、私のほうであっせん案を作成しましたので、お渡しします。

　そう言うと、あっせん委員である丙弁護士は、甲弁護士とＺに対し、あっせん案の記載された書面を１通ずつ手渡した（〈図表2-4-3〉）。

〈図表2-4-3〉　あっせん委員丙弁護士から提示された賠償額の内容（《Case④》）

区　　分	被害者側の主張	加害者側の主張	斡　旋　案
治　療　費	841,055	841,055	841,055
休業損害	1,496,383	0	448,914
慰　謝　料	790,000	790,000	790,000
既払合計	▲841,055	▲841,055	▲841,055
差　引　額	2,286,383	790,000	1,238,914

あっせん委員	：それでは、休業損害についての説明をさせていただきます。あっせん申立書や陳述書の記載から、Ｘさんが同居の親族のために家事労働に従事していることがわかりますし、事故後、通院に時間を割かれたことや体調不良により家事労働に支障を来したというのも、そのとおりなのでしょう。このような観点から、Ｘさんに家事従事者としての休業損害が発生したものと判断しました。
甲弁護士	：ありがとうございます。
あっせん委員	：とはいえ、陳述書の内容を踏まえたうえでも、やはり申

	立人の主張どおりの休業損害を認定するのは難しいところです。今回、私から提示させていただくあっせん案としては、申立人主張の休業損害額の30％相当額である44万8914円を休業損害額としました。
甲弁護士	：30％ですか。
あっせん委員	：はい。まず、Xさんのご自宅と通院先との距離が近いことから、自宅と通院先との間の往復にかかる時間はそれほど長くないものと判断しました。そうすると、通院先での待ち時間や、実際に治療やリハビリのために要した時間を考慮しても、通院された日に丸一日家事労働ができなかったとは考えがたい。実際に家事労働を行えなかったのは、半日程度であると考えます。
Ｚ　氏	：総治療期間の中には、Xさんが通院していない日も含まれていますよね。
あっせん委員	：そうですね。通院していない日については、事故直後は痛みやしびれが原因でほとんど家事ができなかった日もあったでしょう。もっとも、診断書等の資料からすると、時間が経過し、治療を受けていくことで徐々に症状も改善され、できることが増えていったものといえます。こうした一切の事情から、今回のあっせん案では、事故直後から症状固定までの間、収入が減少した割合の平均値を30％とさせていただきました。
Ｚ　氏	：う〜ん。
あっせん委員	：申立人側も相手方側も、あっせん案に対して思うところはあるでしょうが、今日のところはいったんお持ち帰りいただいて、ご検討ください。
甲弁護士	：はい。
Ｚ　氏	：わかりました。

> あっせん委員：それでは、今回の期日はここまでにしましょう。一応、次回期日を入れておきますが、双方あっせん案の内容に応じるということであれば、期日を取り消して、その後は免責証書を郵送することでやりとりしましょう。今日から3週間をめどに、あっせん案の内容で示談するのか、異議申立てをするのか、ご連絡をいただけないでしょうか。
> 甲弁護士　：はい。
> Ｚ　氏　　：はい。
> あっせん委員：それでは、次回期日は……。

XI　あっせん案の検討

　第2回期日を終え、事務所に戻った甲弁護士は、早速、乙弁護士に期日の内容を報告した。

　あっせん案の写しをＸに送付し、Ｘにあっせん案の内容で示談するか否かの意思確認を行ったところ、数日後、Ｘから電話がかかってきた。

　Ｘは、甲弁護士に対し、もともとＺがゼロだなどと述べていたにもかかわらず、休業損害が認められたこと自体うれしいし、内容も50万円近い金額となっていることから満足しているなどと話し、この内容で示談するとの回答であった。

　Ｘからの回答を受け、甲弁護士は、紛センに架電し、申立人側はあっせん案の内容での示談に応じる旨伝えた。

　1週間後、紛センから甲弁護士に電話があり、相手方からもあっせん案の内容で示談する旨の回答があったことが告げられた。

　これにより、第3回期日は取り消しとなり、数日以内に紛センから免責証書が郵送されるとのことであった。

XI あっせん案の検討   *165*

　紛センから電話のあった3日後、紛センから甲弁護士宛てに免責証書が届いたので（【書式2-4-3】）、甲弁護士は、印字された自身の名前の横に職印を押し、一部を控えとして事件ファイルに入れ、残りを紛センに返送した。
　何とも味気ないが、これで示談が成立し、後は賠償金の支払いを待つのみとなった。

【書式2-4-3】　免責証書（《*Case*④》）

記録No.　×××××

免　責　証　書（対人）

平成26年〇月〇日

当事者　甲　　　　Y　　　　殿
当事者　丙　　　　　　　　　殿
当事者　丁　　A損害保険株式会社　　御中

当事者　乙　代理人　　住所　東京都××区△△1-1-1
　　　　　　　　　　　　　　弁護士　　　　甲　　㊞

事故当事者	当事者　乙	住所	東京都〇〇区××3-5-8		
		氏名	X	車両登録番号	品川×××ら××××
	当事者　甲	住所	東京都◇◇市▽▽2-4-7		
		氏名	Y	車両登録番号	多摩□□□せ□□□□
	当事者　丙 （甲の使用者又は保有者）	住所			
		氏名			

事故発生年月日　　平成26年〇月〇日午後〇時ころ
事故発生場所　　　東京都〇〇区1丁目22番地先路上
事故状況　　　　　上記日時場所において

信号待ち停止中の乙に対し、甲が追突した事故

　　上記事故によって乙の被った一切の損害に対する賠償金として、当事者甲・丙および当事者丁からの既払金　　　　金841,055円のほか、　　　　金1,238,914円を受領したときには、その余の請求を放棄するとともに、甲・丙及び丁に対し、今後裁判上・裁判外を問わず、何ら異議申立、請求及び訴えの提起等をいたしません。
　　ただし、将来乙に本件事故と相当因果関係があり、かつ自賠法施行令による認定を受けた後遺障害が発生した場合は、それに関する損害賠償請求権を留保し、別途協議する。

《決済方法》　　甲・丙および丁は乙に対し　　　　金1,238,914円を乙指定の口座へ送金して支払う。

　　　立会人　　（公財）交通事故紛争処理センター　東京本部
　　　　　　　　　嘱託弁護士　　丙　　　㊞

　免責証書を返送してから約3週間後、相手方保険会社から1通のはがきが届いた。
　内容を確認すると、賠償金の支払手続が完了した旨記載されており、甲弁護士が預り金口座の残高を確認したところ、確かに、賠償金全額が送金されていた。
　甲弁護士は、Xに架電して振込先口座の情報を教えてもらい、その日のうちに賠償金の送金手続を行った。
　これにより、〈*Case* ④〉は完全に終結した。

　　本稿は、複数の事例を組み合わせるなどして構成したものであり、実際の事例とは異なる。

被害者死亡——保険会社側の対応の事例

I 事案の概要

―〈Case ⑤〉――

　交通整理の行われていない交差点での、自転車（被害者）と自動車（加害者）の出会い頭の事故の事案である。自転車に乗っていた被害者は事故により死亡した。

　主に過失割合、死亡逸失利益等について争いが生じ、被害者の遺族から、加害者である依頼者に対して、訴訟提起がされた。

　保険会社から依頼を受け、甲弁護士は、加害者側で対応することとなった。

II 実務上のポイント

〈Case ⑤〉における実務上のポイントは、以下の3点である。

① 加害者側での対応
② 過失割合
③ 死亡逸失利益

III
保険会社側の示談交渉

1　はじめに

　本章では、保険会社側の代理人の視点から解説している。

　この書籍を手にとった方の中には、被害者から事件を受けることが中心で、保険会社、つまり加害者側で、交通事故事件にかかわることはあまりないかもしれないが、加害者側の弁護士が、何を考えながら、どのように事件を進めているかについても、紹介してみたいと思う。

2　保険会社側代理人の現場

　甲弁護士は、とある地方の弁護士法人に勤務している1年目の弁護士である。

　甲弁護士の勤務している弁護士法人は、大手損害保険会社2社と顧問契約をしており、保険会社から、加害者側の交通事故事件の依頼が定期的にある。

　依頼される交通事故事件は、示談交渉もあれば、交通事故紛争処理センターのあっせん手続、調停、訴訟もある。

　また、保険会社から依頼される事件の場合、依頼者である契約者だけではなく、保険会社や保険代理店等、かかわる人たちの考えをうまく調整したり、説得することが必要となる場合がある。

　甲弁護士は、司法修習生の時に民事裁判修習で接した交通事故事件に興味をもっていたので、保険会社の顧問をしている事務所で、多くの交通事故事件を経験したいと思い、熱意をもって、この事務所に入所した。以来、保険会社から依頼された示談交渉の事件を、ボス弁からまかされ、何件か担当してきたが、入所して半年、正直、少し疲れていた。

　なぜなら、甲弁護士が担当する事件は、加害者側の事件であり、保険会社と被害者で交渉しても、まとまらなかった事件が、保険会社から依頼される。つまり、保険会社と被害者で解決できないということは、法的な論点がある

事件か、被害者に特徴がある事件であることが多い。もちろん、ほとんどの事件の被害者は、普通の人なのだが。

　今日も、事務所が顧問をしているＢ保険会社の担当者Ａから、甲弁護士に電話がかかってきた。Ａも、Ｂ保険会社に入社して１年目の新人であり、不安なのか、何かあると、すぐに甲弁護士に電話をかけてくる。

>　Ａ　　氏：お世話になります。Ｂ保険会社のＡです。先生、大変ですよ。
> 甲弁護士：お世話になります。弁護士の甲です。どうしたのですか。
>　Ａ　　氏：甲先生にお願いしている契約者Ｑさんの事件ですが、また相手方Ｐさんが、Ｑさんの自宅に行って、お金を要求したようです。先生、私、Ｑさんから、何で弁護士に依頼しているのに、自分の家にＰさんが来るんだ。このままだとほかの保険会社に乗り換えるぞって怒られましたよ。何とかしてくださいよ。
> 甲弁護士：……。またですか。すぐにＰさんに連絡します。

　甲弁護士は、電話を切って、隣の席にいるボス弁に聞こえないようにため息をついて、Ｐに架電した。

　Ｐは、甲弁護士が示談交渉を担当している交通事故事件の被害者であるが、甲弁護士が提示した損害賠償の金額に納得がいかないようで、加害者であるＱに直接請求しに行ったようである。

> 甲弁護士：Ｐさんですか。弁護士の甲です。Ｑさんの自宅に行かれたそうですね。先日、受任通知を郵送で送りましたし、電話でも、今後は弁護士の私とお話してください、とお伝えしましたよね。今後、Ｑさんに直接接触するのはおやめください。
>　Ｐ　　氏：保険会社がきちんと払ってくれないから、Ｑさんに請求し

　　　　　　たんだ。そもそもQさんが、事故を起こした加害者なのに、俺にちゃんと謝らないから、直接会いに行ったんだ。
甲弁護士：ですから、私がQさんの代理人ですから、私と話をしてください。賠償は、保険会社が適正な金額で行います。保険会社は、契約者から支払われた保険料から保険金をお支払いするのですから、Pさんだけに多くお支払いすることはできないんです。
Ｐ　氏：俺は、たくさん払えって言っているんじゃないんだ。Qさんが誠意がないから腹が立ってるんだ。お金の問題じゃない。俺は、Qさんが俺の車に追突したから、むち打ちになって、仕事ができなくなったんだぞ。俺は被害者なんだ。払ってくれないんだったら、事故前の健康な俺の身体を返せ。
甲弁護士：Pさん。だから適正な賠償をさせていただきます。
Ｐ　氏：事故のせいで、つけていた腕時計が壊れたんだぞ。それも賠償しろ。
甲弁護士：腕時計が壊れたんですか。これまで腕時計が壊れたお話は聞いていませんでしたが。
Ｐ　氏：今まで面倒だから言わなかっただけだ。事故後の腕時計の写真もある。
甲弁護士：わかりました。相当因果関係があるということであれば、お支払いする可能性もありますので、写真と修理の見積書を送ってください。
Ｐ　氏：何だ。相当因果関係って。
甲弁護士：腕時計の故障が、今回の事故によるものか、を確認させていただく必要があるんです。
Ｐ　氏：何だと。今回の事故で故障したって言ってるだろう。

　上記のような被害者とのやりとりが、1時間以上も続くこともある。

Pとの電話が終わり、甲弁護士は、2回目のため息をつく(「思い描いていた交通事故事件とはちょっと違う……。交通事故事件って、過失相殺とか、損害論とか、緻密な書面を書いて、裁判官を説得するイメージだったのに……」)。

また、治療費の一括対応終了の時期について、診断書等の資料、医療照会（弁護士法23条の2による照会（弁護士会照会））、リサーチ会社の報告書等を検討して、保険会社と打切り時期を相談して、被害者に終了時期の通知を行うこともある。

A　氏：甲先生、先生にお願いしているVさんの件ですが、今月末で打ち切りをお願いします。
甲弁護士：えっ。今月末って、あと1週間しかないですよ。
A　氏：今月末で、治療期間が半年になるんですよ。
甲弁護士：いや、半年、というだけでは根拠がないですから、診断書等で治療経過をきちんと確認して、検討いたします。
A　氏：そうですか。わかりました。

ごく稀であるが、少し強引な保険会社の担当者もいるので、そのような場合は、担当者を抑えつつ、弁護士が法的根拠をもって、解決にあたっていかなければならない。

Pとの電話の後、2回目のため息をついていたら、甲弁護士は、先輩弁護士である乙から声をかけられた。今からC保険会社の担当者Dと、新件の打合せがあるから、同席しないか、ということである。

Ⅳ 事件受任

打合せ室に入ると、C保険会社担当者Dは、落ち着いた年配の男性であった。いつも電話がかかってくる新人Aとは少し雰囲気が違う。

> D　氏：先生、訴訟の新件のお願いがありまして。
> 甲弁護士：（お、いよいよ初めての訴訟案件だ）
> D　氏：実は、死亡事案なんです。
> 甲弁護士：（う、初めて担当する訴訟が死亡事案か……）
> 乙弁護士：わかりました。これが記録ですね。
> D　氏：当初、私が、被害者の遺族の方とお話していたのですが、遺族の方から、弁護士をつけるからと言われた後、加害者である契約者に突然訴状が届きました。契約者は、業務上過失致死罪で略式起訴されて、罰金刑になっています。
> 乙弁護士：なるほど。

　当然のことであるが、当初は、加害者加入の保険会社と被害者である相手方で交渉しているが、交渉が決裂すると、加害者本人のところに訴状が届く。保険会社にすべて任せていたのに、いきなり訴状が届いて驚く加害者もいる。

V　事件検討、刑事事件記録の取付け

　加害者に届いた訴状の内容は、以下のとおりである。

【書式 2-5-1】　訴状（〈*Case* ⑤〉）

> 訴　　状
> 　　　　　　　　　　　　　　　　　　平成25年○月○日
> ○○地方裁判所　御中
> 　　　　　　　　　　原告訴訟代理人弁護士　　　　丙

〒XXX-XXXX　〇〇県〇〇市〇〇111-22
　　　　　　　原　　　告　　　〇　〇　〇　〇

（送達場所）
〒105-0003　東京都港区〇〇123-45
　　　　　　　丙法律事務所
　　　　　　　原告訴訟代理人弁護士　　　丙
　　　　　　　　　　　　電話　03-XXXX-XXXX
　　　　　　　　　　　　FAX　03-XXXX-XXXZ

〒YYY-YYYY　△△県△△市△△333-44
　　　　　　　被　　　告　　　〇　〇　〇　〇

損害賠償請求事件
訴訟物の価額　　金6384万8602円
貼用印紙額　　　金21万2000円

請求の趣旨

1　被告は、原告に対し、金6384万8602円及びこれに対する平成24年〇月〇日から支払済みまで年5分の割合による金員を支払え
2　訴訟費用は、被告の負担とする
との判決並びに仮執行宣言を求める。

請求の原因

第1　交通事故の発生
　下記のとおりの交通事故が発生した（甲1）。
　1　発生日時　平成24年〇月〇日午後4時40分ころ
　2　発生場所　〇〇市△△区××二丁目65番地先路線上
　3　第1車両　自転車
　4　同運転者　訴外Z（以下、「訴外Z」という）
　5　第2車両　普通乗用自動車（〇〇123あ456）

6　同運転者　被告
7　事故態様　交通整理の行われていない交差点（訴外Z側に一時停止の規制あり）において、第1車両が××一丁目方面（北）から××三丁目方面（南）に走行して交差点に進入したところ、第2車両が□□一丁目方面（東）から□□二丁目方面（西）に進入してきたため出会い頭で衝突した。

第2　被告の責任
1　自動車を運転し交差点に進入する際には、左右の交差道路の車両の動静に注意する義務があるにもかかわらず、被告は、上記義務に違反し漫然と走行した過失により本件事故を発生させたものである。
　　よって、被告は民法709条の不法行為責任を負う。
2　なお、道路を走行する際には、道路の中央から左の部分を通行しなければならないにもかかわらず（道路交通法17条4項）、被告は道路の中央から右側寄りに走行していた（甲2）。
　　また、被告は、訴外Zを発見後、衝突後しばらくしてからブレーキをかけており、適切な制動措置を採らなかった。
　　以上からすれば、訴外Zに過失はなく、被告に全面的に過失がある。

第3　訴外Zの死亡
1　訴外Zは、本件事故により脳挫傷の傷害を負って、事故当日○○大学病院の集中治療室に搬送された。
2　訴外Zは、同年○月○日、本件事故が原因で死亡した。

第4　訴外Zの損害
1　治療費　　　　　　　　　　　120,000円
2　入院雑費　　　　　　　　　　 12,000円
　（計算式）
　1,500×8日＝12,000
3　入院付添交通費　　　　　　　　1,368円
　（計算式）

　　　　5.7km × 2 × 8日 × 15円 = 1,368
 4　休業損害　　　　　　　　　　　77,747円
　　訴外Ｚは、主婦であるとともに、原告が経営する八百屋で働いていた。したがって、基礎収入は、賃金センサス平成24年女子学歴・全年齢によるのが相当である。
　　（計算式）
　　3,547,200 ÷ 365日 × 8日 = 77,747
 5　逸失利益
　(1)　家事労働に関する逸失利益　　20,625,123円
　　　訴外Ｚが亡くなったことにより、原告が経営する八百屋の店番をする人がいなくなり、原告が外出して営業活動をすることができなくなり八百屋の売上も減少している。
　　　したがって、基礎収入は、賃金センサス平成24年女子学歴計・全年齢、労働能力喪失期間は平均余命の2分の1である11年、生活費控除は30％とするのが相当である。
　　　（計算式）
　　　3,547,200 × 8.3064 × (100 − 30)％ = 20,625,123
　(2)　年金に関する逸失利益　　　　5,852,796円
　　　訴外Ｚは、老齢厚生年金を年63万5200円受給していた（甲3）。
　　　したがって、訴外Ｚは、平均余命の間年金を受給できたはずであった。
　　　生活費控除は30％が相当である。
　　　（計算式）
　　　635,200 × 13.1630 × (100 − 30)％ = 5,852,796
 6　傷害慰謝料　　　　　　　　　1,000,000円
　　訴外Ｚは死亡までの間病院にて治療を受けていた。その精神的苦痛は100万円をくだらない。
 7　死亡慰謝料　　　　　　　　　25,000,000円
 8　小計　　　　　　　　　　　　52,689,034円
 9　既払金　　　　　　　　　　　▲120,000円
10　弁護士費用　　　　　　　　　5,256,903円

11	合計	57,825,937円

第5 相続

原告は、訴外Zの配偶者であり、法定相続人であり、他に相続人はいない（甲4）。

よって、原告は、5782万5937円の損害賠償請求権を相続した。

第6 原告固有の損害

1　付添人の休業損害　　　　　　　92,100円

原告は、八百屋を営んでいた。

しかし、訴外Zの付添により8日間閉店し営業できず、9万2100円の休業損害が発生した（甲5）。

（計算式）

4,202,058÷365日×8日＝92,100

2　葬儀費用等　　　　　　　　　2,383,050円

原告は、葬儀費用として金180万0050円支払った（甲6）。

また、原告は、仏壇購入費として58万3000円支払った（甲7）。

3　慰謝料　　　　　　　　　　　3,000,000円

原告は長年連れ添った妻に先立たれ、その精神的苦痛は甚大である。

4　小計　　　　　　　　　　　　5,475,150円

5　弁護士費用　　　　　　　　　　547,515円

6　合計　　　　　　　　　　　　6,022,665円

よって、原告は、被告に対し、民法709条に基づく損害賠償として、6384万8602円及び交通事故の日から支払済みまで年5分の割合による金員を支払うことを求める。

添　付　書　類

訴状副本　　　　　　　　　　　1通
甲号証写し　　　　　　　　　各1通
委任状　　　　　　　　　　　　1通

以上

加害者本人のところに訴状が届き、加害者から保険会社に連絡があり、そこから加害者側の弁護士に依頼されるため、第1回期日までに意外と時間が

ない場合が多い。

　第1回期日の日程を確認すると、10日後であった。

　依頼者であるYには、甲弁護士と乙弁護士が担当する旨、まずは電話であいさつをし、第1回期日後に詳しい打合せをすることにした。

　甲弁護士は、早速、訴状の内容を確認し、乙弁護士と一緒に、方針を検討することにした。

甲弁護士：自転車と自動車の事故ですね。過失相殺は問題になりますね。訴状では、被告の過失が10割である旨書かれていますが、さすがにそれはないでしょうね。『民事交通訴訟における過失相殺率の認定基準〔全訂5版〕（別冊判例タイムズ38号）』（以下、別冊判タ38という）の【244】によれば、被害者4割、加害者6割ですね。後は、損害額でしょうか。被害者は、主婦であり、夫の八百屋を手伝っていて、年金も受給していたようですね。このあたりの逸失利益が問題になりそうですね。

乙弁護士：そうだね。証拠として、被告の実況見分調書はついているが、その他の調書等がついていないから、事故状況を確認するために、こちらも刑事事件記録を取り付けよう。事故状況についての認否と過失相殺の主張は、追ってしよう。甲先生、刑事事件記録を取り付けてみてください。

甲弁護士：はい。やってみます。

　甲弁護士は、刑事事件記録の入手方法を書籍で調べたところ、以下の3つの方法があるようであった。

　① 検察庁に対する被害者による閲覧・謄写申請の代理人として行う方法
　② 弁護士法23条の2に基づき検察庁に対し弁護士会照会を行う方法
　③ 訴訟提起後に検察庁に対し文書送付嘱託を行う方法

　原則として、刑事事件記録が確定していない場合や不起訴の場合には実況

見分調書のみしか入手できないのが現状のようである。

　しかし、C保険会社担当者Dによると、今回は、加害者は、業務上過失致死罪で略式起訴され、すでに罰金刑を受けているとのことであり、刑事事件が確定している。そこで、甲弁護士は、弁護士法23条の2による照会（弁護士会照会）によって、刑事事件記録を取り付けることにした。

　弁護士は、受任している事件について所属弁護士会に対して公務所または公私の団体に照会して必要な事項の報告を求めることができるので、この制度を利用して刑事事件記録の取り寄せをすることができる。

　甲弁護士は、乙弁護士から照会申出書の書式をもらい、作成し、所属弁護士会に提出した。

　実況見分調書などの刑事事件記録は、事故直後に警察が双方の言い分を聞いて作成されるため、訴訟においても、事故態様を判断するうえで重要な証拠になる。

　実際、裁判所も、刑事事件記録を非常に重視しており、逆にいうと、実況見分調書の記載が事実に反すると争っていくことは、非常に厳しいといえる。

　被害者死亡事案であれば、起訴されているケースも多く、加害者自身の調書、場合によっては事故の目撃者の調書もある場合があり、事故態様を検討するうえで、非常に参考になる。

　相手方から、証拠として刑事事件記録が提出されることもあるが、場合によっては、不利な証拠は提出していない可能性がある。

　よって、相手方が証拠として提出していても、刑事事件記録を取り寄せたほうがよい場合もある。

VI
訴訟――第1回口頭弁論期日

　まずは、簡単な認否のみの答弁書を作成して提出し、第1回口頭弁論期日当日を迎えた。乙弁護士と一緒に出廷し、この日初めて、裁判官と相手方代理人と顔を合わせる。

今回管轄となる地方裁判所には、交通事故事件のみを扱う集中部がある。

甲弁護士は、弁護士になって、これまで訴訟事件を担当したことはあるが、交通事故事件の訴訟は初めてであった。

この裁判官は、交通事故事件ばかり担当しているんだな、相手方代理人も交通事故に詳しそうだな、と思っているうちに、あっという間に第1回期日は終了した。

次回までに、こちらから準備書面を提出する。

詳しい反論と被告の主張は、刑事事件記録を検討してからということで、2カ月程度先の期日を入れてもらった。

VII
被告の主張のための準備、第2回口頭弁論期日

甲弁護士と乙弁護士は、依頼者であるYから事故状況について聴取するため、打合せを行った。

Yは、死亡事故を起こしてしまった加害者であるからか、弁護士との打合わせでも緊張しているようである。

乙弁護士：私たちは、Yさんの代理人ですから、緊張しないで、リラックスしてお話していただければ大丈夫ですよ。当日の事故の状況について、お話していただけますか。

Y　氏　：はい。

乙弁護士：当日は、どこからどこへ向かっているところだったのですか。

Y　氏　：スーパーで買い物をして、自宅に帰る途中でした。

乙弁護士：よく通る道だったのですか。

Y　氏　：いえ。こちらのほうに引っ越ししてきたばかりで、道に迷ってしまっていたのです。

乙弁護士：交差点手前の道路では、道路のどのあたりを走行していたのですか。

> Ｙ　氏：真ん中より右側を走行していました。
> 乙弁護士：それはなぜですか。
> Ｙ　氏：交差点手前の左側に駐車していた車があったからです。
> 乙弁護士：スピードはどのくらいでしたか。
> Ｙ　氏：時速30キロメートルくらいかと思います。
> 乙弁護士：交差点に進入した際のスピードはどのくらいでしたか。
> Ｙ　氏：時速20キロメートルくらいかと思います。
> 乙弁護士：交差点に進入してどうなりましたか。
> Ｙ　氏：交差点の右側から、自転車が出てきて、パニックになってしまって。ブレーキを踏むのが遅れてしまいました。
> 乙弁護士：自転車は、一時停止をしましたか。
> Ｙ　氏：わかりません。気づいた時には、自転車が目の前に来ていたんです。

　Ｙは、当時のことを思い出したのか、涙ぐんだため、甲弁護士は、いたたまれない気持になった。

　乙弁護士によると、打合せにあたっては、記録に目を通して打合せの準備をしておくが、依頼者からありのまま事故状況を聴き出すためには、弁護士のほうから確認するように質問するのではなく、依頼者に自分の言葉で話してもらうことが大事なのだという。

　証拠として事故状況図がついていることも多いので、それを示しながら、依頼者の認識している事故状況を話してもらうこともできるが、できれば、依頼者自身に、事故状況図を書いてもらって、それを基に、依頼者が認識している事故状況のありのままを話してもらうのがよいだろう。

VIII　過失割合検討

　翌日、刑事事件記録が届いたので、実況見分調書をみると、当初、検討し

たとおり、別冊判タ38の【244】図が参考になり、これによれば、基本過失割合は、自転車4割、自動車6割だろう。後は、それぞれ過失を加減修正する事情があるか、である。

　刑事事件記録が届いたので、実況見分調書をみると、訴状記載の事故状況やYの話とそれほど違わないように思われた。

　この事故には目撃者がいたようで、目撃者が立会いした供述調書がついていたので読むと、以下のようなことが書いてあった。

> 　私は、交差点で車と自転車がぶつかる事故をみたので、そのことについて、お話します。
> 　事故が起きた交差点の北側の信号を北から南へ渡りたかったので、私は交差点の北東角で立って待っていたのです。
> 　信号が赤色から青色に変わるまでの間、何もすることがなかったので、付近を見たら、目の前の通りを事故現場のほう、つまり私のほうから南のほうへ走って行く自転車に乗った女性がいたので、何となくその自転車を目で追って見ていたら、その自転車は交差点の手前で止まることなく、そのまま走って交差点に入ったら、交差点の左、つまり東から西に走ってきた車とぶつかったのです。
> 　事故が起きた交差点に一時停止があるのは知らなかったのですが、事故をみてからそこにかけつけた時に一時停止の標識があるのをみて、自転車のほうに一時停止のある交差点だったことがわかり、自転車の人は一時停止しなかったんだと思ったのです。

　Zは、一時停止義務を怠り、交差点に進入したようである。

　別冊判タ【244】の修正要素をみると、基本過失割合は、自転車に一時停止義務違反があることを前提としており、一時停止がされた場合は、自転車の過失を10%減らされることになる。

　そうだとすると、〈*Case*⑤〉における過失割合は、基本どおり、Z4割、Y6割と主張できそうである。

　Yに有利な事情はないか、刑事事件記録をよく精査したが、ほぼYと打

合せしたとおりであり、Yは、道に迷いながら交差点手前を走行しており、交差点に進入する際、交差点手前の左側に駐車車両があったため、駐車車両との衝突を避けるため、道路中央よりやや右側を走行する形となっていたようである。

　また、見通しの悪い交差点で、左側の駐車車両に気をとられ、左右の安全確認をしないまま交差点に進入したということであった。

　さらに、Yは、自転車の存在には、衝突してから初めて気づいたようで、自転車と衝突して動揺し、少し遅れてブレーキをかけたようであった。このあたりがどのように評価されるかである。

　遺族である原告の調書をみると、Yは、Zの通夜や葬式に参列させてもらい、謝罪の手紙を5通送った旨が書いてあった。

IX　死亡逸失利益

　死亡逸失利益について、赤い本（公益財団法人日弁連交通事故相談センター東京支部『民事交通事故訴訟・損害賠償額算定基準』（現在は、2016年版が最新））等を調べると、以下のとおりであった。

　死亡逸失利益とは、被害者が交通事故によって、将来得られるはずだった収入、「得べかりし利益」である。

　基本的には、後遺障害逸失利益と似ているが、被害者が死亡しているため、生活費の支出を免れたとして、利益分の調整、つまり生活費控除を行う点が異なる。

1　死亡逸失利益の算定方法

以下のとおりとなる。

> 基礎収入額×（1－生活費控除率）×就労可能年数に対応するライプニッツ係数

〈図表2-5-1〉 被害者死亡に伴う生活費控除率

一家の支柱	被扶養者1人の場合	40%
	被扶養者2人以上の場合	30%
女性（主婦、独身、幼児等を含む）		30%
男性（独身、幼児等を含む）		50%

2　基礎収入

　家事従事者については、賃金センサス第1巻第1表の産業計・企業規模計、学歴計、女性労働者の全年齢平均の賃金額を基礎とする（赤い本にも掲載があるが、各ウェブサイトにも掲載がある）。

　また、有職の主婦の場合、実収入が上記平均賃金以上のときは実収入により、平均賃金より下回るときは、平均賃金により算定する。家事労働分の加算は認めないのが一般的である。

3　生活費控除率

　生活費控除率とは、被害者の死亡により、将来の収入から支出されるはずであった被害者の生活費の支払いを免れることになるため、将来の生活費相当分を控除する一定の割合のことをいう。

　ただし、年金部分についての生活費控除率は、通常より高くする例が多い。

4　就労可能年数

　原則として67歳までである。67歳を超える者については、簡易生命表（赤い本にも掲載があるが、厚生労働省のウェブサイトにも掲載がある）の平均余命の2分の1とする。

　67歳までの年数が平均余命の2分の1より短くなる者については、平均余命の2分の1とする。

　年金の逸失利益を計算する場合は、平均余命とする。

5 〈Case⑤〉での対応

年金の逸失利益性は一応問題となり得るが、すでに受給を開始している老齢厚生年金については逸失利益性は認められるだろう。

亡Zの死亡逸失利益についての、原告の主張はそれほどおかしいものではなさそうであったが、生活費控除率、特に年金部分については、争う余地がありそうであり、甲弁護士は、赤い本に参照として記載されていた、裁判官が執筆した論考（渡邉和義「退職金・年金の生活費控除率」赤い本〔1996年版〕138頁）を熟読のうえ、検討することとした。

年金以外に収入のない年金受給者の生活費控除率については、受給する年金の多寡によれば、おおむね50％から80％程度の範囲内で個別具体的に調整を図るのが相当とのことである。

甲弁護士は、少し無理だとも考えたが、一応80％の控除率を主張することにした。

その他の点も検討のうえ、主に【書式2-5-2】の内容で、被告第1準備書面を作成した。

原告の慰謝料額について、ただ争うのではなく、被告の謝罪の気持を伝えるべく、被告の気持も記載してみることにした。

乙弁護士にその旨相談してみると、「いいんじゃないか」ということだった。

【書式2-5-2】　準備書面案（〈Case⑤〉）

平成25年(ワ)第○○○号　損害賠償請求事件（交通事故）
原　告　　○○○○
被　告　　○○○○

被告第1準備書面

平成25年○月○日

○○地方裁判所民事○部○係　御中

　　　　　　被告訴訟代理人弁護士（担当）　　　乙
　　　　　　同　　　　　　　　　（担当）　　　甲
　本件に関する被告の主張は、以下のとおりである。
1　本件事故態様について
　本件事故は、□□一丁目方面から□□二丁目方面に進行していた被告運転の被告車両が、本件事故現場交差点に進入したところ、××一丁目方面から××三丁目方面に進行しており、一時停止せず同交差点に進入した訴外Ｚ運転の原告車両と出会い頭で衝突したものである。
　被告車両は、同交差点に進入する際、交差点手前の左側に駐車車両があったため、駐車車両との衝突を避けるため、どちらかと言うと右側を走行する形となっていた。
　原告車両が走行していた道路には、一時停止規制があったが、原告車両は一時停止することなく、交差点に進入した。
2　過失相殺について
　本件事故について、被告車両に過失があることは認めるが、原告車両についても、一時停止を怠った過失がある（乙１）。
　本件事故の基本過失割合は、別冊判例タイムズ第38号【244】によると、原告40パーセント：被告60パーセントである。
　よって、少なくとも、原告車両に40パーセントの過失がある。
3　原告の損害について
　(1)　訴外Ｚの損害について
　　㋐　入院付添交通費
　　　　入院付添費あるいは入院雑費に含まれる。
　　㋑　家事労働に関する逸失利益について
　　　　家事労働の逸失利益を認めるとしても、基礎収入は、平成24年度賃金センサスの60〜64歳の年齢別平均賃金、生活費控除率は、40％で計算するのが相当である。
　　㋒　年金に関する逸失利益について
　　　　年金収入に対する生活費控除率は、賃金収入等に対するそれと同程度の数値に止めることは相当ではなく、一定程度の高い数値を用いることが合理的かつ現実的である（『退職金・年金の生活費控除率』渡邉和義

裁判官、「損害賠償額算定基準（赤い本）1996年度版」参照）。
　　　よって、年金収入における生活費控除率は、80％程度が相当である。
　　(エ)　傷害慰謝料について
　　　　傷害慰謝料としては、10万円程度が相当である。
　(2)　原告の損害について
　　(ア)　休業損害について
　　　　訴外Ｚの入院付添費に含まれるため、別途発生しない。
　　(イ)　葬儀費用等について
　　　　葬儀費用、仏壇購入費について、あわせて130万円程度が相当である。
　　(ウ)　慰謝料について
　　　　原告の固有の慰謝料については争う。
　　　　訴外Ｚが、被告の運転行為により、突然命を奪われた無念さを思うと、被告も心痛の思いである。
　　　　また、家族である訴外Ｚの命を奪われた、原告の苦しみや悲しみに対しても、被告も心から申し訳なく思っている。
　　　　被告は原告に対し、謝罪の手紙を送る等、謝罪の気持ちを伝えている（乙２）。
　　　　　　　　　　　　　　　　　　　　　　　　　　　　　　　以上

X
第２回、第３回、第４回期日

　第２回口頭弁論期日は、当方から、準備書面を提出した。
　第３回口頭弁論期日は、原告が準備書面を提出した。
　第４回期日は、弁論準備手続であった。
　争点が多くないため、早速裁判所から和解の余地があるかの打診がなされた。
　原告代理人によると、原告は、「被告が、現在どのような気持なのか知りたい、そうでないと和解のテーブルにつくことはできない」と言っているということであり、次回尋問が行われることとなった。

死亡事案の場合、被害者自身は亡くなっており、遺族である原告自身は事故状況を把握していないため、尋問を行っても事故状況が明らかになるわけではない。しかし、遺族の気持を被告と裁判所にわかってもらいたい、ということで尋問を行うケースも多い。

> 甲弁護士：尋問になりましたね。
> 乙弁護士：問題は、依頼者が、尋問に来てくれるか、だね。
> 甲弁護士：どういうことですか。尋問に欠席してしまうと、過失相殺の点でやはり不利になってしまいますよね。
> 乙弁護士：通常はそうやって説得して、依頼者に尋問に出てもらうんだけどね。尋問に出てくれるよう、頑張ってYさんを説得してみてください。
> 甲弁護士：……。

XI 加害者の尋問の出廷

　実は、保険会社から依頼された事件の場合、加害者である依頼者は、訴訟についての当事者意識をもっていない場合がある。
　示談交渉段階では、保険会社がすべて自分の代わりに交渉してくれているためである。また、依頼者は、結局は、損害賠償することになっても保険で支払われることになるため、自分の財布が痛むことがない。
　よって、尋問に出ることに抵抗を示す依頼者に、こちらだけ欠席すると裁判に不利になりますよ、という説得が通用しないのである。
　尋問になることに備え、依頼者に対して、早い段階から、尋問になったら協力してもらう、ということを伝えておくことも大切である。
　甲弁護士は、気が重いながらも、Yに電話をかけた。
　尋問の手続の説明をすると、Yは、思いのほか、あっさりと尋問に出る

ことに応じてくれた。

　Yは、「申し訳ない気持を遺族の方に伝えたい。また、自分も裁判に出て、きちんと今回の事故と向き合い、自分なりの区切りをつけたい」と話してくれた。

　甲弁護士は、安心するとともに、裁判手続が、被害者にとっても、加害者にとっても一つの区切りになるのだと思い、気を引き締めた。

XII 尋問当日

　甲弁護士と乙弁護士は、依頼者であるYと早めに待合せをして、法廷に向かった。Yは、緊張した面持ちである。裁判所という慣れない場所に来ること、遺族と対面するのであるから、当然かもしれない。

　Yとは、昨日、尋問の打合せをしたが、その際も、Yは事故のことを思い出して、涙を流した。

　法廷に入り、Yが宣誓書にサインしていると、遺族であり原告であるXが法廷に入ってきた。Yは、Xに頭を下げたが、Xは、その様子を一瞥しただけであった。

　乙弁護士によると、尋問は、独特の緊張感があるが、死亡事案は、それよりもさらに空気が張り詰めた感じがする、とのことであった。

　被害者が亡くなっているので、事故状況については、加害者である被告に聞いていくことになる。遺族の前であるが、やはり過失相殺の点からしても、事故状況は丁寧に確認していかなければならない。甲弁護士は、傍聴席に座るXの視線を背中に感じながらも、事故状況について、Yに丁寧に尋問していった。

甲弁護士：事故当日のことをお聞きします。あなたはどこからどこへ向かっていたのですか。
　Y　氏：自宅近くのスーパーで買い物をして、自宅へ帰る途中でした。

甲弁護士：当時、急いでいなかったですか。
Ｙ　氏：急ではいませんでしたが、こちらのほうに引っ越したばかりで、道に迷っていました。
甲弁護士：本件事故現場の交差点にさしかかる前ですが、あなたは道路のどのあたりを走行していたのですか。
Ｙ　氏：道路の真ん中より少し右側を走行していました。
甲弁護士：甲２号証の図を示します。
裁判官：どうぞ。
甲弁護士：この図でいうとどのあたりですか。
Ｙ　氏：真ん中あたりに四角で車の図が書いてありますが、それより少し右のほうです。
甲弁護士：なぜ少し右側を走行していたのですか。
Ｙ　氏：交差点手前の左側に駐車していた車があったからです。
甲弁護士：駐車車両はどんな車だったのですか。
Ｙ　氏：軽トラックだったと思います。
甲弁護士：この道路にあなたが気にしていた駐車車両のほかに車は駐車していたのですか。
Ｙ　氏：はい。その後ろにも車が停まっていたように思います。
甲弁護士：交差点手前の道路を走行していた時の速度はどのくらいですか。
Ｙ　氏：時速30キロメートルくらいです。
甲弁護士：交差点に進入した際の速度はどのくらいでしたか。
Ｙ　氏：時速20キロメートルくらいです。
甲弁護士：交差点に進入する際は、減速したのですね。
Ｙ　氏：はい、減速しました。
甲弁護士：交差点に進入して、あなたの進行方向から見て右側からＺさんの自転車がきますよね。いつの時点でＺさん運転の自転車を発見したのですか。

Y 氏　　：Zさんの自転車にぶつかる直前でした。
甲弁護士：Zさんが来た方向である右側は確認していなかったのですか。
Y 氏　　：はい。駐車車両のあった左側を気にしていて、右側はよく確認していませんでした。
甲弁護士：自転車を発見してすぐにブレーキを踏んだのですか。
Y 氏　　：いえ。パニックになってしまって、ブレーキを踏んだのが少し遅れてしまいました。
甲弁護士：Zさんが一時停止をしたかどうかはわかりましたか。
Y 氏　　：いえ。そのときにははっきりわからなかったのですが、突然私の車の目の前に飛び出してきたので、おそらく一時停止をしなかったのだと思います。
甲弁護士：事故後あなたはどうしましたか。
Y 氏　　：救急車をよびました。
甲弁護士：事故後Zさんのお見舞いには行きましたか。
Y 氏　　：はい。病院に行かせていただきました。
甲弁護士：Zさんが亡くなったと聞いて、あなたはどのように思いましたか。
Y 氏　　：本当にびっくりして、申し訳なくて。
甲弁護士：お通夜やお葬式は行ったのですか。
Y 氏　　：はい、Xさんにご連絡をし、参列させていただきました。
甲弁護士：その後、あなたのほうでXさんにしたことはありますか。
Y 氏　　：はい。5回ほどお詫びのお手紙を書かせていただきました。
甲弁護士：Xさんに対してはどのように思っていますか。
Y 氏　　：はい。大切な奥様を私の不注意で亡くしてしまい、本当に本当に申し訳なく思っています。
甲弁護士：あなたはXさんの陳述書を読みましたか。
Y 氏　　：はい。
甲弁護士：それを読んでどう思いましたか。

> Y　氏：あらためて、Xさんのお気持を知り、私がしてしまったことの重大性をかみしめています。
> 甲弁護士：事故から1年半くらい経ちますが、何かしていることはありますか。
> Y　氏：毎週事故現場に行って、手を合わせています。
> 甲弁護士：あなたは、現在、車は運転していますか。
> Y　氏：いいえ。事故後は運転はしていません。
> 甲弁護士：Xさんにお伝えしておきたいことはありますか。
> Y　氏：このたびは、本当に申し訳ありません。謝って済むことではもちろんありませんが、私はこのことをいつまでも忘れず、生きていきたいと思います。

　原告に対する尋問を行うか、については迷うところがある。場合によっては何も聞かないという選択肢もあるだろう。遺族が事故状況について把握していることはほとんどないし、意味のない反対尋問をしつこく行い、被害感情を逆なでする意味はない。

　甲弁護士は、Xの調書に記載のあった、YがXの通夜や葬式に参列させてもらい、Xに謝罪の手紙を5通送ったことについて、簡単に確認をした。

　尋問後、裁判所から和解案が提示されることも多いが、今回は提示されなかった。次回までに、原告側で、和解での解決の余地があるか検討するということだった。

　尋問終了後、法廷を出て行くXに向かって、Yが再度頭を下げた。Xは、それに対し、少し頭を下げて出て行ったように甲弁護士にはみえた。

XIII
第6回期日（弁論準備手続）

　原告代理人から、「原告が、和解で解決してよい」と言っている、ということであった。

尋問でのYの話を聞いて、和解での解決に前向きになったことはよかったと言える。

裁判所から、2週間後くらいに、和解案を双方代理人にFAXで送られることになった。

XIV 和解案提示

第6回期日から2週間ほど経過し、裁判所から和解案がFAXで送られてきた。

和解案の内容としては、主に以下のとおりであった。

① 和解金額　3820万円
② 過失割合　原告側3割：被告側7割
③ 付添交通費、入院付添費は、なし
④ 原告の固有の慰謝料は死亡慰謝料に含まれ、別途評価しない。
⑤ 年金の生活費控除率は50％

裁判所としては、過失割合については、Yが、道路中央より右側を走行していたこと、交差点進入の際、右方向を確認していなかったこと、急制動の措置が遅れたこと等を重くみているとのことであった。

基本過失割合から、被告側に1割加算修正されていることになり、この点は、こちらに厳しい内容であった。

保険会社は、組織であることから、和解案を受けるかどうかについて、社内の決済が必要となる。金額が大きければ、その部署だけでなく、本部の決裁が必要となることがある。

そうすると、検討する時間が通常よりかかることになるため、次回期日を1カ月半程度先にしてもらうことにした。

期日後の帰り道、裁判所からの和解案について、乙弁護士と話をした。

乙弁護士：甲先生としては、和解内容をどう思う。

> 甲弁護士：過失割合についてですが、もちろん、当初の原告の主張である被告が10割という主張は認められませんでしたが、過失割合については、基本過失割合から1割加算修正されていて、厳しいですね。年金の逸失利益については、生活費控除率50％は、先日検討したとおり、50％から80％の範囲内であるといえるのでやむを得ないでしょうか。
> 乙弁護士：そうだね。過失割合については、尋問まで経ているから、判決が出ても、結論は変わらないだろうね。それに、今後さらに有利な証拠をこちらから提出して、そこを覆すのは、正直難しそうだね。
> 甲弁護士：そうですね。
> 乙弁護士：保険会社から意見書を求められるだろうから、甲先生のほうで、過失割合以外の点も含めて、裁判所の和解案の内容が妥当かどうか、検討してみてください。
> 甲弁護士：はい。

　甲弁護士は、C保険会社の担当者Dに、裁判所の和解案とその根拠を話した。

　D個人としては、やむを得ないでしょう、とのことであったが、決裁にあげるために、やはり意見書の作成を依頼された。

　甲弁護士は、Yにも、今日の裁判の結果を報告した。Yとしては、すべて先生と保険会社にお任せします、とのことであった。

XV 意見書作成

　保険会社から依頼を受けた場合、和解案を受諾するか、それとも判決を求めるかについて、保険会社内で検討するために、弁護士の意見書を求められる場合が多い。

特に死亡事案は、支払う金額が高額になるため、求められることが多いだろう。

甲弁護士は、和解案を拒否して、判決になったらどうなるか、ということを意識して、意見書を作成した（【書式2-5-3】）。

【書式2-5-3】 意見書（〈Case⑤〉）

平成26年〇月〇日

C保険株式会社 〇〇センター 御中
（担当者：D 様）

　　　　　　　　　　　　　　弁護士法人戊法律事務所
　　　　　　　　　　　　　　　　弁護士（担当）　　乙
　　　　　　　　　　　　　　　　同　（担当）　　甲

意　見　書

第1　結論
　当職は、相手方より請求のあった別紙記載の交通事故（以下「本件事故」という。）に基づく損害賠償請求事件について、次に述べる訴訟経緯からすると、平成26年〇月〇日に裁判所から示された和解案（和解金額3820万円）を受諾することが妥当であると思料する。

第2　訴訟経緯
1　相手方は、平成25年〇月〇日、〇〇地方裁判所に、契約者Yを被告として損害賠償請求訴訟（平成25年(ワ)第〇〇〇号　損害賠償請求事件）（以下、「本件訴訟」という。）を提起した。
2　第1回期日（平成〇年〇月〇日）、第2回期日（同年〇月〇日）、第3回期日（同年〇月〇日）及び第4回期日（同年〇月〇日）を経て、当方及び相手方の主張が出揃い、第5回期日には、Yの本人尋問が行われた。
　　過失割合及び損害額が本件訴訟の主な争点となった。
3　第6回期日（平成〇年〇月〇日）を経て、同年〇月〇日、裁判所から双方に対し、和解案が提示された。

次回期日（同年〇月〇日）までに、双方が、上記和解案について、検討することとなっている。

第3　裁判所和解案が妥当である理由
 1　和解金額
　　本件訴訟における和解金額は3820万円である。
 2　今後の展開
　　相手方は、死亡事案であることからしても、かなり被害感情が強く、上記裁判所和解案の金額3820万円を下回る金額での和解には応じない可能性がある。
　　仮に、上記裁判所和解案を拒否した場合、今後、双方の最終準備書面の提出を経て、判決が出るのは、早くても平成26年春頃になると予想される。
 3　損害の内容・金額の妥当性（争いのある点について）
　(1)　入院雑費　　　　　　　　　　　　　1万2000円
　　　赤い本基準であり、妥当である。
　(2)　付添交通費　　　　　　　　　　　　0円
　　　当方の主張どおり。
　(3)　入院付添費　　　　　　　　　　　　0円
　　　妥当である。
　(4)　休業損害　　　　　　　　　　　　　7万7747円
　　　家事従事者は、賃金センサスの女性労働者の全年齢平均の賃金額を基礎とする（赤い本参照）ため、妥当である。
　(5)　逸失利益
　　(ｱ)　主婦分　　　　　　　　　　　　　2062万5123円
　　　　生活費控除率30％は、赤い本基準であり、妥当である。
　　(ｲ)　年金分　　　　　　　　　　　　　585万2796円
　　　　生活費控除率50％は、多くの裁判例が採用している数値であり（赤い本参照）、妥当である。
　(6)　入通院慰謝料　　　　　　　　　　　10万0000円
　　　当方の主張どおり。
　(7)　死亡慰謝料　　　　　　　　　　　　2400万0000円

赤い本基準であり、妥当である。
- (8) 葬儀費用　　　　　　　　　　　　　150万0000円
　　　赤い本基準であり、妥当である。
- (9) 原告の休業損害　　　　　　　　　　9万2100円
　　　入院付添費の評価を含むものであり、妥当である。
- (10) 過失相殺　　　　　　　　　原告側3：被告側7

　　本件事故は、交通整理の行われていない交差点（訴外Z側に一時停止の規制あり）において、Y運転車両が交差点に進入したところ、右方向から一時停止をせずに進入した訴外Z運転の自転車と、出会い頭で衝突した事故である。

　　本件事故の基本過失割合は、別冊判例タイムズ38号・5訂版244図であり、Z4：Y6となる（なお、244図は、一時停止義務違反があることを前提としており、一時停止義務違反は修正要素とならない）。

　　Yの警察官調書及び当事者尋問等によって、交差点手前の道路で、右側寄りを走行していたこと、交差点進入の際、右方向を見ていなかったこと等が明らかとなり、その点が考慮され、1割の修正がされた。

　　本件においては、訴外Zの一時停止義務違反があるが、自転車と自動車の事故であり、Yが交差点に進入する前に、左側を走行し、交差点進入の際、右方向の安全確認をしていれば、本件事故の発生を防止できたとも言え、Yの1割の加算修正はやむを得ないと言える。

- (11) 調整金　　　　　　　　　　　　　161万8164円

　　既払金控除後の残額の4.4％程度であり、1年程度の遅延損害金を下回るぐらいの金額である。

4　和解案受諾の妥当性

(1) 過失割合について

　　過失割合については、第3項(10)で述べたとおりであるが、仮に判決になった場合、事故態様について、既に運転者の尋問まで行っており、今後、当方に有利な立証を行うことは困難であるため、過失割合の判断が当方に有利に変更になる可能性は低い。

(2) 遅延損害金について

　　和解案では、1年程度の遅延損害金を下回るぐらいの調整金の金額と

なっているが、平成26年春頃の判決となるとすれば、場合によっては2年程度の遅延損害金となる可能性がある。

　また、判決になれば、別途、1割程度の弁護士費用が認められる可能性が高く、判決において今回の和解案に近い金額が認められれば、弁護士費用が380万円程度となる可能性がある。

(3) まとめ

　以上からすると、判決になっても過失割合が変更されない可能性がある一方、和解案の調整金は160万円であるが、判決となると、遅延損害金及び弁護士費用で700万円を超える可能性もあり得る。

　よって、判決において和解以下の判決を勝ち取る可能性は低く、逆に和解以上の損害賠償を命じる判決となる危険性は無視できない。

　以上より、当職らとしては和解案を受け入れることが妥当であると思料する。

以上

(別紙)

1	発生日時	平成24年○月○日午後4時40分ころ
2	発生場所	○○市△△区××二丁目65番地先路線上
3	第1車両	自転車
4	同運転者	訴外Z
5	第2車両	普通乗用自動車（○○123あ456）
6	同運転者	契約者
7	事故態様	交通整理の行われていない交差点（訴外Z側に一時停止の規制あり）において、第1車両が××一丁目方面（北）から××三丁目方面（南）に走行して交差点に進入したところ、第2車両が□□一丁目方面（東）から□□二丁目方面（西）に進入してきたため出会い頭で衝突した。

　C保険会社に意見書を提出した後、2週間くらい経過し、担当者Dから電話がかかってきた。

　和解案を受諾する方向で、決裁が下りたとのことである。

Dに確認すると、和解後、1カ月後くらいまでには支払い可能とのことである。

甲弁護士は、ほっとした。

XVI 第8回和解期日

当方に支払期日、原告代理人に支払口座の確認がされた後、裁判官によって和解条項が読み上げられた。

XVII エピローグ

Yに和解が成立した旨、報告する電話をかけた。

> 甲弁護士：今日、和解が成立しました。
> Y　氏：先生、ありがとうございます。私にとって、一つの区切りになりました。この事故後、運転はしていなくて、今後ももう運転することはないですが、Zさんとこの事故のことは、いつまでも忘れないようにします。ありがとうございました。

甲弁護士にとって初めての交通事故訴訟がこれで終了した。

> 本稿は、複数の事例を組み合わせるなどして構成したものであり、実際の事例とは異なる。

高次脳機能障害・素因減額（脊柱管狭窄）

I 事案の概要

―〈Case ⑥〉――

　歩行者対自動車の事故である。歩行者が青信号で横断歩道を歩行中に、交差点を右折してきた自動車が前方不注意で衝突した。

　頸髄損傷による不全麻痺が発生していることは明らかだったが、相談者（被害者の息子）の話を聞くと、高次脳機能障害が生じていることが疑われた。そこで、頸髄損傷および高次脳機能障害による後遺障害の等級認定を得るための活動が、1つ目のポイントとなった。

　また、等級認定を得て自賠責保険金を受領した後、任意保険会社との上乗せ損害賠償金の交渉において、保険会社側から、脊柱管狭窄を理由とする素因減額の主張がされた。かかる主張への反論が、2つ目のポイントとなった。

II 実務上のポイント

〈Case ⑥〉における実務上のポイントは、以下の2点である。
① 頸髄損傷と高次脳機能障害による後遺障害認定
② 素因減額（脊柱管狭窄）

III 事件受任

　甲弁護士は、企業法務を中心に扱う中規模事務所のアソシエイト弁護士である。ある日、高校時代の後輩から久しぶりに連絡があり、「相談したいことがある」とのことだった。

　早速、事務所に来てもらって話を聞いたところ、相談内容は以下のとおりだった。

> 　相談は、今年で61歳になる、私の父のことです。父は、1年ほど前に交通事故にあって、大変な後遺症を負ってしまいました。ある団体の事務局長をしており、間もなく理事になることも考えられるポジションにいたのですが、事故を機に退職を余儀なくされました。
>
> 　事故があったのは休日の午前中で、父は自宅の近所を散歩していました。青信号で横断歩道を渡っていたところ、交差点を右折してきた自動車が父にぶつかったのです。すぐに救急車がよばれ、A総合病院に運ばれて一命はとりとめましたが、地面に頭を強く打ったようで、事故直後から翌日まで、父は意識を失っていました。
>
> 　事故直後の診断では、「脳挫傷」と「頸髄損傷」とのことでした。
>
> 　頸髄損傷が原因で、身体に麻痺が残りました。完全麻痺ではありませんが、自力での歩行は困難ですし、指先の細かな動きはできず、パソコンも自分では操作できません。
>
> 　事故から半年くらい経って、後はリハビリが必要だからということで、A総合病院からリハビリ施設Bに移りました。施設Bで懸命のリハビリを続けた結果、最近では、ようやくスプーンを使っての食事くらいはできるようになりましたが、これ以上の改善は難しいと言われています。母は、ほぼ毎日、施設Bに通い、父の身の回りの世話をしています。今後は、施設Bを出て、自宅での介護になると思います。

父は事故の翌日に意識を取り戻し、幸い、記憶喪失等もありませんでした。ですが、今でもだいぶ落ち込んでいます。

　事故前は大変社交的で、よくしゃべり、ご近所付き合いも活発だったのですが、事故後は、自分からしゃべることはほとんどなくなりました。知人がお見舞に来ても、不愛想にしています。施設で新しく知り合った人のお名前も、覚えようとしていないようで、本人に「あの人はどなた？」と尋ねても、「わからない」と答えたりします。そうかと思うと、私の母に対しては、些細なことで突然怒り始めることもあります。重い後遺症が残ったという事実を受け止めきれていないからなのかもしれませんが、すっかり人が変わってしまいました。

　事故後、バタバタしながら約1年が経ってしまいましたが、これから、加害者の方が入っていた自動車保険の保険会社に、保険金の請求をしなければならないと思います。何をすればよいのかさっぱりわからないので、甲さんにお願いしたいと思っています。

「すっかり人が変わってしまいました」。

甲弁護士には、相談者のこの言葉が強く印象に残った。

「『高次脳機能障害』という症例があると聞いたことがある。ひょっとすると、本件はその事案なのではないか……」と考えた。

IV 等級獲得に向けて
——頸髄損傷と高次脳機能障害による後遺障害認定

　交通事故損害賠償においては、いうまでもなく、後遺障害の等級認定の結果が、最終的な獲得金額を大きく左右する。

　〈*Case*⑥〉では、事故から約1年が経過し症状が落ち着きつつあるものの、いまだ症状固定の後遺障害診断書等は得ていないとのことであった。被害者Xには、身体麻痺に加えて、高次脳機能障害が生じている可能性があ

る。甲弁護士としては、案件着手後の初動において、高い等級認定を得るための充実した資料を収集することが、最初にして最大の勝負どころであると見極めた。

また、案件着手時点では、手続の窓口は任意保険会社であったが、任意保険会社を通じた後遺障害等級の「事前認定」手続の場合は、損害保険料率算出機構に対して、当方が収集・提出した資料のほかに、任意保険会社作成の「一括社意見書」が提出されることになる。この「一括社意見書」は、保険金を低く抑える観点から記載されがちであることから、等級認定において、被害者側に不利に働く可能性があるという話を聞いたことがあった。

加えて、Xおよびそのご家族は、当面の生活費のために、1日も早く保険金を得たいということである。任意保険会社を通じた事前認定手続の場合は、最終的な示談解決まで至らないと、自賠責の保険金分を受け取ることもできない。これに対して、自賠責に対する「被害者請求」を行えば、等級認定と同時に、自賠責の保険金をまずは受領することができる。

そこで、甲弁護士は、迷わず「被害者請求」を行うこととした。

任意保険会社の担当者に受任通知を送るとともに、被害者請求を行う旨を伝えた。担当者の反応は、「あぁ、そうですか。わかりました。じゃあ、資料を送りますね」という淡々としたものだった。しばらくして、任意保険会社が保有している関係資料一式の写しが、甲弁護士の下に送られてきた。

甲弁護士は、「交通事故証明書」に記載されている自賠責保険会社に連絡をとり、自賠責保険の証明書番号等を伝えて被害者請求を行う旨を告げるとともに、申請書類の送付をお願いした。

1 頸髄損傷による身体麻痺の資料収集（5点セットと3ステップ法）

(1) 5点セット

甲弁護士は、まず、頸髄損傷による後遺障害の状況を伝えるための資料として、どのようなものを集めればよいかを調べてみた。どうやら、次の5点の資料を取得・提出すればよいということがわかった。

Ⅳ　等級獲得に向けて——頸髄損傷と高次脳機能障害による後遺障害認定　*203*

○頸髄損傷による身体麻痺の立証のために収集・取得すべき資料
　①　「後遺障害診断書」
　②　「神経学的所見の推移について」
　③　「脳損傷又はせき髄損傷による障害の状態に関する意見書」
　④　「脊髄症状判定用」
　⑤　頭部の画像資料

　上記①の「後遺障害診断書」は、後遺障害の等級認定において、必ず取得することになる書類である（正式名称は、「自動車損害賠償責任保険後遺障害診断書」）。
　上記②の「神経学的所見の推移について」とは、事故後に随時実施された腱反射・病的反射・筋力（MMT）・握力・筋萎縮・知覚障害の各検査の結果と、神経症状の具体的内容およびその推移を記載するものである。なお、知覚障害がみられる場合は、その状況を示す資料として、「ギボンズRSDスコア表」という資料をあわせて取得するとよいとのことだった。
　上記③の「脳損傷又はせき髄損傷による障害の状態に関する意見書」とは、麻痺の範囲・程度に関する検査結果、高次脳機能障害に関する判定内容、介護の要否等についての意見を書き入れる資料である。
　上記④の「脊髄症状判定用」とは、運動機能・知覚機能・膀胱機能についての各評価を書き入れるとともに、日常生活活動能力または労働能力に関する医師の意見を記入するものである。
　甲弁護士は、インターネットで検索をした結果、いずれの書類もフォーマットを簡単に入手することができた。
　あわせて上記⑤の画像資料については、後記の高次脳機能障害にかかわる頭部の画像資料とともに病院から取得する必要があることから、A総合病院に問い合わせて、その取得手続を確認した。

(2) 3ステップ法

　甲弁護士は、かつて、依頼者に「後遺障害診断書を担当医師に作成してもらってきてほしい」と「丸投げ」をした結果、不十分な記載しかされていない後遺障害診断書が作成され、その後に加筆修正を求めたものの、医師から「私の判断で一度作成したものだから」と頑なに拒まれた苦い経験を有していた。

　等級認定にあたり意味をもつ事実が、的確に、かつ漏れなく記載された後遺障害診断書を得るためには、やはり、作成前に、依頼者だけでなく、担当医師等の関係者とも弁護士自身が直接面談して、必要な事実の「掘り起こし」を行い、さらに「うかがった内容を踏まえると、この欄には、このような記述がされることになるのではないか」という具体的な記載内容まで提案して、担当医師に後遺障害診断書等の作成をお願いすることがベストだというのが、甲弁護士の経験則だった（もちろん、提案内容のすべてを採用してもらえるとは限らないが）。

　特に〈Case⑥〉では、等級認定が勝負どころであり、賠償金額を大きく左右するような高い等級が問題となることを踏まえれば、丁寧な進め方をしておきたい。甲弁護士は、取得すべき資料（前記①～④）のフォーマットを眺めながら、その内容をイメージしてみると、特に前記④の「脊髄症状判定用」の「運動機能」欄は、食事動作やボタンかけ等についてのチェック欄があり、病院で診察をするだけの医師よりも、現在Ｘが入所している施設の担当職員のほうが、より的確な評価と具体的な記述ができる可能性が高いことに気づいた。

　そこで、甲弁護士は、〈図表2-6-1〉の3ステップを踏むこととした。

　すなわち、まず、ご本人とご家族から、日常生活の状況を詳細にヒアリングし、その結果を、たとえば「食事：箸・ナイフの使用は不可能。スプーン・フォークであれば何とか使える」というように、簡潔かつわかりやすくまとめる。次に、そのまとめ資料を持参して見せながら、施設の担当職員と面談し、その認識も確認のうえ、「脊髄症状判定用」等への記入と記名押印

〈図表 2-6-1〉 頸髄損傷による身体麻痺の資料収集の3ステップ

〈ステップ1〉 ご本人・ご家族からのヒアリングを実施し、①まとめ資料を作成。

〈ステップ2〉 ①ヒアリング結果のまとめ資料を持参して、施設の担当職員と面談のうえ、②同職員に資料を作成してもらう。

〈ステップ3〉 上記の①まとめ資料と②施設の担当職員作成の資料を持参して、担当医師と面談のうえ、③同医師に資料を作成してもらう。

を行ってもらう。そして、施設の担当職員作成の資料を担当医師に持参して見せて、「X氏のリハビリを担当している施設の職員の方からも、このような評価を得ている」と説明しながら、担当医師にも「脊髄症状判定用」等への記入と記名押印を行ってもらう、という手順である。

「脊髄症状判定用」のフォーマットの記名押印欄には、「診療科名」「医師名」との記載がされているから、本来、この資料は医師によって作成されることが予定されている。したがって、基本的には、施設の担当職員に作成してもらったほうは、医師から資料を取得するうえでの「参考資料」という位置づけとなる。内容に大きな違いがなければ、施設の担当職員作成のものは手持ち資料にとどめ、自賠責保険会社に提出する資料は医師作成のものだけということで十分であろう。ただし、万が一、医師に十分な記述をしてもらえなかった場合には、医師作成のものに加えて、施設の担当職員作成のものをあわせて提出することが考えられる。

以上の方針をもって、甲弁護士は、最初に、Xおよびそのご家族と面談のうえ、じっくり時間をかけてヒアリングを行い、日常生活の状況を仔細に聴き取った。そして、その内容を、一見してわかりやすい形で、簡潔に箇条

書き形式でまとめた資料を作成した。

そのうえで、当該まとめ資料を持参のうえ、ご家族とともに施設Bを訪問し、担当職員と面談した。

対応してくれたのは、理学療法士の資格を有し、Xの毎日のリハビリをみてくださっている佐藤さんという女性だった。佐藤さんは、毎日Xに接しているだけに、「今回のことは、Xさんにとって本当にお気の毒なことでしたから」と大変親身に対応してもらうことができた。

そして、持参したまとめ資料も見せながら対話をした結果、期待どおり、「脊髄症状判定用」の各チェック項目に的確に記入するとともに、最後の自由記述欄には、豊富な具体例を交えながら、日常生活の状況をこと細かに記載してもらうことができた。

ただし、リハビリを担当していることの自負もあってか、リハビリを続けた結果、Xができるようになったこと、たとえばスプーンを使っての食事等については、「自力で行うことができる」という評価になるとのことで、この点は、丁寧に対話をしても変わることはなかった。実際に、甲弁護士が自分の目で確認しても、Xは、箸やナイフを使うことはできないものの、確かに、スプーンを使って食事をとることはできていたから、この点はやむを得ないと判断した。

(3) **担当医師との面談（ステップ3）**

次に、甲弁護士は、日を改めて、A総合病院の担当医師である山田医師を訪ねることとした。

Xは、ここ2カ月ほど、山田医師に会っていないとのことだったので、Xにも同行してもらい、直近の状況を山田医師にもみてもらうこととした。Xは、車椅子に乗っての移動しかできなかったので、専用のタクシーを手配することとなった。

訪問に先立ち、甲弁護士は、これまでX氏本人・ご家族・施設担当職員の佐藤さんから聞いた内容を踏まえて、山田医師に作成してもらいたいと考える「後遺障害診断書」の具体的な記載案を作成し、これを持参した。もち

ろん、内容を押しつけるつもりは毛頭なく、それを「たたき台」にして、山田医師と対話し、修正すべき点は遠慮なく修正してもらう前提である。

　以上の準備を整えて、いざ、面談が始まった。年配の先生だったことから、気難しいのではないかと心配していたが、意外にも、大変気さくな医師だった。

　2カ月ぶりに会うXの身体の状況を丁寧に確認のうえ、「うん、そろそろ症状固定と判断してよさそうだね」とのことだった。準備した後遺障害診断書の「たたき台」については、「表現は少し修正するけど、内容はこのとおりだね。ありがたい」との評であった。

　施設担当職員の佐藤さん作成の「脊髄症状判定用」をお見せすると、「各チェック項目の評価は、私も同意見ですね。ただ、私には、日常生活の状況をここまで詳しく書けないから、その点は勘弁してね」ということだったので、可能な範囲で作成してもらうこととなった。

　「神経学的所見の推移について」および「脳損傷又はせき髄損傷による障害の状態に関する意見書」についても、これまで山田医師において随時実施していた検査結果の内容を書き写すなどするだけだったので、「これもすぐできるよ」とのことだった。

　以上のやりとりを経て、甲弁護士は、山田医師に資料の最終版の作成・送付をお願いして、病院を後にした。事前の周到な準備の甲斐もあり、面談は極めてスムーズに完了した。

　2週間後、山田医師から、①「後遺障害診断書」、②「神経学的所見の推移について」、③「脳損傷又はせき髄損傷による障害の状態に関する意見書」および④「脊髄症状判定用」の各資料が甲弁護士の下に届いた。いずれも、十分な内容だった。

2　高次脳機能障害の資料収集（6点セットとエピソード）

(1)　3つのポイントと6点セット

　さて、次は、高次脳機能障害である。

なお、実際には、甲弁護士は、前述の頸髄損傷についての資料収集と、高次脳機能障害についての資料収集を、同時並行で検討し、実施しているが、ここでは、説明のわかりやすさの観点から、項目を分けて紹介することとする。

甲弁護士は、まずは、高次脳機能障害について勉強することとした。

さまざまな文献・資料があったが、「赤い本」（公益財団法人日弁連交通事故相談センター東京支部『民事交通事故訴訟・損害賠償額算定基準』）の2005年（平成17年）版「下巻（講演録編）」67頁の論稿（「高次脳機能障害の要件と損害評価」）と、「自賠責保険における高次脳機能障害認定システム検討委員会」が作成した平成23年3月4日付け「自賠責保険における高次脳機能障害認定システムの充実について」（報告書）という全22頁の資料に、高次脳機能障害の特徴と認定上のポイントがわかりやすくまとめられていた。

これを熟読した結果、高次脳機能障害との認定を得るためのポイントは、次の3点であることがわかった。

○高次脳機能障害との認定を得るポイント

① 画像所見：受傷直後に脳挫傷・頭蓋内血腫等の脳損傷が認められ、その後ほぼ3カ月以内に完成する脳室拡大・びまん性脳萎縮の所見があること

② 意識障害：受傷直後に一定時間（6時間以上）の意識障害が継続したこと

③ 精神症状：認知障害（記憶・記銘力障害、注意・集中力障害、遂行機能障害）・行動障害（社会性低下、予測能力低下）・人格変化（自発性低下、気力の低下、衝動性、易怒性、自己中心性）

※びまん性脳損傷の場合は、小脳失調症・痙性片麻痺・四肢麻痺（起立や歩行の障害）の併発も多い。

そして、高次脳機能障害との認定を得るうえでの上記3つのポイントの裏付け資料としては、次の6点の資料を取得・提出するのが定石とのことであった。

○高次脳機能障害の立証のために収集・取得すべき資料
① 「後遺障害診断書」
② 「頭部外傷後の意識障害についての所見」
③ 「神経系統の障害に関する医学的意見」
④ 「脳損傷又はせき髄損傷による障害の状態に関する意見書」
⑤ 「日常生活状況報告」
⑥ 頭部の画像資料

上記①の「後遺障害診断書」は、前述のとおりである。

上記②の「頭部外傷後の意識障害についての所見」とは、受傷直後の意識障害の程度・推移を明らかにする資料である。「記入例」も存在するので、それもあわせて医師に渡すとよい。「JCS」や「GCS」といった意識障害についての検査の結果を記入することになっているが、この点は、受傷直後の時期に医療機関においてこれら検査が的確に実施されていることを願うしかない（受傷直後の時点で受任している場合は、これら検査を的確・頻繁に実施してもらいたい旨を医療機関に申し入れることになる）。受傷直後は救急科や他の病院で診てもらっており、現時点での担当医師とは別の医師からこの資料を取得する必要がある場合も多い。

上記③の「神経系統の障害に関する医学的意見」とは、画像および脳波の検査結果、神経心理学的検査の結果（HDS-R等の検査報告書のコピーを添付する）、てんかん発作の有無を記載するほか、運動機能、身の回り動作能力、認知・情緒・行動障害について細かなチェック項目があり、さらに、「認知・情緒・行動障害が社会生活・日常生活に与える影響」や「全般的活動及び適応状況」についての自由記述欄がある。

上記④の「脳損傷又はせき髄損傷による障害の状態に関する意見書」は、頸髄損傷において述べたところと同様である。高次脳機能障害特有の質問項目がある。

上記⑤の「日常生活状況報告」とは、「ご家族、近親者、又は介護の方」が記入・作成することが前提とされている資料である（これに対して、上記①～④は医師が作成する前提の資料である）。日常活動・問題行動・身の回り動作能力等について、多岐にわたり、非常に細かなチェック項目が設定されている。また、事故前後の生活状況の変化、介助の状況等について、広いスペースの自由記述欄が設けられ、さらに「書ききれなければ、別の用紙に記入して添付してください」とされている。

これらについても、やはり、インターネットで検索をした結果、いずれの書類もフォーマットを簡単に入手することができた。

上記⑥の頭部の画像資料が、高次脳機能障害の認定において重要な要素となることは前述のとおりである。甲弁護士は、頸髄損傷を裏付ける頸部の画像資料とともに、頭部の画像資料も入手すべく、A総合病院に対して取得手続をとった。

　　(2)　エピソードを探す

甲弁護士は、「6点セット」のフォーマットを精査した結果、医師が作成する資料のうち特に「神経系統の障害に関する医学的意見」については、運動機能、身の回り動作能力、認知・情緒・行動障害について細かなチェック項目と、「全般的活動及び適応状況」についての自由記述欄があることから、これらを的確に、かつ充実した内容と分量で記入・記述してもらうためには、相当程度の情報を医師に伝える必要があり、単に医師に作成を「丸投げ」するだけでは、満足な内容のものができあがらない可能性が高いと考えられた。

そこで、甲弁護士は、ここでもやはり、前述の「3ステップ法」をとることとした。

すなわち、まずは、本人・家族からヒアリングをし、家族作成の前記④「日常生活状況報告」を万全な内容に仕上げる。次に、それを施設の担当職

員に持参して、これを見せながら、同職員に「神経系統の障害に関する医学的意見」および「脳損傷又はせき髄損傷による障害の状態に関する意見書」の記入・作成をしてもらう（これらは医師が作成する前提の資料であるが、その点は気にせず、可能な範囲で、同職員に記入・作成をしてもらう）。そして最後に、それら資料をすべて持参して、担当医師に各資料を作成してもらう、という段取りである。

そこで、まずは家族による「日常生活状況報告」を作成することとした。

これについても、家族に「丸投げ」したのでは、よいものはできあがらないと思われた。たとえば、「日常活動」のチェック項目だけでも、「1　起床・就寝時間を守れますか」から始まって、全30項目もある。しかも、それぞれについて、5段階で能力評価する必要がある。これらを、一般の方が、各項目の有する意味を理解して的確に記入するのは、容易なことではない。

そこで、甲弁護士は、Xの妻と面談し、一つひとつのチェック項目について、どれにチェックをするべきかを一緒に確認し、その場で確定させることとした。

問題は、自由記述欄である。

フォーマットには、「事故前後の生活状況の変化、現在支障が生じていること」などについて、エピソードを交えて「具体的にご記入ください」とある。翻って考えると、この「日常生活状況報告」は、高次脳機能障害の認定を得るために取得するものである。そして、高次脳機能障害の認定上のポイントの一つに、「精神症状：認知障害・行動障害・人格変化」があった。そうだとすれば、<u>記載すべきエピソードは、これら精神症状が生じていることを明確にわかってもらえる内容にする必要がある</u>。また、「怒りっぽくなった」「注意力が散漫になった」という結論を書くだけでは説得力はなく、これらを示す具体的なエピソードを盛り込むことが重要であると考えられた。

〈Case⑥〉がまさにそうであるように、「高次脳機能障害」という症例があることを知らない周囲の家族は、往々にして、「事故でショックを受けてふさぎ込んでいるのだろう」などとして、ちょっとしたエピソードも、「弁

護士に伝えるほどのことではない」と考えている（あるいは、そもそも意識しておらず、記憶にとどめようとしていない）ことが多い。

したがって、まずは家族に対して、脳損傷を受けた場合には「高次脳機能障害」という症状が生じ得ることと、その症状の具体的内容を丁寧に説明することが必要である。その説明を聞くと、家族としても、「そう言われてみれば、あんなことも、こんなこともあった」と、記憶がよみがえることが少なくない。また、難しい説明を聞いて、その場で過去の出来事をすべて思い出すことも難しいだろうから、いったん持ち帰って、じっくり思い返してもらえるような資料を作成し、渡したほうがよい。

そこで、甲弁護士は、独自に、【書式2-6-1】のフォーマットを作成した。

すでに聞いていたいくつかのエピソードを書き入れて家族の下に持参し、高次脳機能障害について説明をしたうえで、「これ以外にも、どんなに些細なことでもかまわないので、エピソードを加筆してみてください。どんなエピソードを書けばよいかは、末尾を見てください。簡単に記載したうえで、後は口頭で補足していただく形でもかまいません。私のほうで、文章の形に整えますから」とお願いした。

【書式2-6-1】 交通事故後の出来事一覧表（〈*Case*⑥〉）

年月日	経過	出来事
H○.○.○	○:○○事故発生 ○○病院に救急搬送。	・本人は加害車両の下部に下半身が入り、仰向けに倒れている状態。加害者が車から降りて話しかけるも、泡を吹いて反応がない。 ・妻が病院に到着し、○:○○頃、面会して大きな声で語りかけたが、反応なし。
H○.○.○		・○:○○頃、事故後初めて目を開けた。 ・話しかけると眼を動かして反応するが、

		・話すことができない。 ・目を開けても1分くらい経つと再び目を閉じて、反応がない状態になる。
H○.○.○	一般病棟へ	
H○.○.○		・お昼ごはんのとき、スープを服にこぼしたので、○○（妻）が「着替えましょう」と言ったところ、突然、「そんな必要ないよ！ 馬鹿なことを言うな！」と怒鳴り散らし、決して着替えようとしなかった。 ・事故前は、家族に対しても、声を荒げるようなことは決してしなかった。
H○.○.○	リハビリ病棟へ	
H○.○.○		・○○（息子）が施設の廊下で、本人を乗せた車いすを押していると、正面から歩いてきた看護師と思われる男性が、「Xさん！ 今日は息子さんが来ているんだね。よかったね！」と親しげに話しかけてきたので、本人に「親しくしていただいている方なんだね。お名前は何とおっしゃるの？」と尋ねたところ、「毎日声をかけてもらっている。お名前は……えーと……なんだっけ？ 思い出せない。」との返事だった。 ・事故前は、友人等の名前を忘れるようなことはなかった。

★ 「出来事」欄には、事故後、現在に至るまでのご家族との日常のやり取りや、生活上の行動において、<u>以下の各要素を示す印象的・特徴的なエピソード</u>があれば、覚えている限りで、<u>なるべく具体的に</u>ご教示ください（会話の具体的なやり取りや、その時期・場面など）。

　事故前との対比という意味で、これらの要素について、「事故前はこうだった」ということも、ご教示ください。

(1) 認知障害
　① 新しいことを覚えられなくなった
　② 気が散りやすくなった
　③ 行動を計画して実行することができなくなった
(2) 行動障害
　① 周囲の状況に合わせた適切な行動ができなくなった
　② 複数のことを同時に処理できなくなった
　③ ルールやマナーを守れなくなった
　④ 話が回りくどく、要点を相手に伝えることができなくなった
　⑤ 行動を抑制できなくなった
　⑥ 危険を予測・察知して回避的行動をとることができなくなった
(3) 人格変化
　① 自発性が低下した
　② 気力が低下した
　③ 衝動的な言動をとるようになった
　④ 怒りやすくなった
　⑤ 自己中心的になった

　2週間後、Xの妻から、「息子に手伝ってもらってつくった」として、びっしりと加筆された「出来事一覧表」が送られてきた。ほとんどが使えるものばかりだ。「埋もれていた事実」を、掘り起こすことができたということである。

　甲弁護士は、これを基に、Xの妻による「日常生活状況報告」を、詳細な内容の「別紙」とともに、完成させた。

　「別紙」の文中では、適宜、「事故前の様子・性格」にも言及するとともに、元気に近所付き合いをしていた事故前の写真も添付した。施設の担当職員や担当医師にも、資料の作成依頼に際してこの「日常生活状況報告」を見せることになるが、彼らは「事故後のX」しか知らないから、「事故前のX」とは全く変わってしまった事実を、視覚的にも認識してもらえれば、その感情に訴えかける効果もあると考えたためである。

その後、予定どおり、ステップ２（施設の担当職員との面談）、ステップ３（担当医師との面談）と歩を進め、十分な資料を取得することができた（なお、当然のことながら、「後遺障害診断書」の取得通数は１通であり、その中に、頸髄損傷と高次脳機能障害との双方に関する記載をしてもらった）。

甲弁護士は、その他の申請書類とともに、自賠責保険会社に関係書類一式を送った。しばらくは、等級認定結果を待つのみである。

3　等級認定結果

自賠責保険会社に関係書類一式を送付して１カ月半ほど経った頃、甲弁護士の下に、損害保険料率算出機構から、請求関係書類を受け付けた旨に続けて、「現在、損害調査を進めておりますが、上部機関での慎重な検討のためもうしばらく日時を要しますので、ご理解のほど、宜しくお願い申し上げます」との通知が届いた。高い等級認定が予測され、かつ高次脳機能障害が疑われる事案であるためか、損害保険料率算出機構における等級認定の検討も、慎重に進められているようである。

その後さらに１カ月ほど経過して、等級認定結果が届いた。内容は、【書式2-6-2】のとおりであった。

【書式2-6-2】　等級認定結果（《Case⑥》）

被害者：　Ｘ　様の件

〈結論〉
　自賠法施行令別表第一第２級１号に該当するものと判断します。
〈理由〉
　本件受傷後の四肢の巧緻障害、四肢体幹の痺れについては、後遺障害診断書上、「頸髄損傷、脳挫傷」の傷病名が認められ、提出の画像からも、明らかな頸髄損傷及び脳挫傷痕と脳室拡大の進行が確認できます。加えて、受傷当初から一定期間の意識障害が継続して認められることや、日常生活上の言動等を踏

> まえれば、本件事故の脳外傷に起因する高次脳機能障害の残存も認められます。
> 　そして、その障害の程度については、「神経系統の障害に関する医学的意見」上、上下肢・体幹の高度な運動機能障害があり、「社会的活動は困難であり、日常生活には頻繁な介護を要する」等の記載が認められ、「日常生活状況報告」においても同様の記載が認められる一方で、A総合病院を退院後に入所された施設B発行の「脊髄症状判定用」では日常生活の一部については「困難はあるが概ね自力でできる」とされていることや神経心理学的検査結果等を踏まえ、精神・神経系統の障害として総合的に評価すれば、「神経系統の機能又は精神に著しい障害を残し、随時介護を要するもの」として、別表第一第2級1号に該当するものと判断します。

　2級であるが、「別表第一」のほうなので、自賠責の保険金額は3000万円である。甲弁護士は、指定した自らの預り金口座を確認すると、すでに自賠責保険会社から3000万円が入金されていた。

　「常に介護を要するもの」として別表第一の1級（自賠責の保険金額4000万円）の認定が得られればベストではあった。しかし、Xの実際の生活状況をみると、スプーンでの食事をはじめとして、自力でできることも一定程度あるから、「随時介護を要するもの」として2級との認定になることも、やむを得ないと考えられた。

　そこで、甲弁護士は、Xおよび家族とも相談のうえ、等級認定の結果を争うことはせず、2級との認定を前提に、任意保険会社との間で上積み損害賠償金の交渉を開始することとした。

V 素因減額をめぐる攻防

1　保険会社による素因減額の主張

　甲弁護士が、任意保険会社に等級認定結果をFAXで送り、上積み損害賠償金の交渉をしたい旨を連絡すると、担当者からは「ご提案内容を検討するので、1〜2カ月ほど時間をください」との返事だった。

そして、2カ月後、ようやく保険会社から提案が届いた。

「あれ……？」

おかしい。保険会社からの一次提案だから、ある程度「低いボール」がくると覚悟していたが、それにしても、想定していた金額感よりもだいぶ低い水準である。

甲弁護士は、金額の内訳に素早く目を走らせた。

「過失相殺：30％」とあった。原因は、これであった。

青信号で横断歩道を歩行中に右折車に轢かれた事案である。なぜ過失相殺されるのか。理由は何も記載されていない。

甲弁護士は、直ちに受話器を取り上げ、任意保険会社の担当者に電話をかけた。担当者の説明は、次のとおりだった。

> Xさんは、青信号で横断歩道を歩行中でしたから、過失があるとは考えていません。これは、「素因減額」の趣旨です。当方も医師に照会をかけて、頸部のMRI画像を見ていただいたところ、「A総合病院の資料中に、頸髄損傷の部位について『C3』との記載があるが、この記載が示す第3頸椎の脊柱管前後径を測定すると、平均よりもだいぶ狭い。したがって、脊柱管狭窄が結果に相当程度寄与しているとみるべきである」との見解でした。そこで、過去の裁判例も踏まえ、30％の減額をさせていただきました。

「脊柱管狭窄……？」

寝耳に水だった。これまで、担当医師とも何度か面談を行ってきたが、そのような指摘は受けたことがなかった。

まずは、「素因減額」の考え方を再確認するとともに、「脊柱管狭窄」について勉強する必要がある。

2 「首長判決」と「赤い本・講演録」

甲弁護士は、まずは、かの有名な「首長判決」を読み直してみた。

> ○首長判決（最判平成8・10・29民集50巻9号2474頁）
> 　被害者が平均的な体格ないし通常の体質と異なる身体的特徴を有していたとしても、それが疾患に当たらない場合には、特段の事情の存しない限り、被害者の右身体的特徴を損害賠償の額を定めるに当たり斟酌することはできないと解すべきである。けだし、人の体格ないし体質は、すべての人が均一同質なものということはできないものであり、極端な肥満など通常人の平均値から著しくかけ離れた身体的特徴を有する者が、転倒などにより重大な傷害を被りかねないことから日常生活において通常人に比べてより慎重な行動をとることが求められるような場合は格別、その程度に至らない身体的特徴は、個々人の個体差の範囲として当然にその存在が予定されているものというべきだからである。

「疾患」にあたるかどうかがポイントであり、その判断は「日常生活において通常人に比べてより慎重な行動をとることが求められるようなものかどうか」、「個々人の個体差の範囲として当然にその存在が予定されているものかどうか」という観点から行われることが確認できた。

では、これを「脊柱管狭窄」にあてはめると、どうなるのだろうか。

「赤い本」の2009年（平成21年）版「下巻（講演録編）」51頁に、まさに頸椎脊柱管狭窄による素因減額について検討している論稿があった（鈴木祐治「素因減額」）。甲弁護士は、その内容を熟読した結果、以下のポイントを読み取ることができた。

> ○赤い本・講演録から読み取った内容
> ① 「単純Ｘ線側面像」における「脊柱管前後径」の測定結果が重要である。
> ② 脊柱管狭窄は、加齢性の場合もあるから、年齢も踏まえて「疾患」と評価されるか否かが判断される。
> ③ 脊柱管狭窄にとどまらず、後縦靱帯骨化症や頸椎・腰椎椎間板へ

ルニア等の症状が認められると、「疾患」と評価されやすい。
　④　「疾患」が損害発生の原因となっていることについては、加害者側に立証責任がある。

　上記①については、前記赤い本・講演録に「日本人における第5第6頸椎高位での平均前後径は男性17mm、女性16mmとされ、14mm以下では狭窄と判断され、11mm以下では圧迫性の頸髄症を生ずる危険性が極めて大きい」との記述があり、その原典の最新版にあたると、「脊柱管は（中略）C4〜C7高位が解剖学的に最も重要となる。脊柱管前後径は椎体中央部の後壁と棘突起基部を結んだ距離で表すが、日本人での平均値はC4〜C6高位でおおむね男性17mm、女性16mmである。発育性脊柱管狭窄とは一般にこの距離が12〜13mm以下となったものをい（う）」との記述がされていた（松野丈夫＝中村利孝総編集『標準整形外科学〔第12版〕』515〜516頁）。

　しかし、病院から入手したX線画像のデータをプリントアウトして、いざ「脊柱管前後径」を測ろうとすると、具体的にどこからどこまでの長さを測定すればよいのか、はっきりとしない。物差しのあて方によって違うからである。甲弁護士は、「これは、自分が測定してその測定結果を準備書面に書いても、信頼性がなく、『測り方がおかしい』といった反論を容易に招くだろう」と判断した。

　上記②の「疾患」（すなわち、個体差として当然に予定される範囲を超えるもの）と評価できるかどうかの判断、上記③の後縦靱帯骨化症や頸椎・腰椎椎間板ヘルニア等の症状の有無、上記④の損害発生との因果関係の有無についても同様であり、甲弁護士は、自らがこれらの判断者としてふさわしいとは思われなかった。

3　医師の報告書における獲得目標の設定

　そこで当然思い浮かんだのは、A総合病院の山田医師である。山田医師なら、快く協力してくれるだろう。

もちろん、山田医師の見解を証拠化しなければならないが、ここでもやはり、山田医師に「丸投げ」するわけにはいかない。そこで、甲弁護士は、山田医師と面談してヒアリングをしたうえで、その内容を基に山田医師の「報告書」案を甲弁護士が作成し、必要に応じて修正してもらったうえで、山田医師の「報告書」を完成させる、という段取りで進めることとした。

　ただし、多忙な山田医師に多くの時間を割いてもらうわけにはいかない。ヒアリングのチャンスは１回と考えるべきだ。

　そこで、山田医師へのヒアリングを実施するにあたっては、<u>必要な内容を漏れなく聴き取るため、「作成する報告書に何を盛り込むべきか」、すなわち獲得目標をあらかじめクリアにすること</u>とした。

　前記「赤い本・講演録から読み取った内容」①〜④と、〈*Case*⑥〉における保険会社からの主張等を踏まえ、甲弁護士は、山田医師の報告書における獲得目標を、次の７つと見定めた。

○医師の報告書における獲得目標

〈赤い本・講演録を踏まえた獲得目標〉

① 医師による「単純Ｘ線側面像」における「脊柱管前後径」の測定結果

② 年齢も踏まえ「平均値から著しくかけ離れた身体的特徴」を有するものではないとの評価

③ 後縦靱帯骨化症や頸椎・腰椎椎間板ヘルニア等の症状がないことの確認

④ 脊柱管狭窄が損害発生の原因となっていることの否定（または「不明」であることの確認）

〈本件特有の獲得目標〉

⑤ 頸髄損傷の発生部位とその判断根拠

⑥ Ａ総合病院の資料中の「Ｃ３」との記載の意味

⑦ 今後も継続してリハビリが必要となること（将来介護費と慰謝料

の主張の材料とするため）

4　医師との面談と報告書作成

　甲弁護士は、あらためて山田医師と連絡をとり、保険会社からの主張の概要を伝えたうえで、面談の機会を得た。あらかじめ、前記①〜⑦の獲得目標に対応した質問事項書を、郵送で送付した。

　面談当日、山田医師の説明は、クリアだった。

　頸髄損傷の発生部位は第3頸椎から第7頸椎までの広範囲にわたっており、その判断は、画像・麻痺症状の部位・知覚検査結果の3つによって裏付けられるとのことで、参考文献のコピーまでいただくことができた（獲得目標⑤）。資料に「C3」と記載したのにも理由があり、損傷部位を限定する趣旨ではないとの説明だった（獲得目標⑥）。今後も生涯にわたりリハビリが必要であることも、確認がとれた（獲得目標⑦）。

　また、「脊柱管前後径」の測定も手慣れたもので、パソコンの「画面上の物差し」を操りながら、部位ごとの測定結果を示してくださった（獲得目標①）。「Xさんの年齢であれば、この程度の狭窄はよくみられますよ」とのことであったし、後縦靱帯骨化症や頸椎・腰椎椎間板ヘルニア等の症状がみられないことも確認することができた（獲得目標②③）。

　1点だけ、やや難航したのが、「素因と損害発生との因果関係」（獲得目標④）の点である。臨床医師は、現実に起きている事象に対して処置をする。一方、因果関係の法的判断は「あれなければこれなし」といえるか、すなわち「狭窄がなかったとしたら、障害は発生していなかった」といえるか、という仮定的な判断を行うことになるが、おそらくこのような仮定的判断は、臨床医師にとってはなじみがない（というよりも、仕事をするうえで、あまり意味がない）のであろう。

　山田医師：狭窄がなかったら、障害が発生していなかった可能性がある

かと聞かれれば、・私は神様ではないので、そうした可能性を否定することはできませんね。
甲弁護士：では、逆に、「狭窄がなくても、障害が発生していた可能性」については、いかがですか。
山田医師：その可能性も、私には否定できないですね。その可能性も十分にあると思います。
甲弁護士：ということは、要するに、狭窄がなかったとしたらどうであったかについては、「わからない」と理解してよろしいでしょうか。もう一歩踏み込めば、「狭窄がなくても障害が発生していた可能性」は、十分にあるということですね。
山田医師：全くそのとおり。

　因果関係を「否定」する報告書までは得られそうにないが、上記のやりとりから、加害者サイドが立証責任を負う事項（素因と損害との因果関係）について、「不明」（さらには、「因果関係がない可能性も十分にある」）とする報告書を取得できるめどが立った。

　以上のやりとりを踏まえ、甲弁護士において報告書案を作成して山田医師に送付し、同医師からの若干の修正指示に対応したうえで、完成版に記名・押印してもらうことができた。

　取得した報告書の内容は、【書式2-6-3】のとおりである（獲得目標との対応関係は、右欄記載のとおり）。

【書式2-6-3】　医師の報告書（《Case ⑥》）

作成した医師の報告書の内容	獲得目標との関係
報　告　書	

　　　　　　　　　　　　　　　平成○○年○月○日
　　　　○○県○○市○○町…
　　　　　A 総合病院リハビリ科
　　　　　　医師　山　田　太　郎　㊞

1　私は、平成○○年○月○日に交通事故で負傷して当病院に救急搬送されてきたX氏の手術を執刀し、主治医としてその後の治療及び経過観察を担当している医師です。
2　最初に、X氏の脊髄損傷の状況に関して、平成○○年○月当時に私がした判断の内容について説明します。
　　一般に、神経に浮腫（腫れ）や出血があるとMRI画像（T2強調画像）で当該箇所に高輝度変化が出るのですが、X氏が当病院へ搬入された直後に撮影されたMRI画像では、第3・第4頸椎付近の脊髄及び第6・第7頸椎付近の脊髄にそれぞれ輝度変化が認められました。
　　本報告書作成にあたり当時のMRI画像（添付資料1はこれをプリントアウトしたもの）を改めて確認しましたが、やはり両部位に輝度変化が認められました（紙にプリントアウトすると見にくいかもしれませんが、パソコンの画面に映し出して確認した上での判断です。）。 ← 獲得目標⑤（画像に基づく判断）
　　また、通常、第3・第4頸椎付近の脊髄損傷ではC4頸髄以下の麻痺、呼吸筋や上肢の三角筋（肩関節を挙げる筋肉）以下の麻痺症状が、第6・第7頸椎付近の脊髄損傷では手関節以遠の麻痺症状が出るのが一般的です（添付資料2の参考文献○○頁参照）。X氏には、当病院に搬入された当時、これら両方の症状が出ていました（現在も同様の症状が出ています。）。 ← 獲得目標⑤（麻痺症状の部位に基づく判断）
　　さらに、知覚検査の結果も、胸の上や肩の比較的上のほうに感覚鈍麻があり、第3・第4頸椎付近及び第6・第7頸椎付近に脊髄損傷が起きていると考えて矛盾がないものでした（添付資料2の参考文献○○頁参照）。 ← 獲得目標⑤（知覚検査の結果に基づく判断）

以上の諸点を総合した結果、事故直後の所見として、X氏には、第3・第4頸椎付近及び第6・第7頸椎付近に脊髄損傷が発生し、その結果C4以下の脊髄不全麻痺が出ているものと判断しました。

　　なお、「脊髄症状判定用」という題名の書面で、私は「C3」（の頸髄不全麻痺）という記載をしていますが、これは、脊髄損傷の傷病名を表現する際に、複数箇所に損傷があっても、残存する機能の最下部を記載する（すなわち、C3/4とC6/7に損傷があり、C4以下の不全麻痺の場合には「C3」と記載する）ことが多いことから（添付資料3の参考文献〇〇頁参照）、それにならって記載したものにすぎず、第6・第7頸椎付近の脊髄損傷を否定する趣旨の記載ではありません。|獲得目標⑥（誤解を招く記載内容についての説明）

3　交通事故で脊髄損傷になったケースを後から調べてみると、脊柱管の狭窄があることは珍しくありません。

　　事故後・手術前に撮影された単純X線側面像（プリントアウトしたものを本報告書に添付します。）でX氏の脊柱管前後径を測定すると、第2頸椎高位で16.9mm、第3頸椎高位で14.5mm、第4頸椎高位で13.9mm、第5頸椎高位で15.3mm、第6頸椎高位で14.6mmとなっており、一部、平均より狭いということはできます。|獲得目標①（脊柱管前後径の測定結果を具体的に記載）

　　しかし、極端に狭いというほどのことはなく、X氏が当時60歳で、経年性の変化が出てもおかしくない年齢であったことも併せ考えれば、X氏の脊柱管の状況は、同年代の方によく見られるものであるといえます（なお、後縦靭帯骨化症や頸椎・腰椎椎間板ヘルニア等の症状は見られません。）。|獲得目標②（「疾患」に当たらないとの評価）

|獲得目標③（「疾患」に当たりやすい要素の排除）

　　また、「X氏の脊柱管がどの部位でも平均的な広さであったとしたら、脊髄損傷が生じていなかったか」という問いに対しては、「分からない」としか言いようがありません。脊柱管がどの部位についても平均的な広さであったと|獲得目標④（素因との因果関係の否定）

しても、X氏と同様に、第3・第4頸椎付近及び第6・第7頸椎付近における脊髄損傷が生じることは十分ありえます。 4　X氏には、現在も、3か月に1回、経過観察（関節拘縮が進んでいないかのチェック等）のために診察に来てもらっていますが、おおむね症状が固定したと判断された平成20年4月当時と比較すると、関節拘縮が若干進んでいる状況です。 　今後、X氏の身体運動能力が回復・向上する可能性は極めて低いと考えられ、むしろ、さらに関節拘縮が進むことが心配されますから、X氏には、つらいでしょうけれど、介護者の助力を得ながら、リハビリを生涯続けてもらう必要があります。 　　　　　　　　　　　　　　　　　　　　　以　上	獲得目標⑦（将来介護費と慰謝料の材料）

5　その後の経過

　甲弁護士は、山田医師から取得した報告書を、任意保険会社に送付し、交渉を重ねたが、結局、保険会社からは、なお素因減額を理由として10％の減額をするというところまでしか、譲歩を得られなかった。

　そこで、甲弁護士は、〈*Case*⑥〉を訴訟で争うこととし、訴訟提起をした。なお、Xは生涯にわたり車椅子での生活を余儀なくされることから、請求項目としては、装具等購入費および自動車改造費並びにこれらの買替費用も加えた。

　訴訟開始後も、双方とも示談交渉段階での主張をぶつけることとなり、特段、新たな主張が出されることはなかった。

　双方の主張がひととおり出そろった後、裁判所から和解案が提示された。「素因減額は認められない」との前提での和解案であった。やはり、山田医師の報告書が、判断の主たる根拠とのことであった。

　裁判所の和解案は「9750万円」であり、その内訳・算定根拠が〈図表

〈図表2-6-2〉 裁判所提示の和解案（《Case⑥》）

	費目	金額	算定根拠
1	治療費	54,350	
2	入院雑費	228,000	日額1,500円×152日
3	入院中の付添看護費	988,000	日額6,500円×152日
4	交通費	207,860	
5	退院後症状固定日までの付添介護費	1,584,000	日額8,000円×198日
6	将来介護費	38,435,960	日額8,000円×365日×22年間のライプニッツ係数13.1630
7	装具等購入費	2,811,310	・車いす等の購入費用439,740円が4年ごとに発生する前提で、中間利息を控除して積算。 ・在宅ケアベッド等の購入費用1,036,564円が8年ごとに発生する前提で中間利息を控除して積算。
8	自動車改造費	739,740	改造費30万円が6年ごとの自動車買替えの際に発生するものとして中間利息を控除して積算。
9	休業損害	5,789,056	13か月分の減収。
10	逸失利益	44,387,275	症状固定後の平均余命期間22年の2分の1の期間を労働能力喪失期間として算定。基礎収入5,343,744円、ライプニッツ係数8.3064。
11	傷害慰謝料	2,640,000	
12	後遺障害慰謝料	23,700,000	
13	自賠責保険金	▲30,000,000	
14	仮払金等	▲2,859,900	
	小計	88,705,651	
	提案額	97,500,000	

2-6-2〉のとおり示された。遅延損害金は加算しない前提であったが、和解案としての提案額は、積算金額を1割増しした金額であり、その趣旨は、弁護士費用相当額を加算するものという説明であった。

　自賠責保険金等のすでに取得済みの金額を合わせれば、約1.3億円の損害賠償金を得る計算となる。

　甲弁護士は、悪くない提案であると考えた。判決をもらう場合と比べると、遅延損害金の加算はないものの、被告（保険会社側）は、介護費の日額、労働能力喪失期間等について争う構えをみせており、裁判所からも「判決を出すことになる場合には、これらの論点について、今後さらに審理することになる」と言われていたからである。

　Xにもその旨を説明し、納得してもらうことができた。

　こうして〈*Case*⑥〉は、上記提案額にて裁判上の和解が成立し、終了した。

　本稿は、複数の事例を組み合わせるなどして構成したものであり、実際の事例とは異なる。

第7章 加重障害

I 事案の概要

〈Case⑦〉

　交差点で、Xの運転する普通自動車が赤信号で停止していたところ、後方から、Yの運転する普通自動車がXの車両に追突した。Xの運転車両の損傷はそれほど大きくはなかったが、衝突の衝撃でXは激しく首を揺さぶられた。そのため、けがの後遺症で重度の麻痺が残り、首から下がほとんど動かない状態になってしまった。Xは、Yの加入していた保険会社と交渉を続けているが、なかなか話が進まない。

II 実務上のポイント

〈Case⑦〉における実務上のポイントは、以下の2点である。
① 既存障害と現存障害との関係（既存障害の程度の立証）
② 既存障害を踏まえた損害額の算定

III 受任の経緯

ある日、甲弁護士の下に、顧問会社の法務担当者Aから電話があった。

> A　氏：いつもお世話になっております。今日はうちの会社の件ではないのですが、相談したい件がありまして、お電話いたしました。今、少しお時間は大丈夫でしょうか。
> 甲弁護士：どうぞどうぞ。Aさんの個人的なご相談とは珍しいですね。
> A　氏：それが、私ではなく、友人の件なんです。友人が2年くらい前に車を運転していたところ、後ろから来た車に追突される事故にあいまして、けがの後遺症で重度の麻痺が残り、首から下がほとんど動かない状態になってしまったんです。それで、本人が相手方の保険会社と交渉を続けていたのですが、なかなか話が進まないみたいで、このままだとらちがあかないので弁護士の先生を紹介してほしいと言われまして……。先生、相談に乗っていただくことはできますでしょうか。
> 甲弁護士：それはお気の毒ですね。私でよければ、ぜひ、お話を聞かせてください。
> A　氏：ありがとうございます。それでは、直接話していただいたほうがよいと思いますので、先生に電話するよう、本人に伝えます。

Ⅳ　初回打合せ

その後間もなく、本人Xから甲弁護士の事務所に電話がかかってきた。ちょうど、事務所近くの病院に通院する予定があり、来所が可能とのことであったので、甲弁護士は、早速事務所で本人と会って事情を聞くことにした。

Xは50歳の男性である。妻が押す車椅子に乗って来所した。

> 甲弁護士：今日はよろしくお願いします。ご足労いただいてしまいすみ

X　氏：いえいえ、ちょうど近くの病院に行くことになっていましたので、かえって好都合でした。突然のお願いにもかかわらず、相談に乗っていただきありがとうございます。
　甲弁護士：それでは、まず、基本的なところからうかがわせてください。追突事故にあわれたとのことですが、事故の状況はどのようなものだったのですか。

　甲弁護士が聴き取った事故の状況は、おおむね、以下のとおりであった。
　平成25年3月25日午前8時頃、神奈川県横浜市の道路上の交差点で、Xの運転する普通自動車が赤信号で停止していたところ、後方から、Yの運転する普通自動車がXの車両に追突した。警察によると、Yが携帯電話を操作していたため赤信号に気づくのが遅れ、ブレーキをかけたが間に合わなかったとのことである。追突時のYの車両の速度は時速約15キロメートルであり、Xの運転車両の損傷はそれほど大きくはなかったが、衝突の衝撃でXは激しく首を揺さぶられたとのことであった。

　甲弁護士：事故で、どのようなけがをされたのですか。
　　X　氏：追突の瞬間、首に激痛が走り、すぐに手足が痺れて全く動かせなくなりました。B病院に救急車で運ばれて検査を受けたところ、頸髄が損傷しているとのことでした。そのまま入院し、1カ月くらい治療を受けた後、神経疾患の治療とリハビリが専門のC病院に転院し、半年以上、治療とリハビリを続けました。
　甲弁護士：C病院を退院した際、症状はどうなっていましたか。
　　X　氏：ほとんどよくなりませんでした。手足がほぼ完全に麻痺し、かろうじて右手の親指をかすかに動かせるだけで、手足の他の部分は全く動かせない状態でした。退院後は、身の回りの

甲弁護士：症状固定日はいつと診断されているかわかりますか。

Ｘ　氏：保険会社がとった後遺障害診断書では、退院日の平成25年11月22日となっているみたいです。

甲弁護士：賠償については、相手方からはこれまでにどのような話があったのですか。

Ｘ　氏：それが、保険会社と話をしたのですが、具体的な金額はいまだに提示してもらっていないのです。

甲弁護士：症状固定から2年半くらい経っていますので、それはだいぶ遅いですね。交渉の経緯を簡単に教えていただけますか。

Ｘ　氏：はい。Ｂ病院に入院中、Ｙさんが加入しているＤ保険会社の担当者から挨拶がありまして、Ｃ病院を退院後に話し合いが始まりました。病院からのカルテの取寄せに使う同意書とか、介護のために買ったものの領収証だとか、いろいろと書類を要求されたので、全部送ったのですが、一向に賠償についての具体的な話がないのです。何度か連絡しましたが、担当者は、もう少し待ってほしいと言うばかりでした。事故は軽いのにこんなに重い障害が残るのはおかしい、なんて、信じられないようなことを言われたりもして、不信感がつのりました。そうこうしているうちに、昨年の8月に、Ｙさんの代理人だという弁護士から連絡があって、今後は保険会社ではなくその弁護士が対応するとの話がありました。

甲弁護士：Ｄ保険会社のほうで、弁護士対応に切り替えたのですね。その弁護士とは、賠償についてはどんなやりとりをしましたか。

Ｘ　氏：早く金額を提示してほしいと言ったのですが、後遺障害の審査結果が出ていないとか、調査をしているからちょっと待っ

てほしいなどと言うばかりで、話が進まないのです。しかも、こちらから弁護士の事務所に電話をしても、ほとんど不在で話ができません。こんな目にあわせておいて、信じられません。嫌がらせではないかと思っています。

甲弁護士：まだ調査が必要な理由がよくわからないのですが、何を調査しているかわかりますか。

Ｘ　氏：はい、実は、私は今回の事故が起きる10年ほど前に、知人と些細なことからけんかになり、暴行を受けたことがありまして、その際にも首にけがをしているのです。そのけがの後遺症で、手足に麻痺が残っており、身体障害2級の認定も受けていました。相手方の弁護士によれば、その関係で、追加の調査が必要だということでした。

甲弁護士：なるほど、そうなんですね。今回の交通事故が起きた当時、手足の麻痺の状態はどうだったんですか。

Ｘ　氏：日常生活にはほとんど支障がない状態でした。箸も使えましたし、長距離でなければ、杖なしで歩き回ることができました。車の運転も支障はありません。

甲弁護士：ちなみに、事故当時、Ｘさんは仕事をしていましたか。

Ｘ　氏：いいえ、ハローワークに行ったりして、いろいろと探していたのですが、体のことがあってちょうどよい仕事がみつからなくて……。たまに、親類の仕事を手伝ったりすることはありましたが、基本的には、障害年金と蓄えで生活をしていました。

甲弁護士：暴行事件の前はどうでしたか。

Ｘ　氏：自動車部品の製造メーカーの下請をしている小さな会社で働いていました。暴行事件で長期間の入院・リハビリをしなければならなくなったので、仕事が続けられず、退職したのです。

自賠責保険では、すでに後遺障害（既存障害）のある者が交通事故で傷害を受けたことによって、同一部位について、後遺障害の程度が重くなった場合、「加重障害」として、加重後の後遺障害（現存障害）に対応する保険金額から既存障害に対応する保険金額を控除することとされている（自動車損害賠償保障法施行令2条2項）。このため、後遺障害等級認定の際は、現存障害と既存障害について、それぞれ、等級認定がなされることとなる。

　Xの話を聞く限り、〈*Case*⑦〉の場合、既存障害の存在が明らかになり、追加の資料収集が必要になった関係で、等級認定と示談交渉が遅れているのではないかと思われた。

　Xによれば、暴行事件による損害の賠償について知人と相当もめたとのことで、最終的には訴訟を提起し、和解で解決したとのことであった。当時、Xは別の弁護士に依頼していたが、その弁護士は数年前に廃業したとのことである。当時の資料はすべて保管してあるとのことだったので、甲弁護士は、さしあたり訴訟記録一式を送付してもらうよう、Xに依頼した。

> 甲弁護士：今、保険会社のほうの手続がどのような状況になっているかはわかりますか。
> X　氏：すみません、正直なところ、あまりよくわかっていません。こういうことには疎いもので……。相手方の弁護士と、電話で話をしたときも、私のほうがちょっと感情的になってしまって、きちんと説明を受けることができませんでした。

　おそらく、D保険会社において、後遺障害の事前認定の手続をしているのではないかと思われるが、進捗状況が不明である。事前認定の結果を待って、示談交渉を進めることもあり得るが、症状固定からすでに2年半が経過していることからすれば、時効も気にしなければならない。いずれにせよ、まずはYの代理人に、現在の手続の進捗状況について確認する必要があるだろう。

甲弁護士は、Xに対し、先方に代理人がついている以上、こちらも代理人から話をしたほうがスムーズである旨を説明するとともに、甲弁護士が代理人として相手方との交渉にあたることを提案した。Xも、これ以上自分で交渉を行ってもらちがあかないので、ぜひお願いしたいとのことであったので、甲弁護士は、相手方との交渉を受任することとした。

V 受任通知および乙弁護士とのやりとり

甲弁護士は、早速、加害者Yの代理人である乙弁護士に対し、受任通知を発送した。

【書式2-7-1】 受任通知（《Case ⑦》）

平成28年5月15日

Y 様代理人
弁護士 乙 先生

〒000-0000
東京都中央区銀座○○○○
　○○総合法律事務所
X代理人
弁護士　　　　甲
（電話：03-1234-5678）
（FAX：03-1234-5679）

受任通知

当職はこの度、後記被害者から依頼を受け、平成25年3月25日に神奈川県横浜市○○○○先路上で発生した交通事故により生じた被害者の損害について、Y様との損害賠償請求交渉の任にあたることになりました。

被害者の表示

住　所　〒〇〇〇-〇〇〇〇
　　　　　神奈川県横浜市〇〇区〇〇〇〇
氏　名　　　X

　今後、被害者に対するご連絡は当職までお願い申し上げます。
　以上、ご通知申し上げるとともに、よろしくご協力をお願いいたします。

　受任通知が届いた頃を見計らい、甲弁護士は乙弁護士の事務所に電話をかけたが、不在であった。その後、何度か電話をしたものの不在が続いた。Xの言うとおり、なかなか連絡のとれない弁護士のようである。
　数日後、乙弁護士から電話があり、ようやく話をすることができた。

乙弁護士：何度もお電話をいただいたようで、すみません。出張が続いていたもので。受任通知を拝見しています。よろしくお願いいたします。
甲弁護士：よろしくお願いいたします。早速ですが、現在の手続の進捗状況を教えていただけますか。
乙弁護士：Yさんの任意保険の保険会社であるD保険会社のほうで、後遺障害等級の事前認定申請を終えており、認定の結果待ちの状況です。Xさんの既存障害の関係で不足している書類があり、自賠責損害調査事務所から追加提出を指示されていたのですが、ようやく不足書類の取寄せが終わり、2週間ほど前に、再度申請を行ったところです。お待たせしておりましたが、もうすぐ、認定結果が出ると思います。
甲弁護士：わかりました。

　乙弁護士とのやりとりにより、D保険会社による後遺障害等級の事前認定の申請が行われていることがわかった。
　損害保険料率算出機構による後遺障害等級認定を受けるには、一括払い対

応をしている任意保険会社による事前認定の方法と、被害者が自ら被害者請求を行う方法がある。

事前認定の場合は、必要書類の収集を含め、手続をすべて任意保険会社が行ってくれるため、簡便である。しかし、基本的には保険会社は認定に必要な最低限の書類を提出するのみであり、被害者に有利な認定を得るよう積極的に資料を収集・提出するということは期待できない。このため、甲弁護士は、通常、受任した事件については、被害者請求を行うようにしている。

もっとも、〈*Case*⑦〉に関しては、すでに医師による各種書類の作成も済み、事前認定の申請が終わり、まもなく、等級認定が行われる見込みとのことである。そこで、甲弁護士は、今回は、事前認定の結果を待って、示談交渉を行うこととした。

なお、裁判実務上、加重障害の損害額算定方法にはさまざまな考え方があり、確立した方法があるとはいいがたいことから、示談交渉において、損害額についての主張が対立し、最終的に訴訟提起に至ることも多い。また、〈*Case*⑦〉では、症状固定からすでに2年半以上が経過しているので、時効完成前に示談交渉がまとまらない可能性も十分に考えられ、その場合も、訴訟提起を行うことになろう。

いずれにしても、最終的に訴訟提起を行うことも視野に入れつつ、Xの医療記録の検討を進めておいたほうがよいであろう。さしあたり、これまでにD保険会社において取得した資料を取り寄せておきたいところである。この点、通常、加害者の加入している保険会社において交通事故証明書や医療記録を取り寄せている場合、依頼すれば写しをもらえるのが一般的である（分量によっては、コピー代等の実費を請求されることもある）。

甲弁護士は、乙弁護士に連絡し、D保険会社において取得している書類一式の写しを取得したい旨を伝えた。乙弁護士は、D保険会社と直接やりとりをしてほしいとのことであったので、甲弁護士は、D保険会社に連絡し、取得書類の送付を依頼した。

VI 資料の検討

　数日後、D保険会社から、取得書類一式が送付されてきた。
その内訳は、以下のとおりである。
・交通事故証明書
・後遺障害診断書
・「脳損傷又はせき髄損傷による障害の状態に関する意見書」
・「脊髄症状判定用」
・「神経学的所見の推移について」
・B病院の診療記録一式
・C病院の診療記録一式
・E病院の診療記録一式

　なお、E病院は、今回の事故前にXが通院していた病院である。「脊髄症状判定用」、「神経学的所見の推移について」は、E病院の医師が作成したものと、C病院の医師が作成したものの2種類があった。

　また、時を同じくして、Xからも、暴行事件の訴訟記録一式が送られてきた。

　甲弁護士は、早速資料の検討を進めることにした。

　まず、交通事故証明書を見たところ、おおむね、Xの説明のとおりの事故の態様であった。信号待ちで停止中のX車へのY車の追突であるから、過失割合は0：100と考えて問題ないであろう。

　また、Xの後遺障害診断書の記載は、【書式2-7-2】のとおりであった。

　四肢の重度麻痺により全介助の状態とのことであるので、現存障害については、「神経系統の機能又は精神に著しい障害を残し、常に介護を要するもの」（自動車損害賠償保障法施行令別表第一第1級1号）であることは問題なく認められそうである。やはり、〈*Case*⑦〉では、暴行事件によって生じていた既存障害の程度が最大の争点となるであろう。

【書式2-7-2】 後遺障害診断書（《Case ⑦》）

自動車損害賠償責任保険後遺障害診断書

氏　名	X	㊚・女	◆記入にあたってのお願い
生年月日	明・大・㊼・平 41年 3月 5日（47歳）		1. この用紙は、自動車損害賠償責任保険における後遺障害認定のためのものです。交通事故に起因した精神・身体障害とその程度について、できるだけくわしく記入してください。 2. 歯牙障害については、歯科後遺障害診断書を使用してください。 3. 後遺障害の等級は記入しないでください。
住　所	神奈川県横浜市○○区○○1-2-3	職業	

受傷日時	25年 3月 25日	症状固定日	25年 11月 22日
当院入院期間	自 25年 4月 24日 至 25年 11月 22日（　　　）日間	当院通院期間	自　　年　　月　　日　実治療日数 至　　年　　月　　日（　　）日
傷病名	頚髄損傷	既存障害	今回事故以前の精神・身体障害：有・無 （部位・症状・程度）
自覚症状	四肢麻痺　　膀胱直腸障害		

各部位の後遺障害の内容（各部位の障害について、該当項目や有・無に○印をつけ①の欄を用いて検査値等を記入してください。）

①精神・神経の障害他覚症状および検査結果	知覚・反射・筋力・筋萎縮など神経学的所見や知能テスト・心理テストなど精神機能検査の結果も記入してください X-P・CT・EEGなどについても具体的に記入してください 眼・耳・四肢に機能障害がある場合もこの欄を利用して、原因となる他覚的所見を記入してください 四肢重度麻痺 感覚低下と著名な疼痛 完全四肢麻痺に近い状態であり 全介助の状態
②胸腹部臓器の障害・泌尿器・生殖器	各臓器の機能低下の程度と具体的症状を記入してください 生化学検査・血液学的検査などの成績はこの欄に簡記するか検査表を添付してください 膀胱直腸障害により導尿が必要、排便管理に介助が必要

③眼球・眼瞼の障害	視　力		調節機能		視野	眼瞼の障害
	裸眼	矯正	近点距離・遠点距離	調節力	イ.半盲（¼半盲を含む） ロ.視野狭窄 ハ.暗　点 ニ.視野欠損	イ.まぶたの欠損 ロ.まつげはげ ハ.開瞼・閉瞼障害
右			cm　　cm	（　　）D		
左			cm　　cm	（　　）D		
眼球運動	注視野障害 （全方向½以上の障害）	右 左	複視	イ.正　面　視 ロ.左右上下視	（視野表を添付してください）	（図示してください）
眼症状の原因となる前眼部・中間透光体・眼底などの他覚的所見を①の欄に記入してください						

Ⅵ 資料の検討

④ 聴力と耳介の障害

	オージオグラムを添付してください			耳介の欠損	⑤ 鼻の障害	⑦ 醜状障害（採皮痕を含む）
	イ．感音性難聴（右・左） ロ．伝音性難聴（右・左） ハ．混合性難聴（右・左）	聴力表示 イ．聴力レベル ロ．聴力損失		イ．耳介の1/2以上 （右⑦欄に図示して ください） ロ．耳介の1/2未満 （右⑦欄に図示して ください）	イ．鼻軟骨部の欠損 （右⑦欄に図示して ください） ロ．鼻呼吸困難 ハ．嗅覚脱失 ニ．嗅覚減退	1．外ぼう　イ．頭部　2．上肢 　　　　　ロ．顔面部　3．下肢 　　　　　ハ．頸部　4．その他
検査日		6分平均	最高明瞭度			
第1回　年月日	右 左	dB dB	dB　　％ dB　　％	耳鳴 右・左	⑥ そしゃく・言語の障害 原因と程度（摂食可能な 食物、発音不能な語音な ど）を左面①欄に記入し てください	
第2回　年月日	右 左	dB dB	dB　　％ dB　　％			
第3回　年月日	右 左	dB dB	dB　　％ dB　　％			（大きさ、形態等を図示してください）

⑧ 脊柱の障害

圧迫骨折・脱臼（椎弓切除・固定術を含む）の部位		イ．頸椎部　ロ．胸腰椎部			荷重機能障害	常時コルセット装用の必要性	⑨ 体幹骨の変形
X-Pを添付してください	運動障害	前屈　　度 右屈　　度 右回旋　度	後屈　　度 左屈　　度 左回旋　度			有・無	イ．鎖骨　ニ．肩甲骨 ロ．胸骨　ホ．骨盤骨 ハ．肋骨 （裸体になってわかる程度） X-Pを添付してください

短縮

右下肢長	cm	（部位と原因）	長管骨の変形	イ．仮関節（部位）　ロ．変形癒合
左下肢長	cm			X-Pを添付してください

⑩ 上肢・下肢および手指・足指の障害

		上肢		下肢		手指		足指	
欠損障害（離断部位を図示してください）		（右）	（左）	（右）	（左）	（右）	（左）	（右）	（左）

関節機能障害（健側患側とも記入してください自動他動および）	関節名	運動の種類	他動		自動		関節名	運動の種類	他動		自動	
			右	左	右	左			右	左	右	左
	肩	屈曲	30度	30度	0度	0度			度	度	度	度
		伸展	0	0	0	0						
	肘	屈曲	120	120	0	0						
		伸展	0	0	0	0						
	手	掌屈	30	30	0	0						
		背屈	40	40	0	0						
	股	屈曲	0	0	0	0						
		伸展	-20	-20	0	0						
	膝	屈曲	80	80	0	0						
		伸展	-40	-40	0	0						

障害内容の増悪・緩解の見通しなどについて記入してください

　　四肢完全麻痺に近い状態のまま、不変と考えられる

上記のとおり診断いたします

所在地　〒○○○-○○○○
名　称　神奈川県横浜市○○区○○4-5-6
診療科　C病院
医師氏名　丙川　三郎　㊞

診断日　平成25年11月22日
診断書発行日　平成25年12月16日

（自賠責18号様式）

【書式2-7-3】 後遺障害診断書（暴行事件）（《Case ⑦》）

自動車損害賠償責任保険後遺障害診断書

氏　名	X	男・㊛	◆記入にあたってのお願い
生年月日	明・大・㊓・平 41年 3月 5日（40歳）		1. この用紙は、自動車損害賠償責任保険における後遺障害認定のためのものです。交通事故に起因した精神・身体障害とその程度について、できるだけくわしく記入してください。 2. 歯牙障害については、歯科後遺障害診断書を使用してください。 3. 後遺障害の等級は記入しないでください。
住　所	神奈川県横浜市〇〇区〇〇1-2-3	職業	会社員
受傷日時	16年 5月 18日	症状固定日	18年 4月 10日
当院入院期間	自 16年 5月 18日 至 16年 5月 25日（　）日間	当院通院期間	自 16年 5月 26日　実治療日数 至 18年 4月 10日（　）日
傷病名	外傷性脊髄障害	既存障害	今回事故以前の精神・身体障害：有・無 （部位・症状・程度）
自覚症状	両上肢の筋力低下　歩行困難　両上下肢の知覚障害 両手の巧緻運動障害		

各部位の後遺障害の内容
（各部位の障害について、該当項目や有・無に〇印をつけ①の欄を用いて検査値等を記入してください。）

① 精神・神経の障害 他覚症状および検査結果

知覚・反射・筋力・筋萎縮など神経学的所見や知能テスト、心理テストなど精神機能検査の結果も記入してください
X-P・CT・EEGなどについても具体的に記入してください
眼・耳・四肢に機能障害がある場合もこの欄を利用して、原因となる他覚的所見を記入してください

両上下肢の知覚低下（右図）
両上下肢腱反射亢進
握力　右21kg　左25kg
手の巧緻運動障害
（箸で細かなものはつまめない、
　小さなボタンははめられない）

② 胸腹部臓器・生殖器・泌尿器の障害

各臓器の機能低下の程度と具体的症状を記入してください
生化学検査・血液学的検査などの成績はこの欄に簡記するか検査表を添付してください

③ 眼球・眼瞼の障害

	視　力		調　節　機　能			視　野	眼瞼の障害
	裸眼	矯正	近点距離・遠点距離		調節力	イ.半盲（¼半盲を含む） ロ.視野狭窄 ハ.暗　点 ニ.視野欠損	イ.まぶたの欠損 ロ.まつげはげ ハ.開瞼・閉瞼障害
右			cm	cm	（　）D		
左			cm	cm	（　）D		
眼球運動	注視野障害 （全方向½以上の障害）	右 左	複視	イ.正面視 ロ.左右上下視	（視野表を添付してください）		（図示してください）

眼症状の原因となる前眼部・中間透光体・眼底などの他覚的所見を①の欄に記入してください

VI 資料の検討

④聴力と耳介の障害	オージオグラムを添付してください			耳介の欠損	⑤鼻の障害	⑦瘢状障害（採皮痕を含む）
	イ.感音性難聴(右・左) ロ.伝音性難聴(右・左) ハ.混合性難聴(右・左)	聴力表示 イ.聴力レベル ロ.聴力損失		イ.耳介の1/2以上 ロ.耳介の1/2未満 (右⑦欄に図示してください)	イ.鼻軟骨部の欠損 (右⑦欄に図示してください) ロ.鼻呼吸困難 ハ.嗅覚脱失 ニ.嗅覚減退	1.外ぼう イ.頭 部 2.上 肢 ロ.顔面部 3.下 肢 ハ.頸 部 4.その他
	検査日	6分平均	最高明瞭度			
	第1回 年月日 右 左	dB dB	dB dB	% %	耳鳴	⑥そしゃく・言語の障害
	第2回 年月日 右 左	dB dB	dB dB	% %	右・左	原因と程度（摂食可能な食物、発音不能な語音など）を左面①欄に記入してください
	第3回 年月日 右 左	dB dB	dB dB	% %		
						(大きさ、形態等を図示してください)

⑧脊柱の障害	圧迫骨折・脱臼(椎弓切除・固定術を含む)の部位		④頸椎部・胸腰椎部		荷重機能障害	常時コルセット装用の必要性	⑨体幹骨の変形	イ.鎖骨 ニ.肩甲骨 ロ.胸骨 ホ.骨盤骨 ハ.肋骨 (裸体になってわかる程度)
		運動障害	前屈 20度	後屈 30度		有・無		
			右屈 20度	左屈 20度				X-Pを添付してください
	X-Pを添付してください		右回旋 40度	左回旋 40度				
	短縮	右下肢長	cm	(部位と原因)		長管骨の変形 (部位)	イ.仮関節 ロ.変形癒合	
		左下肢長	cm					X-Pを添付してください

⑩上肢・下肢および手指・足指の障害		上 肢		下 肢		手 指		足 指	
		(右)	(左)	(右)	(左)	(右)	(左)	(右)	(左)
	欠損障害（離断部位を図示してください）								

	関節名	運動の種類	他動		自動		関節名	運動の種類	他動		自動	
関節機能障害			右	左	右	左			右	左	右	左
			度	度	度	度			度	度	度	度

ほぼ正常

障害内容の増悪・緩解の見通しなどについて記入してください

　　障害の回復の可能性は乏しい

上記のとおり診断いたします

所在地　〒○○○-○○○○
　　　　神奈川県横浜市○○区○○7-8-9
名　称　E病院
診療科
医師氏名　丁野　四郎　㊞

診断日　平成18年4月10日
診断書発行日　平成18年4月10日

(自賠調18号様式)

【書式2-7-4】 神経学的所見の推移について（《Case ⑦》）

神経学的所見の推移について　受診者名　＿＿X＿＿　様　S41 年 3 月 5 日生

貴院における症状・所見の推移について、下表にご教示賜りますようお願いします。

	H16 年 7 月 30 日	H18 年 4 月 10 日
具体的症状	頸部痛 知覚低下 歩行障害	頸部痛 知覚低下 歩行障害
（膀胱直腸障害）	☑無　□有（　　）	☑無　□有（　　）

神経学的所見

腱反射（亢進 ++／正常 +／低下 ±／消失 －）
- □正常　☑異常（右図にご記載下さい）　□未施行
- □正常　☑異常（右図にご記載下さい）　□未施行

病的反射

検査名	右	左	検査名	右	左
	(+・±・-)	(+・±・-)		(+・±・-)	(+・±・-)
	(+・±・-)	(+・±・-)		(+・±・-)	(+・±・-)

筋力(MMT)（ゼロ0／不可1／可2／良3／優4／正常5）
- □正常　□異常（以下にご記載下さい）　□未施行
- □正常　□異常（以下にご記載下さい）　□未施行

筋の名称	右	左	筋の名称	右	左	筋の名称	右	左	筋の名称	右	左
	( )	( )		( )	( )		( )	( )		( )	( )
	( )	( )		( )	( )		( )	( )		( )	( )

（握力）　右(7)kg　左(11)kg　　　右(21)kg　左(25)kg

筋萎縮
- ☑無　□有（程度・周径を以下にご記載下さい）
- □無　☑有（程度・周径を以下にご記載下さい）

	右	左		右	左
上腕	cm	cm	上腕	30 cm	30 cm
前腕	cm	cm	前腕	25 cm	25 cm
小手筋	(++・+・±・-)	(++・+・±・-)	小手筋	(++・+・±・-)	(++・+・±・-)
大腿	cm	cm	大腿	46 cm	46 cm
下腿	cm	cm	下腿	28 cm	28 cm

知覚障害
- □正常　☑異常（下図にご記載下さい）　□未施行
  - ☑麻痺／□過敏／□その他（　）
- □正常　☑異常（下図にご記載下さい）　□未施行
  - ☑麻痺／□過敏／□その他（　）

▨ 触覚
▨ 痛覚

その他の所見　Jackson test／Spurling test／SLR,FNST／10秒テスト 等

検査名	右	左	検査名	右	左	検査名	右	左	検査名	右	左
Jackson test			10秒テスト	回	回	Jackson test			10秒テスト	回	回
Spurling test						Spurling test					
SLR						SLR					
FNST						FNST					

〈ご記入にあたって〉
1. 各種検査において、左右ともに計測している場合には、左右双方についてご記載下さい。
2. 経時的に所見の変化が認められない場合は、「左に同じ」「変化なし」等、ご記載下さい。
3. 筋電図検査・神経伝導速度測定検査の施行がありましたら、検査結果等をご提出ください。

H25 年 1 月 18 日	年 月 日
・頸部痛 ・知覚低下 ・歩行障害	
☑無 □有（　　　）	□無 □有（　　　）
□正常 ☑異常 　（右図にご記載下さい） □未施行	□正常 □異常 　（右図にご記載下さい） □未施行

検査名	右 (+・±・−)	左 (+・±・−)	検査名	右 (+・±・−)	左 (+・±・−)
	(+・±・−)	(+・±・−)		(+・±・−)	(+・±・−)

□正常　□異常　　　　　　　　　□未施行　　　　□正常　□異常　　　　　　　　　□未施行
　　　　　　（以下にご記載下さい）　　　　　　　　　　　　　　　（以下にご記載下さい）

筋の名称	右	左	筋の名称	右	左	筋の名称	右	左	筋の名称	右	左
	( )	( )		( )	( )		( )	( )		( )	( )
	( )	( )		( )	( )		( )	( )		( )	( )
	( )	( )		( )	( )		( )	( )		( )	( )

右(22)kg　左(27)kg　　　　　　　右( )kg　左( )kg

□無　☑有（程度・周径を以下にご記載下さい）　　□無　□有（程度・周径を以下にご記載下さい）

	右	左		右	左
上腕	32 cm	32 cm	上腕	cm	cm
前腕	27 cm	27 cm	前腕	cm	cm
小手筋	(++・+・±・−)	(++・+・±・−)	小手筋	(++・+・±・−)	(++・+・±・−)
大腿	48 cm	48 cm	大腿	cm	cm
下腿	37 cm	36 cm	下腿	cm	cm

□正常　☑異常（下図にご記載下さい）　□未施行　　□正常　□異常（下図にご記載下さい）　□未施行
　　→ ☑鈍麻/　□過敏/　□その他(　　)　　　　　→ □鈍麻/　□過敏/　□その他(　　)

検査名	右	左	検査名	右	左	検査名	右	左	検査名	右	左
Jackson test			10秒テスト	回	回	Jackson test			10秒テスト	回	回
Spurling test						Spurling test					
SLR						SLR					
FNST						FNST					

平成 28 年 5 月 30 日　　　医療機関名　　E 病院
　　　　　　　　　　　　　診療科
　　　　　　　　　　　　　医師名　　　　丁野　四郎

甲弁護士は、Xから送られてきた暴行事件の訴訟記録を検討することにした。これによると、暴行事件が発生したのは平成16年5月である。酒の席で些細なことでXと知人男性が口論になり、激昂した知人男性がXを殴ったところ、Xが転倒し、地面に頭部を打ち、首を強くひねった。この結果、Xは、外傷性脊髄障害により、両上下肢の知覚低下、両手の巧緻運動障害、握力低下等の後遺障害が残った。症状固定日は、平成18年4月10日とされている。当時作成された後遺障害診断書の内容は、【書式2-7-3】のとおりである。

　暴行事件の訴訟においては、Xの後遺障害の程度について裁判所の選任した鑑定人による鑑定が行われており、鑑定書では、Xの後遺障害は、第5級の2(「神経系統の機能又は精神に著しい障害を残し、特に軽易な労務以外の労務に服することができないもの」)と判断されていた。これを前提に、平成20年に訴訟上の和解が成立している。この鑑定結果は、今後の手続において使えるかもしれない。

　また、暴行事件後から事故前までの障害の状況を記載した「神経学的所見の推移について」の内容は、【書式2-7-4】のとおりであった。

　暴行事件発生からまもない平成16年7月30日時点では、知覚低下の範囲が両上下肢に加え顔面と体幹の一部に及んでおり、握力は右7キログラム、左11キログラムであったが、症状固定日の平成18年4月10日時点では、知覚低下の範囲は両上下肢のみとなり、握力も、右21キログラム、左25キログラムと改善している。本件事故の約2カ月前の平成25年1月18日時点でも、症状固定日と大きな症状の変化はないようである。

　ひととおりの資料を見終えた甲弁護士は、暴行事件の症状固定時の後遺障害の程度と、交通事故直前の後遺障害の程度には、大きな差はないのではないかとの印象を抱いた。

Ⅶ 後遺障害等級認定

　その後、乙弁護士から甲弁護士の下に、後遺障害等級認定票の写しが送付されてきた。認定結果は、【書式 2-7-5】のとおりである。

【書式 2-7-5】　認定結果（《Case ⑦》）

被害者：　X　様の件

〈結論〉
　現存障害：自賠法施行令別表第一第1級1号、既存障害：自賠法施行令別表第二第5級2号と判断します。

〈理由〉
1　現存障害
　「四肢麻痺」については、後遺障害診断書（C病院発行）上、「頚髄損傷」の傷病名が認められます。
　他方、E病院の「診療情報提供書」上、本件事故以前である平成16年5月18日に頚部への受傷が認められ、同病院の診療録上、同日から同医療機関にて治療を受けられています。その後の症状経過について、E病院発行の「神経学的所見の推移について」及び「脊髄症状判定用」上、平成25年1月18日の時点において、「頚椎症性脊髄症」との傷病名のもと、四肢の運動麻痺等が認められています。

(略)

　以上のことから、「四肢麻痺」については、本件事故受傷に伴い、本件事故前の「頚椎症性脊髄症」による症状が増悪したものと認められます。
　その障害の程度については、「脊髄症状判定用」（C病院）によれば、「ADLはほぼ全介助である」とされ、運動機能は上下肢とも消失していることからすれば、「せき髄症状のため、生命維持に必要な身の回り処理の動作について、常に他人の介護を要するもの」と認められることから、「神経系統の機能又は

精神に著しい障害を残し、常に介護を要するもの」として別表第一第1級1号に該当するものと判断します。

2　既存障害
　前記1のとおり、本件事故前に頚部への受傷により、頚椎症性脊髄症の治療を受けられていることが認められます。
　この点、本件事故前における神経学的所見についても「神経学的所見の推移について」（E病院）によれば、両上下肢の腱反射亢進や筋力低下が認められます。
　この既存障害の程度については、「脊髄症状判定用」（E病院）上、本件事故から約2か月前の平成25年1月18日の時点における脊髄症状に関する所見が記載されています。これによれば、「食事、用便はほぼ自立」とされていますが、「入浴　更衣には介助を要する」とされ、上下肢の知覚障害が認められ、手指の運動機能に関しては、左右ともに「箸の使用は自由だがややぎこちない、Yシャツのボタンかけ外しはできるがぎこちない」とされ、下肢機能については、左右とも「松葉杖、階段上昇可能、片足ジャンプ不能」とされています。
（略）
　このような本件事故直近における脊髄の障害に伴う具体的な麻痺の範囲や運動障害の程度等を踏まえ、上下肢の知覚障害等も合わせて総合的に評価すれば、「せき髄症状のため、きわめて軽易な労務のほかに服することができないもの」と認められることから、本件における既存障害については、「神経系統の機能又は精神に著しい障害を残し、特に軽易な労務以外の労務に服することができないもの」として別表第二第5級2号に該当するものと判断します。
以上

　現存障害については、最も重い、別表第一第1級1号と認定されており、既存障害については、暴行事件の訴訟上の鑑定結果と同じく、別表第二第5級2号と認定されている。甲弁護士が予想していたのと同じ認定であり、妥当な結果ではないかと思われた。
　そこで、甲弁護士は、Xと相談のうえ、後遺障害等級認定結果を前提に、示談交渉を行うこととした。

VIII 乙弁護士とのやりとり

　甲弁護士は、乙弁護士に対し、早急に、後遺障害等級認定結果を踏まえた賠償額の提示を行うよう求める内容の連絡文書を送付した。ところが、2週間が経過しても、乙弁護士からは全く回答がなかった。甲弁護士は、再度、回答を求める文書を送付するとともに、事務所に何度か電話をしてみたが、乙弁護士はいつも不在であった。ようやく電話で話をすることができたのは、後遺障害等級認定が行われてから2カ月が経過してからであった。

> 甲弁護士：先日来、何度も連絡を差し上げておりますが、いまだに何のご提案もいただけておりません。賠償について、いったいどのようにお考えなのですか。
> 乙弁護士：連絡が遅くなっており申し訳ありません。D保険会社に検討してもらっていますが、まだ判断が出ていないようで、具体的な提案をすることができずにいます。
> 甲弁護士：いつ頃ご提案をいただけるのでしょうか。
> 乙弁護士：現時点では何とも……。
> 甲弁護士：時効の問題もありますので、このままだと、訴訟提起をせざるを得ないですよ。
> 乙弁護士：それもやむを得ないかと思っています。

　このまま乙弁護士からの連絡を待っていたのでは、症状固定から3年が経過し、後遺障害に関する損害賠償請求権が時効にかかってしまいかねない。甲弁護士は、訴訟提起に踏みきることとした（なお、交通事故紛争処理センターにおける和解あっせん手続では、申込みに時効中断効はない（第2編第4章V参照））。

IX 提訴準備

　甲弁護士は、Xと電話で打合せを行い、乙弁護士とのやりとりの内容をXに伝えた。Xは、乙弁護士の対応に憤慨していたが、これ以上やりとりを続けてもらちがあかないので訴訟提起をしてほしいとのことであった。

　甲弁護士は、早速訴状の作成にとりかかることにした。

　〈*Case*⑦〉では、Xに既存障害が存在することから、損害額をどのように算定するかが問題になる。損害の費目として大きいのは、後遺障害逸失利益、後遺障害慰謝料、介護費用であるが、Xの既存障害の存在は、これらの損害額の算定においてどのような影響を与えるであろうか。

1　後遺障害逸失利益

　裁判実務上、後遺障害逸失利益については、基本的に、下記の算定式により逸失利益の算定が行われている。労働能力喪失率については、自動車損害賠償保障法施行令2条別表の後遺障害等級表に準拠する例がほとんどである。

基礎収入　×　労働能力喪失率
　　　　　×　労働能力喪失期間に相応する中間利息係数

　甲弁護士が調べたところ、加重障害の場合の裁判例では、基礎収入については、おおむね、①交通事故直前の実収入を用いるもの、②賃金センサスから一定額を減額するもの、③賃金センサスの平均賃金額をそのまま用いるものの3種類があるようである。なお、交通事故前に就労をしておらず、将来においても就労の蓋然性が低いとされる場合には、逸失利益自体が認められないこともある（大阪地判平成14・12・13自動車保険ジャーナル1491号等）。

　また、労働能力喪失については、①現在の等級に相応する労働能力喪失率から、既存障害の等級に相応する労働能力喪失率を差し引く方法が多いようであるが、②既存障害を前提とした、交通事故による新たな労働能力喪失率

を独自に判断するもの、③現存障害の後遺障害等級をそのまま用いるものもあるようである（浅岡千香子「加重障害と損害額の認定」公益財団法人日弁連交通事故相談センター東京支部『民事交通事故訴訟・損害賠償額算定基準』（赤い本）〔2006（平成18年）年版〕（下巻）129頁以下）。

　Ｘは、交通事故前には就労していなかったため、実収入を基礎収入とすることはできず、賃金センサスによることになる。就労の蓋然性があったか否かが問題となるが、ハローワークに行くなどして仕事を探していたこと、時折、親類の仕事を手伝うなどしていたことからすれば、就労の蓋然性が認められる可能性はあろう。

　甲弁護士があらためてＸに確認したところ、事故前、Ｘは親類が経営しているデザイン事務所で、年に４、５回程度、電話番や車の運転の仕事をしており、そのつど、１、２万円の報酬を得ていたとのことである。就労の蓋然性は十分にありそうに思えた。

　甲弁護士は、請求の段階では、賃金センサスの金額をそのまま用いることとした。

　次に、労働能力喪失率である。前記のとおり、現存障害の後遺障害等級をそのまま用いた裁判例も存在するようだが、これらの裁判例は、既存障害を考慮して基礎収入のほうを大きく減額しているものや（神戸地判平成16・8・18交民集37巻4号1072頁等）、現存障害にもかかわらず現実に就労し、収入の減少がなかったものであり（大阪地判平成14・4・23交民集35巻2号571頁等）、〈*Case*⑦〉では妥当しないように思える。

　甲弁護士は、オーソドックスに、現存障害の労働能力喪失率から、既存障害の労働能力喪失率を差し引く方法で算定することとした。

　以上より、請求段階での後遺障害逸失利益は、

　基礎収入：643万5900円（症状固定時である平成25年の賃金センサス、45歳
　　　　　　～49歳男性、学歴計による）

　労働能力喪失率：21％（１級１号の労働能力喪失率100％と５級２号の労働能
　　　　　　力喪失率79％の差）

中間利息係数：12.4622（就労可能年数を症状固定時から満67歳までの20年間とし、これに対応するライプニッツ係数）

を乗じ、1684万3129円とすることとした。

2　後遺障害慰謝料

　加重障害の場合の後遺障害慰謝料については、現存障害に相応する「赤い本」の基準から、既存障害を考慮した減額を行う例が多いようである。〈Case ⑦〉では、第1級に相応する慰謝料額は2800万円であり、第5級に相応する慰謝料額1400万円をそのまま差し引くと1400万円になる。

　しかし、慰謝料は諸般の事情を総合的に考慮して定められるものであり、請求の段階であまり謙抑的になる必要もないであろう。47歳の若さで全介助の状態になったXの精神的苦痛を勘案すると、訴状では、もう少し大きめの金額を請求することも十分に考えられる。

　甲弁護士は、Xと相談のうえ、後遺障害慰謝料額を2000万円とすることとした。

3　介護費用

　Xは四肢重度麻痺と排尿障害等により常時の介護が必要な状態であるから、当然、介護費用も請求することになる。「赤い本」の基準では、近親者付添人は1日につき8000円、職業付添人は実費全額が原則とされているようである。職業付添人の費用については、1万5000円から1万8000円程度が認められるケースが多いようであるが、介護負担が重い場合については、1日あたり2万円以上が認められるケースもあるようである（山田智子「重度後遺障害の将来介護費の算定に関する諸問題」赤い本〔2011（平成23）年版〕（下巻）12頁）。

　Xに介護の状況について確認したところ、食事、排泄、入浴、着替え、車椅子への移乗等のすべての生活動作について、妻の介護を受けなければならない状態であるとのことであった。特に、排泄については、膀胱直腸障害

により、尿意や便意を感じ取ることができないため、夜中を含め、2〜4時間に1回程度、妻にトイレに連れて行ってもらい、排泄を行っているとのことであり、非常に負担が重いとのことであった。

Xとしては、現在は妻による介護を受けているが、あまりにも介護負担が大きいことから、賠償を受けて経済的に余裕ができれば職業付添人に依頼したいとのことである。

甲弁護士は、Xの意向を踏まえ、症状固定時から訴訟提起日までは近親者付添人を前提とする介護費用、訴訟提起日以降は平均余命について職業付添人を前提とする介護費用を請求することとした。また、金額については、実際の介護負担の大きさに鑑み、近親者付添人については1日1万円、職業付添人については1日2万円として算定することとした。

問題は、介護費用について既存障害を考慮するか否かである。甲弁護士は文献を調べてみたが、この点についてはあまり明確に述べたものはみあたらなかった。裁判例上、既存障害を考慮して介護費用についても素因減額または寄与度減額をした例も見受けられるが、減額されない例もあるようであり、ケース・バイ・ケースのようである。交通事故前にすでに介護を要していたような事例であればともかく、少なくとも、〈*Case* ⑦〉では、提訴段階でこちらから減額を考慮する理由はないであろう。

以上を踏まえ、介護費用としては、以下の金額を請求することとした。

① 症状固定時から訴訟提起日まで3年間の介護費用
　　1万円×365日×2.7232（3年に対応するライプニッツ係数）
　　＝993万9680円
② 訴訟提起日以後の介護費用
　　2万円×365日×13.4697（47歳（症状固定時）男性の平均余命34年に対応するライプニッツ係数から2.7232を差し引いた値）
　　＝9832万8810円

X 訴訟提起

　作成した訴状案をXに送付し確認してもらったところ、問題ないとのことであったので、甲弁護士は、Yを被告として訴訟を提起した。

　請求金額は、前記Ⅸの金額に車椅子代、装具代等の実費と弁護士費用1割を加え、合計1億6060万円になった。訴訟提起時に、書証として、交通事故証明書、後遺障害診断書等に加え、後遺障害等級認定票も提出することとした。

XI 審理の経過

　第1回期日は被告が欠席し、請求の棄却を求めるだけの形式的な答弁書が擬制陳述された。

　第2回期日前に提出された被告準備書面において、初めて実質的な答弁が行われた。被告の主張は、要旨、以下のとおりであった。

① Xの現存障害については争わないが、既存障害が5級2号相当であるとの主張については争う。既存障害等級に関する意見書の作成を医師に依頼しており、具体的な等級についての主張は、意見書を待って行う。
② 介護費用についても、既存障害の影響を考慮するべきであり、7割の寄与度減額を行うのが相当である。
③ Xは交通事故前就労しておらず、身体障害2級の認定を受けており就労の蓋然性もなかったことから、逸失利益は存在しない。

　損害保険料率算出機構が認定した既存障害等級を争ってきたのはやや意外であったが、それ以外の点については訴訟提起前に想定されていたところである。甲弁護士は、上記②および③に対し、準備書面において、要旨、以下のような反論を行うこととした。

① 介護費用について

ⓐ　Xは、本件事故以前は、自力で立ち上がり歩くことができ、食事、入浴、着替え、排泄等の日常動作はすべて独力で可能であり、日常生活に介護は不要であった。
　　ⓑ　介護の必要は本件事故により初めて生じたものである。Xは本件事故以前、全く介護を要さず自立して生活が可能であったのであり、介護費用に既存障害の寄与度を考慮することは不相当である。
　②　逸失利益について
　　ⓐ　Xは、本件事故前、介護なしに日常生活を送ることができており、細かな手の運動以外に支障はなく、車の運転も可能であったことから、労務につくことは十分可能であった。
　　ⓑ　実際に、事故前、Xは親類が経営しているデザイン事務所で、年に4、5回程度、電話番や車の運転の仕事をし、そのつど、1、2万円の報酬を得ていた。
　　ⓒ　事故前、ハローワークに行くなどして仕事を探していた。
　　ⓓ　以上によれば、Xが、本件事故前、就労の意欲と可能性を有していたことは明らかであり、就労の蓋然性が認められる。
　また、甲弁護士は、親類の経営するデザイン事務所からの報酬の入金記録を、合わせて書証提出した。

XII 被告意見書の提出

　その後、数回の期日を経て、ようやく、被告から、Xの既存障害等級を第3級3号相当とする、F医師の意見書が書証提出されるとともに、同じ趣旨を主張する準備書面が提出された。

　F意見書は、平成23年4月8日付けで作成された、Xの障害年金申請のための年金診断書（E病院発行）に「握力は右6kg、左13kg」、「つまむ、握る、紐を結ぶなどがほぼ不可能であり、歩くことも杖がないと不能、労働の能力はない」とされ、予後欄に「症状固定」とされていることを指摘し、「この

日の状態が、本件事故直前のXの症状とみなして良いと思われる」としたうえで、これを主な根拠に、Xの既存障害を第3級3号相当（神経系統の機能または精神に著しい障害を残し、終身労務に服することができないもの）と判断するものであった。確かに、あわせて書証提出された年金診断書には、そのような記載があるようである。

　しかし、同じE病院発行の「神経学的所見の推移について」には、より本件事故に近い日である平成25年1月18日時点の握力として、「右22kg、左27kg」と記載されている。E病院の「脊髄症状判定用」にも、平成25年1月18日時点の状態として、「箸の使用は自由だがややぎこちない、Yシャツのボタンかけ外しはできるがぎこちない」等の記載があり、「つまむ、握る、紐を結ぶなどがほぼ不可能」との状態とはかけ離れている。

　少なくとも、年金診断書の作成から事故直前までの間に症状の改善があったことは、客観的に明らかなように思われた。また、年金診断書は障害年金申請のために作成されたものであるから、医師において、多少、障害の程度を重めに記載した可能性もあるであろう。

　甲弁護士は、F意見書は、過去の記録のうち、自己に有利な記載のみをことさらに取り上げたものであり、ほとんど信用性が認められないだろうと考えた。Xは経済的に余裕がない状態であるし、費用をかけて、F意見書に対抗する別の医師の意見書を取得する必要はないであろう。

　甲弁護士は、上記の疑問点を準備書面で指摘して反論するとともに、暴行事件の訴訟で作成された、Xの障害等級を5級2号相当とする鑑定書を書証提出し、鑑定書作成時点と本件事故直前の症状に大きな変化がないことを指摘した。

XIII 和解勧試

　その後、さらに数回の期日を経て、主張がおおむね出尽くしたところで、裁判所による和解勧試が行われた。裁判所から提示された和解案の内容は、

以下のとおりである。
　① 和解にあたっては、既存障害5級2号を前提とする。
　② 逸失利益　　1347万4503円
　　本件事故直前の回復状況から潜在的稼働能力があると判断することも可能であるところ、事故当時無職であること等の事情を考慮し、請求額の8割とした。
　③ 後遺障害慰謝料　　1400万円
　④ 介護費　　7092万4902円
　　1日あたり1万2000円とし、症状固定時の平均余命34年に対応するライプニッツ係数16.1929を乗じた。
　⑤ 装具代等　　50万円
　⑥ 調整金　　1110万0595円
　　予想される弁護士費用および遅延損害金を考慮して、調整金を付加した。
　⑦ 合計　1億1000万円

既存障害の等級については主張が完全に認められ、介護費、逸失利益についても、かなり、こちらの主張寄りの和解案のように思われる。甲弁護士は、和解案を応諾することも十分に合理的であると考えた。

XIV　和解成立

甲弁護士は、Xと打合せを行い、和解案についての意向を確認した。Xは、金額に不満はない、これ以上解決が長引くことには精神的にも経済的にも辛いので、和解案の内容で早急に和解してほしいとのことであった。

甲弁護士は、和解期日において、和解案に応じる旨を裁判所に伝えた。被告側も和解案に応じるとのことであり、無事に和解が成立した。

長年続いた紛争が解決し、Xは心からほっとした様子であった。甲弁護士としては、Xが穏やかな日々を過ごせることを願うばかりである。

> 本稿は、複数の事例を組み合わせるなどして構成したものであり、実際の事例とは異なる。

第8章 自転車同士の事故

I 事案の概要

〈Case⑧〉

　平成26年12月10日、午後5時頃、神奈川県川崎市○○町にて、X女の運転する自転車が、Y男の運転する自転車の側面に衝突した。

　事故当時、Y男は、国道の車道左側を東京方面に向かって直進していた。当該国道は、車道と歩道に高さ20センチメートルほどの段差があり、生垣で仕切られていた。

　Y男は、時速20キロメートル程度で直進していたところ、横断歩道がないにもかかわらず、国道を横断しようとしたX女が生垣の切れ間から突然飛び出してきたため、Y男は、急いでブレーキをかけたが間に合わず、Y男とX女は側面衝突した。

II 実務上のポイント

〈Case⑧〉における実務上のポイントは、以下の3点である。

① 自転車事故の特殊性
② 過失割合
③ 後遺障害の争い方

Ⅲ 相談

　甲弁護士は、弁護士会の法律相談でＹ男から本件事故の相談を受けた。

　Ｙ男の話では、すでに事故から１年半ほど経っており、Ｙ男も加害者であるＸ女も自転車の保険には特に加入していなかったため、損害賠償等について本人同士で協議を続けてきたが、言い分が食い違い、これ以上話が進まないということで、弁護士に相談することにしたとのことである。

　Ｙ男は、事故発生から１年４カ月経った平成28年４月にようやく症状固定となったが、Ｘ女は、事故後10カ月までは治療費を払っていたものの、その後は支払っていないとのことであった。

　甲弁護士としては、まず、〈*Case*⑧〉について弁護士が受任することが、Ｙ男にメリットがある案件なのかどうか吟味する必要があると考え、事故および交渉経緯の概要を確認することにした。

甲弁護士：今日は交通事故のご相談ということですね。
　Ｙ　男：はい。自転車同士の事故です。私も相手方も保険に入っていなかったので、これまで本人同士で交渉をしてきました。
甲弁護士：本人同士だと話がまとまらなかったということですね。これまでの話し合いの経緯を教えていただけますか。
　Ｙ　男：はい。事故直後、相手方は「Ｙ男さんの治療費はすべて私が負担します。自転車の修理代も私が支払います」と言っていました。相手方が突然飛び出してきたわけですから、Ｘ女が100％悪いわけで、私としては当然だと思っていました。一応、不安だったので、その場で誓約書も書いてもらいました。
甲弁護士：警察はよびましたか。
　Ｙ　男：はい。これが交通事故証明書です。

甲弁護士：あれ……物件事故になっていますが、Y男さんは救急車で運ばれたのですよね。

Y　男：はい。X女と衝突した後、自転車から転がり落ちて、腰を打ったので動けない状態でした。腕もうまく動かせなかったので、そこから救急車でA大学病院へ行ったのです。

甲弁護士：人身事故としなかったのはなぜですか。

Y　男：よく覚えていません。確か、X女が治療費は全部支払うから物損で処理しましょうと言っていたような気がしますが……。

〈Case⑧〉は、「物件事故」として処理されていた。

Y男は事故により負傷しているので、本来、「人身事故」として処理されるべきである。もっとも、Y男の話では、事故後、X女は自分の過失を認め、Y男に対し、けがの治療費や自転車の修理代はすべて払うと言っていたこともあり、Y男としては、事故が物損だろうと人身だろうとあまり関係ないと思っていた。

この点、事故の損害について保険を使う場合、「物損事故」か「人身事故」かで後遺障害の慰謝料等が支払われるかどうかが変わることがある。

また、加害者によっては保険料が上がることを懸念し、被害者に対し、保険を使わず、保険外で賠償することを条件に「人身事故」で届け出ないことに同意させる場合もある。しかし、加害者が保険外で賠償すると言っても実際に請求金額が高額になった場合、加害者の資力の問題から十分な賠償を受けられないこともあることから、安易な同意をするべきではない。

そのため、もし当初「物損事故」で届け出てしまったとしても、後日、「人身事故」に変えてもらうべきである（人身事故へ切り替えるには、医師の診断書を取得して警察に届け出る等の方法で行う）。

甲弁護士：事故発生が平成26年12月10日で、症状固定までに1年4カ月

かかっていますね。治療が長期間に及んだのですね。
Y　男：そうです。当初、救急車で運ばれたA大学病院での診断は「約2週間の加療を要する」と言われました。A大学病院は都内にある自宅からは遠かったので、自宅近くのB整形外科に転院しました。そこには大体月2回程度通院して、事故から1年4カ月ほど経った今年の4月に症状固定になったのです。
甲弁護士：X女さんは途中で治療費を支払わなくなったのですね。
Y　男：そうです。X女は事故から半年くらいして「いつまで通院するのですか」と治療費の打ち切りを言い出し始めたのです。私はまだ左手の指の感覚も戻らず、通院する必要があるからと言ったのですが、X女は私が無駄な治療を続けていると疑い始めたみたいでした。その後、事故から8カ月ほど経った去年の8月いっぱいで治療費を打ち切ったのです。
甲弁護士：それについて、あなたは抗議したのですか。
Y　男：もちろんです。それでX女に対して、疑っているなら一緒に病院に来て医者の話を聞いてくださいと言いました。実際、去年の9月にX女はB整形外科でC医師の話を聞いています。C医師は、私の症状が完治するのは来年の4月頃になるでしょうと、はっきりX女にも話しました。
甲弁護士：そうすると、C医師の話どおり、Y男さんの症状は今年の4月に症状固定となったのですね。
Y　男：そうです。それなのに、X女は、結局、その後も治療費を支払わず、C医師の言うことはおかしいから、別の病院でセカンドオピニオンをとってくれと言い出し、私が症状固定になった後も、後遺障害が残るような事故ではないから後遺障害の慰謝料なんて認めないと言い出したのです。
甲弁護士：それで、双方の主張が全く異なるから交渉決裂となったので

Y　　男：そうです。私は事故後、ほとんど仕事もできず、実家からの仕送りを頼りに生活していたので、X女には早くお金を払ってほしいと催促してきました。きっと、X女は、私がお金に困っているのを知っていて、どうせ裁判なんてできないから、低い金額で示談しようとしているのです。

甲弁護士：そうですか。Y男さんもご存じのように、弁護士に依頼して裁判をするとなると弁護士費用がかかります。それに、裁判で損害賠償請求が認められても、X女さんに払うお金がなければお金を回収できずに、弁護士費用の負担が残る可能性もありますよ。

Y　　男：はい。本当は治療費が払われなくなった時に、弁護士に依頼しようかとも思ったのですが、お金がなくてあきらめました。実は、2カ月ほど前に民間のADRという手続を申し立てたのですが、X女に拒否されてしまったのです。それで、このままでは何もお金が支払われないまま時効になってしまうと思い、実家の親に話して、助けてもらうことにしました。でも、親は年金暮らしなので、そんなにお金はありません。裁判をしたいのですが、できるだけお金がかからない方法でお願いしたいのです。

　通常、自動車事故の場合、自賠責保険という強制加入保険があるため、任意保険に加入していない場合でも、一定額の損害については保険から支払われる。

　これに対し、自転車の場合、保険加入は一部の地域を除き義務づけられておらず、損害賠償は加害者個人がすることが多いため、加害者の資力が重要になってくる。

　Y男の話では、X女は主婦ということであるが、資力がどれほどあるか

わからず、損害賠償請求訴訟で勝訴しても、必ずしも賠償金を支払えるかはわからない。

　自転車事故による損害賠償請求事件を受任する場合、弁護士としてはまず、依頼者に対し、弁護士費用を含めた手続費用が加害者からの損害賠償によってすべて充足されるのか、加害者側の資力はどうなのか等、弁護士に依頼することの費用対効果を慎重に説明するべきである。損害額がそれほど高額にならないにもかかわらず、安易に受任してしまうと、最後に依頼者とトラブルになりかねないからである。

　また、弁護士費用は訴額を基準とすることが多いが、自転車事故の場合、訴額が低いわりに、現場確認や後遺障害の立証等で調査に時間がかかることも多く、過失割合についても自動車事故ほど定型化されていないこともあるから、主張・立証が難しいケースも多い。そのため、安易に低い金額で受任すると後悔することもあるので注意が必要である。

甲弁護士：おおよその経緯はわかりました。次回は私の事務所で事故状況等をお聞きして、本件事故の損害賠償の見通しや弁護士費用について説明します。
　Ｙ　男：ありがとうございます。よろしくお願いします。

　甲弁護士は、翌週、Ｙ男に事務所に来てもらい詳しい話を聞くことにした。

Ⅳ 弁護士の検討

　甲弁護士は、法律相談でのＹ男の話により、〈*Case*⑧〉では、治療期間と後遺障害が問題になっていることがわかった。また、加害者であるＸ女は事故後は事故の責任はすべて自分にあることを認めていたようだが、裁判で争うことになったら、Ｙ男の過失を主張してくる可能性もあると思われ

た。

　そこで、甲弁護士は、Y男に、事故状況や後遺障害の状況等をさらに詳しく聞くことにした。

1　事故状況の確認

　事故状況を確認するために、まず警察が作成した実況見分調書を入手しようとしたが、〈**Case**⑧〉は物件事故で届けられており、実況見分調書は作成されていなかった。そのため、Y男に図（〈図表2-8-1〉）を描いてもらいながら、事故状況を説明してもらった。幸い、Y男はコンピューターグラフィックの仕事をしているということで図を用いた説明は得意であるということだった。

Y　男：私は事故当時、横浜方面から国道を東京方面に走っていました。国道は片側2車線で、事故があったのは夕方の時間帯ですが、それほど交通量は多くなかったと思います。私は、車道左側を走っていました。車道と歩道との間には生垣があるのですが、ところどころ道路沿いの建物に入れるように生垣が途切れていて、そこから突然X女が出てきたのです。横断歩道も何もありません。X女はいきなり国道を渡ろうとしたのです。私は、いきなりX女が出てきたので驚いて咄嗟に「あぶない！」と叫んで自転車のブレーキをかけました。一瞬のことでしたが、何とかX女の自転車を避けようと自転車のハンドルを思いっきり右に切ったのです。その後、X女の自転車と私の自転車のハンドルの左側がぶつかり、私は衝突の衝撃で自転車から投げ出される形になり、X女の自転車を飛び越えて、道路の進行方向に仰向けに転げ落ちました。

甲弁護士：それはかなりの衝撃だったということですね。X女さんも

>   転倒したのですか。
> Y　男：いいえ。X女の自転車は倒れましたが、X女自身は転んだ様子はありませんでした。
> 甲弁護士：あなたはどれくらいのスピードで走っていたのですか。
> Y　男：時速20キロくらいだったと思います。ロードバイクですが、自転車ですし、私はそんな無謀な運転はしませんから。
> 甲弁護士：走っていて、X女さんが道路に出てくるのは全くわからなかったのですか。
> Y　男：ええ、全く気づきませんでした。この国道は車道と歩道との間に生垣があるのです。夕方の時間だったこともあり、私もちょっと疲れていましたし、それにまさかあんな所から自転車が出てくるとは想像しませんからね。
> 甲弁護士：でも一応、車道から道路沿いの建物に入るために生垣が切れて、車道と歩道の段差がなくなっている部分なんですよね。
> Y　男：そうですけど、自転車で走っていて、歩道にいる自転車なんて見えませんよ。自動車ならわかると思いますが。
> 甲弁護士：事故のあった12月は夕方5時頃だとだいぶ暗くなっていますよね。
> Y　男：そう言われれば暗くて見通しも悪かった気がします。

　Y男はあくまでもX女の過失10割を主張したが、現場の状況によってはY男の前方不注意が認定される可能性もあるため、甲弁護士は事故現場を確認することにした。

　交通事故事件の場合、できるだけ現場確認をするべきである。

　そして可能であれば、事故発生時と同じ時間帯に行くと、現場の交通量や運転者の視界状況もわかるため有益である。

　甲弁護士は、Y男とともに、事故が起きた夕方5時頃に事故現場に行った。

〈図表 2-8-1〉　事故発生状況図（《Case ⑧》）

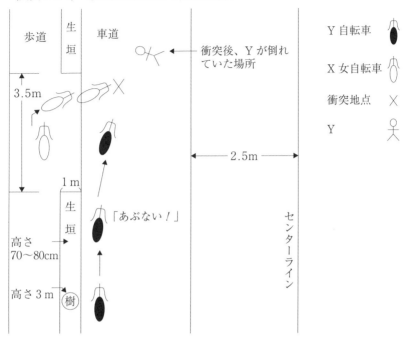

　事故現場は、片側２車線の見通しのよい直線道路であった。
　事故のあった12月の夕方５時頃だと道路周辺はだいぶ暗くなっていたと思われる。道路沿いは個人宅や貸駐車場のため、等間隔に置かれた外灯が周囲を照らしているだけで、繁華街のような明るさはなかった。しかも車道と歩道の間には高さ70から80センチメートルほどの生垣があり、約20メートルごとに高さ３メートルほどの樹木も植えられているため、車道からの歩道の見通しはあまりよくなかった。
　事故現場の交通量は、夕方５時頃でもそれほど多くないようであった。
　事故現場の近くには電車の駅があり、地元の人たちは駅に向かうためによくこの国道を横断するらしかった。甲弁護士が行った時も自転車が歩道から出てきて、車道を横断する光景が目についた。車道も見通しのよい直線のた

め、横断する自転車と自動車との衝突事故もめったに起こらないようだった。

　X女も、50メートルほど先の横断歩道まで行くことが面倒で国道を横断しようとしたらしい。

2　事故時の速度

　Y男は、事故当時、時速20キロメートル程度で走行していたと話した。

　しかし、道路に侵入してきたX女と衝突し、道路前方に自転車から投げ出される形で転んでいることから、甲弁護士はY男もそれなりにスピードを出していたのではないかと考えた。

甲弁護士：あなたが時速20キロで走っていたというのは何か根拠はあるのですか。

Y　男：はい。私はいつも安全運転をしていますから。

甲弁護士：う〜ん、たとえばY男さんの自転車に自動車のように速度計がついていればよいのですが。

Y　男：速度計はつけていませんが、もしかしたら携帯電話のアプリで走行状況を記録しているので、それが残っているかもしれません。

甲弁護士：走行状況をアプリで記録しているのですか。

Y　男：一応、健康のために自転車に乗っていることもあって、万歩計のように自転車の走行距離やタイムが記録できるアプリを使っているのです。事故当時の速度まではわかりませんが、ある地点から次の地点までどれくらい時間がかかっているかは記録しているので、その記録を見れば当時の走行時速がおおよそわかると思います。

甲弁護士：なるほど。その記録は残っているのですか。

Y　男：あると思います。ちょっと調べてみます。

3　過失割合の立証

　Y男がアプリの記録を調べたところ、Y男は事故当時、およそ時速20キロメートル程度の速度で走行していたことが明らかになった。

　また、事故による自転車の損傷について確認しようとしたところ、Y男は事故当時乗っていた自転車をすでに処分してしまっていた。そのため、Y男の自転車前輪部分の衝突痕は確認できなかった。

　甲弁護士は、過去の判例等で自動車事故の場合の過失割合等を調べることにした。本来は、自転車事故についての判例を調べるところであるが、自動車事故に比べて、その蓄積が少ないため、過失割合について事例検討が進んでいる自動車事故の場合を参考にすることとした。

　自動車同士の事故の場合、道路外から道路に進入してきた車両と直進車は、基本過失割合が8対2程度とされていた。（『民事交通訴訟における過失相殺率の認定基準〔全訂5版〕』（別冊判例タイムズ38号）【148】）

　甲弁護士は、今後の方針として、Y男の事故当時の走行速度や事故現場の見通し状況等を証拠としてY男に過失はなかったことを主張することとし、仮にY男に過失が認められるとしても和解においては2割程度を上限と考えることとした。

4　後遺障害

　Y男は、自動車事故での自賠責保険のための後遺障害診断書を医師に作成してもらっていた（【書式2-8-1】参照）。もっとも、本件事故ではY男もX女も双方、保険には入っていなかったことから、診断書に基づいて、損害保険料率算出機構に後遺障害の等級認定をしてもらうことはできなかった。

　そこで、甲弁護士はいわゆる赤い本（公益財団法人日弁連交通事故相談センター東京支部『民事交通事故訴訟・損害賠償額算定基準』）を参考に、Y男の後遺障害が何級に該当するか検討した。

　後遺障害診断書によると、Y男は、右肩関節挫傷、右手挫傷、左第3指PIP脱臼（剥離骨折）、左第4指DIP脱臼の傷害を負い、左第3指および第

【書式2-8-1】 後遺障害診断書（《Case⑧》）

自動車損害賠償責任保険後遺障害診断書

氏　名	乙川Y男	男・女	◆記入にあたってのお願い
生年月日	明・大・昭・平 元 年 1 月 1 日（28歳）		1. この用紙は、自動車損害賠償責任保険における後遺障害認定のためのものです。交通事故に起因した精神・身体障害とその程度について、できるだけくわしく記入してください。 2. 歯牙障害については、歯科後遺障害診断書を使用してください。 3. 後遺障害の等級は記入しないでください。
住　所	東京都新宿区新宿三丁目1-22	職　業	
受傷日時	26 年 12 月 10 日	症状固定日	28 年 4 月 10 日
当院入院期間	自　年　月　日 至　年　月　日（　　日間）	当院通院期間	自 26 年 12 月 17 日 実治療日数 至 28 年 4 月 10 日（36）日
傷病名	右肩関節挫傷、右手挫傷 左第3指PIP脱臼（剥離骨折）、左第4指DIP脱臼	既存障害	今回事故以前の精神・身体障害：有・無 (部位・症状・程度)
自覚症状	左第3指、第4指可動域抵下、左第3指しびれ感		

各部位の後遺障害の内容
（各部位の障害について、該当項目や有・無に○印をつけ①の欄を用いて検査値等を記入してください。）

①精神・神経の障害 他覚症状および検査結果	知覚・反射・筋力・筋委縮など神経学的所見や知能テスト・心理テストなど精神神経検査の結果も記入してください X-P・CT・EEGなどについても具体的に記入してください 眼・耳・四肢に機能障害がある場合もこの欄を利用して、原因となる他覚的所見を記入してください 左第3指 受傷部より遠位にしびれあり 左第3指 受傷部（PIP）膨隆あり

②胸腹部臓器・生殖器・泌尿器の障害	各臓器の機能低下の程度と具体的症状を記入してください 生化学検査・血液学的検査などの成績はこの欄に簡記するか検査表を添付してください

③眼球・眼瞼の障害		視　力		調　節　機　能		視　野	眼瞼の障害
		裸眼	矯正	近点距離・遠点距離	調節力	イ．半盲（¼半盲を含む） ロ．視野狭窄 ハ．暗　点 二．視野欠損	イ．まぶたの欠損 ロ．まつげはげ ハ．開瞼・閉瞼障害
	右			cm　　　cm	(　　) D		
	左			cm　　　cm	(　　) D		
	眼球運動	注視野障害（全方向½以上の障害） 右　左		複視	イ．正面視 ロ．左右上下視	（視野表を添付してください）	（図示してください）
	眼症状の原因となる前眼部・中間透光体・眼底などの他覚的所見を①の欄に記入してください						

IV 弁護士の検討

	オージオグラムを添付してください			耳介の欠損	⑤鼻の障害	⑦醜状障害(採皮痕を含む)
④聴力と耳介の障害	イ.感音性難聴(右・左) ロ.伝音性難聴(右・左) ハ.混合性難聴(右・左)	聴力表示 イ.聴力レベル ロ.聴力損失		イ.耳介の2/3以上 ロ.耳介の1/2未満 (右⑦欄に図示してください)	イ.鼻軟骨部の欠損 (右⑦欄に図示してください) ロ.鼻呼吸困難 ハ.嗅覚脱失 ニ.嗅覚減退	1.外ぼう イ.頭部 2.上肢 ロ.顔面部 3.下肢 ハ.頸部 4.その他
	検査日	6分平均	最高明瞭度			
	第1回 年月日 右 左	dB dB	% %	耳 鳴	⑥そしゃく・言語の障害	
	第2回 年月日 右 左	dB dB	% %	右・左	原因と程度(摂食可能な食物、発音不能な語音などを左面①欄に記入してください)	
	第3回 年月日 右 左	dB dB	% %			(大きさ、形態等を図示してください)

⑧脊柱の障害	圧迫骨折・脱臼(椎弓切除・固定術を含む)の部位		イ.頸椎部 ロ.胸腰椎部		荷重機能障害	常時コルセット装用の必要性	⑨体幹骨の変形	イ.鎖骨 ニ.肩甲骨 ロ.胸骨 ホ.骨盤骨 ハ.肋骨 (裸体になってわかる程度)
		運動障害	前屈 度 後屈 度 右屈 度 左屈 度 右回旋 度 左回旋 度			有・無		
	X-Pを添付してください						X-Pを添付してください	

	短縮	右下肢長 cm	(部位と原因)	長管骨の変形	イ.仮関節 ロ.変形癒合 (部位)	
		左下肢長 cm				X-Pを添付してください

⑩上肢・下肢および手指・足指の障害

欠損障害(離断部位を図示してください)

	上 肢		下 肢		手 指		足 指	
	(右)	(左)	(右)	(左)	(右)	(左)	(右)	(左)

関節機能障害(健側患側とも記入してください自動他動および日整会方式により)

関節名	運動の種類	他動		自動		関節名	運動の種類	他動		自動	
		右	左	右	左			右	左	右	左
第3指PIP	伸展	20度	0度	10度	0度			度	度	度	度
〃	屈曲	100	90	100	80						
第4指DIP	伸展	10	0	0	-10						
〃	屈曲	100	80	90	60						

障害内容の増悪・緩解の見通しなどについて記入してください

平成28年4月10日症状固定となった。

上記のとおり診断いたします

所在地 〒○○○-○○○○
名 称 東京都新宿区左門町2—6
診 断 日 平成28年4月10日
診療科 B整形外科
診断書発行日 平成28年4月14日
医師氏名 C (印)

(自賠責18号様式)

4指に関節機能障害が残った。そのため、Y男には左第3指、第4指の可動域制限が生じており、左指に膨隆やしびれ感もあることから、左手を思うように曲げられない状態であった。

　Y男は事故後、月2回程度のペースでB整形外科に通っていたが、平成28年4月には症状固定となっていた。

　後遺障害診断書には、「①精神神経の障害　他覚症状および検査結果」の欄に、「左第3指　受傷部より遠位にしびれあり　左第3指受傷部　膨隆あり」と記載され、また、「⑩上肢・下肢および手指・足指の障害」の欄に、「第3指PIP」について「伸展　他動（右）20度（左）0度　自動（右）10度（左）0度　屈曲　他動（右）100（左）90　自動（右）100（左）80」となっていた。また、「第4指DIP」について「伸展　他動（右）10度（左）0度　自動（右）0度（左）－10度　屈曲　他動（右）100（左）90　自動（右）90（左）60」となっていた。

　カルテやレントゲン等は、医療の専門家ではない弁護士では、どの部分がどのような症状で問題になっているのかわからないことが多い。自賠責保険の後遺障害等級は労働災害の基準が基になっていることから、障害基準について調べるには、労災サポートセンターの『労災補償　障害認定必携』（現在、第16版が最新版）が参考になると思い、甲弁護士は同書を調べてみた。

　それによると、手指の関節は母指以外の手指については、指先に近いほうからDIP、PIP、MP関節となっている。また、自動は自分で曲げた場合の角度、他動とは医師等の力で曲げた角度である。

　一般に関節障害は左右の指で比較して判断する。Y男の場合、右手に比較して、左手が明らかに伸ばしたり曲げたりすることができないことが明らかであった。

　甲弁護士としては、Y男の事故直後からの回復状況を知るため、事故直後にY男が救急搬送されたA大学病院で撮影されたレントゲン写真および各医療機関のカルテを入手し、内容を確認することにした。

　レントゲン写真の入手はY男が手続をした。カルテ等は弁護士会を通じ

て入手することも可能であるが、手続の煩雑性および費用面を考慮すると本人に取得してもらうことが最も簡単である。

　甲弁護士は、まずY男が救急搬送されたA大学病院でのレントゲン写真を確認した。

　それによると、Y男の左第3指は、第2関節が第3関節から大きくずれていた。

　その後、転院したB整形外科には1年4カ月ほど通院し、その後、投薬の効果もあり骨は徐々に元の位置に戻りつつあったが、結局関節の動きは回復しなかった。

　Y男は、甲弁護士に、現在の指の状況を撮影した写真も提出した。

　甲弁護士が写真を確認すると、確かに、右手と比べると、左手の中指と薬指は間接で曲がっているのがわかる。実際、Y男に左手の指を曲げてもらうと、関節障害がある中指と薬指はもちろん、他の指も右手に比べると曲げ方がぎこちなかった。Y男の話では、中指と薬指が思うように曲げられないことで、左手全体の間隔が鈍ってきているということだった。

　甲弁護士は、赤い本の後遺障害別等級表・労働能力喪失率から、Y男の左手の障害は、「1手のおや指以外の手指の遠位指節間関節を屈伸することができなくなったもの」(14級7号)および「局部に神経症状を残すもの」(14級9号)として、自賠責保険後遺障害等級の14級に相当すると考えた。

5　休業損害

　甲弁護士は請求の内容を検討することにした。

> 甲弁護士：請求する項目としては、症状固定までの治療費と通院慰謝料、それに後遺障害慰謝料ということになりますね。ほかには休業損害と後遺症による逸失利益も請求できますが。Y男さんは事故後、お仕事はどうされていたのですか。
> Y　男：私はフリーランスでグラフィックデザインの仕事をしていま

> す。事故後は、思うように手が動かず、仕事がはかどりませんでした。そのため大きい仕事は引き受けることができず、営業活動もできませんでした。私はフリーランスなので、収入については何の補償もありません。Ｘ女には仕事ができなかった分の補償もしてもらいたいです。
>
> 甲弁護士：フリーランスということですが、事故前の収入状況等はわかりますか。
>
> Ｙ　男：それが、特に資料などはないのです。事故にあう１年くらい前まではアルバイトをしていたので、その時の給料ならわかりますけれど……。事故当時は、収入はなかったものの、事故にあわなければ左手ももっと自由に動かせたので、グラフィックデザインの仕事をして収入を得ていたと思います。私もいつまでも親を頼っているわけにはいかないので、そろそろ本腰を入れて仕事をしようと思っていた時に事故にあったのです。

　Ｙ男の話では、以前は会社員としてグラフィックデザインの仕事をしていたが、事故の２年ほど前に会社を辞め、その後はフリーランスとしてグラフィックデザインの仕事を続けながらも実際は収入につながるような仕事がほとんどなかったため、コンビニでアルバイトをしていたとのことである。そして事故の半年ほど前には、コンビニのアルバイトも辞めてしまい、その後は実家の親に仕送りをしてもらいながら生活をしていた。Ｙ男としては、一応、フリーランスのグラフィックデザイナーを名乗っているものの、仕事の実態はほとんどなかったといってよい。

　一般的に給与所得者の場合、前年度源泉徴収票や事故前の給与明細書を資料として、休業による減収分を算定する。これに対し、フリーランスの場合は、納税に関する資料が、休業損害や逸失利益の証拠になることが多い。

　甲弁護士もＹ男に対し、フリーランスになってからの納税書類等がある

か確認したが、Ｙ男は報酬も現金授受がほとんどで、帳簿管理もしていないとのことだった。

収入が明らかでない場合でも、仕事をしていたことが事実であれば、一般的にはいわゆる年代や職業の総体化された賃金の基準で一定の収入を仮定することが多い。もっとも、Ｙ男の場合、そもそも所属先もないフリーランスであり、仕事の宣伝のためのホームページ等もなかったため、仕事の実態を証明するような資料はないということだった。

Ｙ男としては、休業損害と逸失利益で500万円くらいは請求したいということであったが、請求金額すなわち訴額と弁護士費用、印紙代の関係を説明したところ、費用が増えることは避けたいとのことであった。甲弁護士としても立証の問題もあり、また、Ｙ男は早期解決を希望していることからも、休業損害と逸失利益については、Ｙ男の承諾を得たうえで請求しないこととした。

6　請求金額

甲弁護士は、Ｙ男と話し合ったうえで、以下を請求することとした。
① 　症状固定までの治療関係費
② 　慰謝料　通院慰謝料
　　　　　　　後遺障害慰謝料（14級相当）
③ 　弁護士費用

まず、①治療関係費については、症状固定までの未払分について、Ｙ男に日付順にまとめてもらい、領収書も添付してもらった。また治療費以外では薬代、書類作成料を請求することにした。

②通院慰謝料については、Ｙ男の場合、事故から症状固定まで約１年４カ月と長期にわたっているが、単純に通院期間を約１年４カ月として赤い本の基準を調べると120万円以上の金額になる（赤い本〔2016年版〕172頁）。

Ｙ男の傷害の程度に鑑みると１年４カ月は比較的長期であり、通院日数が36日間であることから、通院期間を基準とした金額での請求は認められな

い可能性もある。

　甲弁護士としては、通院期間を基準とした請求をすることも可能であったが、印紙代もできるだけ抑えたいというY男の希望も入れ、客観的に認められる可能性が高い金額を検討することにした。

　そして、赤い本の基準によると、通院期間が長期にわたり、かつ不規則な場合には実日数の3.5倍程度を通院日数の目安とすることがあるとされていたため、今回も通院日数の約3倍程度として通院慰謝料を赤い本基準の3カ月分である53万円とすることとした（赤い本〔2016年版〕（上巻）172頁）。

　〈Case⑧〉のように長期間にわたる通院の場合、通院期間を通じた治療の内容がどのようなものだったか、診療記録等で精査するべきである。事故からある程度時間が経つと、治療の必要はほとんどなくなり、経過観察のようになる場合もある。特に〈Case⑧〉のY男のように裁判の印紙代や弁護士費用をできるだけ低額にしたいという希望の場合、最終的に認められる可能性の低い高額な請求をしてしまうと後日依頼者とトラブルになることもあるからである。

　Y男の場合も、カルテを確認したところ、事故発生から半年過ぎた頃からほぼ投薬のための診察行為が続き、自然治癒に任せていたため、慰謝料の算定にあたっては、通院日数の3倍程度を基準として算定した。

　後遺障害慰謝料は、14級相当と考え、110万円を請求することにした（赤い本〔2016年版〕（上巻）174頁）。

　また、前述のとおり、休業損害と逸失利益については請求しなかった。

7　方法選択

　Y男は、甲弁護士に相談する前に、自分自身で民間のADRへの申立てを行っており、それについてX女が拒否したため、弁護士に裁判を依頼した経緯があった。

　そのため、甲弁護士としては、損害賠償請求手段として迷わず訴訟提起することにした。

もっとも、〈Case⑧〉のような個人同士の交通事故の場合、まず調停を申し立てるという方法もある。特に、〈Case⑧〉のような、事故状況や後遺障害についての資料が十分ではない場合、立証の問題から、調停手続のほうがより柔軟な解決を図ることができることが多い。また、加害者側の資力に不安がある場合、まずは調停で加害者側の事情も確認しながら、話し合いを進めることも有益である。

甲弁護士は、Y男に対し、裁判手続について説明したうえで、Y男の住所地の管轄である東京地方裁判所に訴訟を申し立てることにした。

【書式2-8-2】 訴状（〈Case⑧〉）

訴　　状

平成28年8月24日

東京地方裁判所　民事部　御中

原告訴訟代理人弁護士　　甲　野　太　郎

当事者の表示　別紙当事者目録記載のとおり　（略）

損害賠償請求事件（交通）
訴訟物の価格　　金194万5180円
貼用印紙代　　　金1万5000円

第1　請求の趣旨
1　被告は、原告に対し、金194万5180円及びこれに対する平成26年12月10日から支払済みまで年5分の割合による金員を支払え
2　訴訟費用は、被告の負担とする
との判決及び1につき仮執行宣言を求める。
第2　請求の原因
1　事故の発生（甲1、以下「本件事故」という。）
（1）日時　平成26年12月10日午後6時25分ころ

(2) 場所　神奈川県川崎市〇〇町7－1－20
(3) 態様（甲2）

　　本件は、原告、被告共に自転車運転時の衝突事故である。

　　原告は鎌倉から自宅のある新宿区までの帰途、国道〇〇号線の車道左端部分を自転車で走行していた。

　　そこへ、被告が自転車に乗り、車道脇にある歩道部分から、突然、車道を横断しようと飛び出してきた。

　　原告は、被告と衝突する直前に、被告自転車の存在に気付き、被告自転車を回避しようとハンドルを右に切ったが、間に合わず、その結果、原被告がそれぞれ運転する自転車同士が衝突した。

2　被告の責任

　　被告は、国道〇〇号線脇の歩道から、横断歩道がないにもかかわらず、自転車を運転し、同国道を横断しようと車道に出てきたのであり、本来、同場所から国道を横断することはできないのであるから、著しい違反がある。

　　また、本件事故現場は、車道と歩道の間に生垣があるものの、国道〇〇号線は直線道路であり、被告は、歩道で一旦停止し、左右を確認すれば、原告が自転車で走行してくることは容易に認識できるはずである。

　　それにもかかわらず、被告は、左右を注視せず、漫然と自転車で車道上に飛び出した結果、原告自転車に衝突した（甲3）。

　　このように被告には過失が認められる。

　　よって、被告は、原告に対し、不法行為責任（民法709条・710条）を負う。

3　原告の傷害

　　原告は、本件事故により、右肩関節挫傷、左第3指PIP脱臼（剥離骨折）、左第4指DIP脱臼、右手挫傷、右下腿挫傷の障害を負い、平成28年4月10日に症状固定となったが、左第3指に関節機能障害が残った。

　　原告には、左第3指、同第4指の可動域制限が生じており、左第3指の膨隆、しびれ感もあることから、原告は、左手指を思うように曲げられない。

　　かかる後遺症は、「1手のおや指以外の手指の遠位指節間関節を屈伸す

ることができなくなったもの」（14級7号）及び「局部に神経症状を残すもの」（14級9号）として、自賠責保険後遺障害等級の14級に相当する（甲3）。
4 本件事故による原告の損害
 (1) 治療関係費（甲4） 　　　　　　　　　　　　　　　　　金30万円
 (2) 慰謝料 　　　　　　　　　　　　　　　　　　　　　　　金163万円
   通院慰謝料　　　　　　　　　53万円（3カ月、赤い本基準）
    ※実通院日数36日間の3倍程度として計算
   後遺症慰謝料　　　　　　　　110万円（14級、赤い本基準）
 (3) 小計 　　　　　　　　　　　　　　　　　　　　　　　　金193万円
 (4) 弁護士費用 　　　　　　　　　　　　　　　　　　　　　金20万円
   原告は、本件事故後、被告が人身損害に関し損害金を支払わなかったため、本訴訟を提起せざるを得なかった。
   よって、原告は、弁護士費用として少なくとも20万円の損害を被った。
 (6) 合計 　　　　　　　　　　　　　　　　　　　　　　　　金213万円
5 既払い金
  なお、本日までに、被告から原告に対し13万円が支払われている。
6 よって、原告は、被告に対し、民法709条に基づき、金200万円及び不法行為の日である平成26年12月10日から支払済みまで年5分の割合による遅延損害金の支払を求める。

以　上

　　　　　　　　　　　　　　証　拠　書　類

　　1　甲第1号証　　　交通事故証明書
　　2　甲第2号証　　　報告書「事故発生状況」
　　3　甲第3号証　　　後遺障害診断書
　　4　甲第4号証　　　治療費関連一覧表

　　　　　　　　　　　　　　付　属　書　類

　　　　1　訴状副本　　　　　　　1通
　　　　2　甲号証写し　　　　　　各2通

	3　訴訟委任状　　　　　2通	

V　訴　訟

　甲弁護士は、東京地方裁判所に、Y男を原告、X女を被告として損害賠償請求訴訟を提起した。

1　訴訟提起の際の書証

甲弁護士は、訴訟提起にあたり、下記の書証を提出した。
① 　交通事故証明書
② 　事故発生状況図（Y男作成。〈図表2-8-1〉）
③ 　後遺障害診断書（【書式2-8-1】）
④ 　治療費関連一覧表（Y男が負担した費用について一覧表を作成）
⑤ 　合意書（事故直後にX女が治療費を負担する旨合意した書面）
⑥ 　連絡書1ないし4（Y男・X女間でやりとりされた治療状況等を確認する内容）
⑦ 　B整形外科の医師が治療途中で作成した診断書
⑧ 　領収書等

2　第1回期日

　第1回期日前に、被告であるX女にも代理人がついた。
　答弁書によると、被告側は、原告にも過失があること、原告に後遺障害は生じていないことを主張し、争っていた。
　それによると、X女は突然飛び出したわけではなく、徐行しながら車道に侵入したが、Y男が制限速度を大幅に超えたスピードで、かつ、前方に注意を払わず走行していたことから、本件事故につながったと主張していた。さらに、被告側は、Y男のタイヤの溝がほとんどなかったことからブレー

キがきかなかったとして、タイヤの摩耗という整備不良があったことを主張した。

すなわち、被告側は、原告の、前方不注意、制限速度違反、整備不良という過失があったことを理由に、過失相殺の主張をしていた。

また、被告側は、原告の通院期間が1年以上の長期にわたっていることから、原告が本件事故で治療を受けたA大学病院とB整形外科のカルテ等の診療記録の文書送付嘱託の申立て（民事訴訟法226条）をした。

第1回期日は、訴状と答弁書の陳述で終わったが、第2回期日に向けて、裁判所は、原告側に対し、後遺障害等級14級の主張について、後遺障害診断書が書証として提出されているが、具体的な症状についての主張・立証の補充を求めた。

また、被告側に対しては、過失相殺の主張をしていることから、そもそも被告側は過失割合を具体的にどのような数字で考えるのか主張することを促した。

文書送付嘱託については、原告も同意したため、認められた。

甲弁護士としては、被告側が過失割合で争ってくることは予想していたため、事故状況についてはさらなる分析が必要であると考えた。

特に事故当時のY男の自転車の速度について、被告側は制限速度である時速40キロメートル以上の速度が出ていたと主張したため、この点について、Y男から提出されたアプリの記録等を調べて証拠として提出することを検討した。また、被告側が主張するタイヤの整備不良についても、これまで出ていなかった争点のため、Y男に事実確認することにした。

3　第2回期日まで

第2回期日前に、被告側が文書送付嘱託を申し立てたうちのB整形外科の診療記録が開示されたとの連絡が裁判所からあった。裁判所は、まず原告側に開示し、必要であれば貸し出しをするということだったので、甲弁護士は裁判所に行き、貸出手続をとった。もっとも、レントゲン写真はA3サ

イズより大きく、普通のコピー機で複写することはできないので、甲弁護士は借り出したものの特に何もせずに返却することになった。B整形外科のレントゲン写真については、Y男がすでに写真撮影したものがあったので、それで足りるとも思った。仮にレントゲン写真のコピーをとる場合、専門の業者に依頼する必要があり、日数もかかるため、あらかじめ依頼者と費用負担等について、確認しておく必要がある。

　甲弁護士は、次回期日に向けて、まず後遺障害等級14級の主張を補充することにした。そうはいっても、医学的な説明をすることは難しいし、B整形外科以外の医師にセカンドオピニオンを求めることも費用の面からはできなかった。そこで、B整形外科の診療記録を基に「関節の動きが回復していない」、「左手第2指、第5指の関節も固くなってきている」等の記載をピックアップし、可動域については左右で大きく違うという点を強調し、Y男の左右の手の写真を書証として添付することにした。

　また、制限速度違反の反論としては、Y男が携帯電話に記録していたGPS計測による走行記録をプリントアウトし、書証として添付した。当該走行記録は、1キロメートルごとのラップタイムを記録したものであり、それによると事故直前の10キロメートルの平均速度は時速22キロメートルであった。

　タイヤの摩耗については、Y男の説明では、Y男の自転車はもともと溝がほとんどないタイプであり、そのようなタイヤは道路との抵抗をなくすためにロードバイクによく取りつけられているものであるとのことであった。すなわち、溝がないのは摩耗していたためではなかった。甲弁護士はタイヤの種類について確認しようとしたが、Y男はすでに自転車を処分してしまっており、現物を見ることはできなかった。甲弁護士はY男に対し、類似品のパンフレット等があれば集めるように指示した。

4　第2回期日

　第2回期日では、文書送付嘱託により、B整形外科の診療記録は開示されたものの、A大学病院の診療記録はまだ開示されていなかった。

そのため、被告側はB整形外科の診療記録に基づいた反論を行った。特に治療期間については、当初、A大学病院では加療2週間とされたこと、事故から半年ほど経った時に被告が原告の治療に立ち会った際、B整形外科のC医師が、原告の左指の他動屈伸を行い、受傷部位を可動域いっぱいまで動かしたが、原告は痛みを訴えることもなく、可動域低下はなかったと主張した。

また、過失割合について、被告側は自動車同士の事故における事例ごとの過失割合をまとめた文献の中から本件類似のケースを引用して、原告の過失割合が3割であると主張した。

もっとも、甲弁護士は、被告側が原告の過失割合を3割と主張したことで、正直、ほっとした気持もあった。

なぜなら、〈*Case* ⑧〉は、被告であるX女が違反して横断をしようとしたことが原因であるものの、事故状況については双方の言い分は食い違っており、X女が車道に侵入してきた部分は生垣が途切れ、歩道部分が入口のように段差がなくなっている部分であったことから、Y男が前方に注意していればブレーキで自転車を停止できていたのではないだろうか、という疑問もあったからである。

そのため、甲弁護士は、Y男に4割程度の過失が認められる可能性も否定できないと考えていた。

しかし、被告側がY男の過失を3割と主張したため、今後、和解を視野に入れても原告側の過失が3割以上になることはないだろうと考え、甲弁護士としては、解決に向けての見通しが立ったような気がした。

後は、金額面の争いをどのように調整するかである。

原告側も前回の期日で原告に課された宿題である後遺障害等級14級該当性について主張の補充を行い、B整形外科のレントゲン写真やY男が自分で撮影した手の写真等を証拠として、しびれ等の自覚症状および受傷部の膨隆という他覚症状もあることを再度主張した。また、自転車の走行記録とY男の自転車と類似のタイヤのパンフレットも証拠として提出した。

5　第3回期日

　第3回期日では、被告側は、前回の原告側の主張に対し、反論してきた。

　まず、後遺障害については、原告が当初診察してもらったA大学病院では、加療2週間とされていること、また、通常原告の傷害の程度であれば、3カ月程度の治療期間が相当であり、後遺障害が残るとは考えられないとの主張であった。さらに、被告側は、B整形外科のC医師の診断および後遺障害診断書の記載には疑問があると主張した。

　また、原告の事故当時の速度については、走行記録は、あくまでも1キロメートルあたりの平均速度を示しているにすぎず、事故時の速度については正確には示していないと反論した。

　被告側はタイヤの摩耗についても、追及しようとしたが、裁判官から「これはもともと溝のないタイヤでしょう」と確認され、すでに問題としていないようであった。

　今回で双方の主張が出そろったこともあり、次回は和解のための弁論準備期日となった。

6　第4回期日まで

　これまでの主張を踏まえて、原告・被告双方が和解に向けて話し合うことになった。

　甲弁護士は期日間に、Y男と和解する場合の金額について検討したが、和解というからには何らかの歩み寄りが必要で、Y男の側も譲歩することが必要であると説得した。

Y　男：譲歩するというのは、私も非を認めろということでしょうか。
甲弁護士：非を認めるというより、歩み寄りをするということです。和解の場合、どちらがいい悪いという話を抜きにして解決しましょうということですから。
Y　男：どれくらい譲歩すればよいのですか。

甲弁護士：まあ、最初は、こちらに１割くらい過失を認めて、今請求している金額の９割程度で和解案を示してみましょう。

Ｙ　男：私としては、判決で白黒はっきりさせたい気持もあるのですが。

甲弁護士：そういう考えもありますが……。今回のような請求相手が個人の場合、判決をもらってもすぐに相手が支払えない場合があります。それに実際支払わない場合は財産を差し押さえたりする必要があるのです。和解で解決するメリットは、たとえば、相手が一括で支払えないとしても、分割払いの合意をする等、できるだけ確実に払ってもらう手段を確保することができるのです。

Ｙ　男：なるほど。Ｘ女はきちんと支払えるのでしょうか。

甲弁護士：そこは代理人もついているので次回きちんと確認する必要がありますね。

7　第４回期日

　第４回期日では、原告側は強気に過失について１割ならば認めると主張した。

　これに対し、被告側は、通院期間と後遺障害慰謝料について大幅に譲歩するよう求めてきた。

　裁判所が原告側に示したところによると、後遺障害については14級相当にあたるのではないかということであり、後は過失割合の問題になった。

　もっとも、過失割合については、この段階で、原告側が１対９、被告側が３対７と主張していたため、ほぼ２対８が落としどころであろうと双方が考えた。

　後は、被告側の資力の問題である。

　被告は、専業主婦のため、夫に相談しないと決められないということであ

った。

　Y男としては、生活費に余裕がないことから、できるだけ早期に支払ってほしいと希望している。そのため、仮に分割払いとなった場合、3回程度までならば検討するとのことだった。

　その結果、原告の請求額について、過失割合を2対8として金額を算定し、それを3回程度の分割払いで和解できるかどうか双方検討してくることになった。

8　第5回期日

　原告・被告とも金額について承諾し、被告は2回の分割でこれを支払うとした。

　甲弁護士としては最終的には、後遺障害分を認めてもらえたことで、Y男に弁護士費用分以上の獲得分があり、代理人としてひとまず成果を出せたことに安堵した。

VI　反省点

1　後遺障害

　後遺障害については、客観的な等級認定がない場合、弁護士が医学的資料に基づいて等級を主張していくことは難しい。

　〈Case⑧〉では、依頼者であるY男の資力の問題もあり、費用の負担を考え、担当医の意見書作成や、他医療機関でのセカンドオピニオンについては躊躇した。

　もっとも任意保険に弁護士費用特約等がついており費用面の不安が少ない場合、および損害賠償額が高額になる場合は、医療の専門家の客観的意見を求めるべきである。

　仮に〈Case⑧〉のように専門家の意見を求められないような場合において、症状について調べるには既述の『労災補償・障害認定必携』等が参考に

なる。

2 受任するにあたって

Y男は、当初、費用の問題から弁護士に依頼することを躊躇していた。

また、フリーランスの仕事で収入が不安定なことから、紛争が長期化することを懸念した。そのため、訴訟提起しても早期和解を模索する方向で進めるつもりでいた。

この点、〈*Case*⑧〉では、訴訟提起後、被告であるX女も弁護士を代理人として選任したため、比較的スムーズに和解まで進めることができた。

もっとも、個人相手に損害賠償請求をする場合、そもそも被告が出頭すらしないリスクも考えられ、仮に勝訴判決をとったとしても、どのように回収するのかといった問題も含めて、依頼者には十分説明しておく必要がある。

〈*Case*⑧〉では、後遺障害分も和解内容に含められたため、結果的に和解金額も高額になったが、仮に後遺障害分が認められなかった場合、通院慰謝料だけで弁護士費用を負担させるに値するのかどうか、慎重に見極めてから受任するべきと考えた。

また、Y男の場合のように休業損害を請求するにあたっては、依頼者の話をうのみにするのではなく、証拠等を調査・検討したうえで判断するべきである。

Y男も、当初、親を頼りにしていることを恥じて、仕送りの事実を話そうとしなかった。一方で甲弁護士がグラフィックデザインの仕事の収入状況を確認しようとすると、躊躇した。特に、フリーランスの仕事は、本人から提出された資料が訴訟で審査されることに耐えられるものなのか、可能な限り客観性の高い資料の提出を要求することが重要である。

3 証拠の収集

〈*Case*⑧〉では、Y男は事故時に乗っていた自転車をすでに処分してしまっていた。そのため、事故時の状況については、Y男の描いた図を基に

検討した。

　もっとも、自転車が残っている場合、もしくは類似の自転車が用意できる場合には、事故状況の再現をしてみると、より当事者の記憶する事故状況と自転車の損傷個所等の整合性がわかり、主張に説得力が増すと思われる。

　特に自転車事故の場合、自動車事故ほど事例や判例がないことから、いかにわかりやすく裁判官に伝えるかがポイントになると思われる。

4　自転車事故の特徴

　自転車については、自動車の場合ほど、交通規則が遵守されていないことが多い。

　たとえば、自転車は車道を走行するのが原則であるが、今回、Y男は車道を走行していたものの、X女のように歩道を走行する自転車も多い。

　また、横断歩道に自転車横断帯があっても必ずしも、自転車がそこを走行していないこともある。

　そのため、自転車の交通違反行為については、まず道路交通法上、どのような行為が問題になるのかを確認し、当該違反が、現場の過失相殺の問題になるのか検討する必要がある。

VII　その後

　和解後、X女から2回にわたり和解金が支払われ、事件は一段落した。

　本稿は、複数の事例を組み合わせるなどして構成したものであり、実際の事例とは異なる。

第9章 逸失利益——外貌醜状に係る後遺障害等級・減収がない場合における逸失利益の有無・額

I 事案の概要

〈Case ⑨〉

依頼者Xは、28歳の男性・公務員（公安職）であり、信号機により交通整理の行われていない同幅員の交差点における、単車左方車・四輪車右方車の事故（以下、「本件事故」という。『民事交通訴訟における過失相殺率の認定基準〔全訂5版〕』（別冊判例タイムズ38号）【165】参照）の被害者である。

Xの左顔面部に瘢痕・左前額部に線条痕2本の計2箇所に醜状障害（以下、顔面部の醜状障害を「本件醜状障害①」、前額部の醜状障害を「本件醜状障害②」、本件醜状障害①②を総称して「本件醜状障害」という）が残った。

本件醜状障害の後遺障害等級につき争いがある。また、Xが公務員であることおよび本件醜状障害がいわゆる外貌醜状であることから、逸失利益の有無・額につき争いがある。

II 実務上のポイント

〈*Case*⑨〉における実務上のポイントは、以下の2点である。
① 外貌醜状に係る後遺障害等級
② 減収がない場合における逸失利益の有無・額

III 事件受任等

1 本件事故の概要

甲弁護士は、東京都内の法律事務所のイソ弁である。交通事故案件については、法律相談を含めて年に2、3件扱う程度である。

ある日、交通事故の被害者となった高校時代の友人Ｘから電話があり、「今、事故の関係で保険会社と話をしているが、よくわからないので連絡した。俺の保険は、弁護士費用特約に入っているようなので、もし甲が差し支えなければ、これを使って事件を引き受けてくれないか」とのことで、甲弁護士は、ありがたく受任させてもらうこととした。

Ｘによれば、本件事故の概要は、以下のとおりであった。

・本件事故の態様は、上記「事案の概要」記載のとおりであり、特に争いはない。
・すでに後遺障害等級12級14号「外貌に醜状を残すもの」が事前認定（以下、「本件事前認定」という）されている。
・しかし、本件事前認定で供されたＡ病院のＢ医師作成の後遺障害診断書（以下、「本件当初診断書」という）には、本件醜状障害①の記載しかなく、本件醜状障害②の記載がなかったことから、本件事前認定の基礎は本件醜状障害①のみである。
・自賠責損害調査事務所の面接調査の担当者によれば、本件醜状障害②については、本件当初診断書に記載がないから判断の基礎とできないとの

ことである。
・関係書類は、ほとんど相手方の任意保険会社（以下、「相手方保険会社」という）に提出しており、自分の手元にはない。

2　関係書類の収集・確認

Xが関係書類をほとんど相手方保険会社に提出し、自分の手元にはないとのことで、甲弁護士は、相手方保険会社に対し、ひとまず交通事故証明書、本件当初診断書、「後遺障害等級（事前認定）結果のご連絡」の3点の送付を依頼した。

受領後、本件当初診断書と「後遺障害等級（事前認定）結果のご連絡」を照らし合わせてみると、Xの言うとおり、本件当初診断書には本件醜状障害①の記載しかなく、また、本件事前認定の基礎は本件醜状障害①のみであることが確認できた。

3　外貌醜状の体系の調査

並行して、甲弁護士は後遺障害等級における外貌醜状の体系を調査したところ、おおむね、以下のとおりであることがわかった。

(1)　後遺障害等級

まず、後遺障害等級については、自動車損害賠償保障法施行令（以下、同法を「自賠法」、同令を「自賠令」という）別表（以下、「別表」という）第2において、〈図表2-9-1〉のとおりとされていた。

〈図表2-9-1〉　後遺障害等級（自動車損害賠償保障法施行令別表第2）

等級	後遺障害	保険金額	労働能力喪失率
第7級	12　外貌に著しい醜状を残すもの	1051万円	56/100
第9級	16　外貌に相当程度の醜状を残すもの	616万円	35/100
第12級	14　外貌に醜状を残すもの	224万円	14/100

(2) 認定基準

次に、後遺障害等級の認定基準については、平成13年金融庁・国土交通省告示第1号「自動車損害賠償責任保険の保険金等及び自動車損害賠償責任共済の共済金等の支払基準」「第3　後遺障害による損害」柱書において「等級の認定は、原則として労働者災害補償保険における障害の等級認定の基準に準じて行う」とされているところ、外貌醜状については、平成23年2月1日基発0201第2号厚生労働省労働基準局長通達「外貌の醜状障害に関する障害等級認定基準について」(別紙)「外貌(上肢及び下肢の醜状を含む。)の醜状障害に関する障害等級認定基準」(以下、「本件認定基準」という)において、(資料2-9-1)のとおりとされていることがわかった。

(資料2-9-1)「外貌(上肢及び下肢の醜状を含む。)の醜状障害に関する障害等級認定基準」(平成23年2月1日基発0201第2号厚生労働省労働基準局長通達(別紙))

(別紙)

外貌(上肢及び下肢の醜状を含む。)の醜状障害に関する障害等級認定基準

第1　醜状障害と障害等級
　　（略）

第2　障害等級認定の基準
　1　外貌の醜状障害
　(1)「外貌」とは、頭部、顔面部、頸部のごとく、上肢及び下肢以外の日常露出する部分をいう。
　(2)　外貌における「著しい醜状を残すもの」とは、原則として、次のいずれかに該当する場合で、人目につく程度以上のものをいう。
　　①　頭部にあっては、てのひら大（指の部分は含まない。以下同じ。）以上の瘢痕又は頭蓋骨のてのひら大以上の欠損
　　②　顔面部にあっては、鶏卵大面以上の瘢痕又は10円銅貨大以上の組織

　　　　陥没
　　　③　頸部にあっては、てのひら大以上の瘢痕
(3)　外貌における「相当程度の醜状」とは、原則として、顔面部の長さ5センチメートル以上の線状痕で、人目につく程度以上のものをいう。
(4)　外貌における単なる「醜状」とは、原則として、次のいずれかに該当する場合で、人目につく程度以上のものをいう。
　　①　頭部にあっては、鶏卵大面以上の瘢痕又は頭蓋骨の鶏卵大面以上の欠損
　　②　顔面部にあっては、10円銅貨大以上の瘢痕又は長さ3センチメートル以上の線状痕
　　③　頸部にあっては、鶏卵大面以上の瘢痕
(5)　障害補償の対象となる外貌の醜状とは、人目につく程度以上のものでなければならないから、瘢痕、線状痕及び組織陥没であって眉毛、頭髪等にかくれる部分については、醜状として取り扱わないこと。
　　例　眉毛の走行に一致して3.5センチメートルの縫合創痕があり、そのうち1.5センチメートルが眉毛にかくれている場合は、顔面に残った線状痕は2センチメートルとなるので、外貌の醜状には該当しない。
(6)　（略）
(7)　（略）
(8)　（略）
(9)　2個以上の瘢痕又は線状痕が相隣接し、又は相まって1個の瘢痕又は線状痕と同程度以上の醜状を呈する場合は、それらの面積、長さ等を合算して等級を認定すること。
(10)　（略）
2　露出面の醜状障害
　　（略）

第3　併合、準用、加重、その他
　1　併合
　　次に掲げる場合においては、労災則第14条第2項及び第3項により併合して等級を認定すること。

(1) 外貌の醜状障害と露出面の醜状障害が存する場合
(2) 外貌の醜状障害と露出面以外の醜状障害が存する場合
　例　頭部に第12級、背部に第12級相当の醜状障害がある場合は、これらを併合して、併合第11級に認定する。
(3) 上肢の露出面の醜状障害と下肢の露出面の醜状障害が存する場合
(4) 外傷、火傷等のための眼球亡失により、眼部周囲及び顔面の組織陥没、瘢痕等を生じた場合は、眼球亡失に係る等級と瘢痕等の醜状障害に係る等級を併合して、等級を認定すること。
　例　眼及び眉毛を亡失し（第8級の1）、その周囲の組織陥没が著しい（第7級の12）場合は、それらを併合して併合第5級とする。
2　準用
　（略）
3　加重
　（略）
4　その他
　（略）

4　Xとの面談——直接確認、論点整理、写真撮影、方針説明

(1) 直接確認

　上記を踏まえて、甲弁護士は、仮に本件醜状障害①だけでなく同②があった場合に、本件事前認定が覆る（後遺障害等級が上がる）可能性があるかを検討するため、また、Xに今後の方針説明をするため、Xと面談することとした。

　なお、甲弁護士は、Xから本件醜状障害②については頭髪で完全に隠れる部分もあると聞いていたので、Xに対し、事前に、面談の直前に日頃の髪型との関係で不自然とならない範囲で散髪をしてきてほしいとお願いしていたところ、Xは、いつにも増した短髪にしてくれていた。

　そしてまず、本件醜状障害を直接確認して定規で測定したところ、本件醜状障害①については、長径約3センチメートル、短径役1.5センチメートル

であった。本件認定基準にあてはめると、本件事前認定のとおり、「第2・1(4)②　顔面部にあっては、10円銅貨大以上の瘢痕……」＝第12級14号「外貌に醜状を残すもの」にあたることが確認できた。

本件当初診断書に記載のない本件醜状障害②については、頭髪で完全に隠れる部分を除き2本の線条痕計約4センチメートル（約1.5センチメートルと約2.5センチメートル）であった。本件認定基準にあてはめると、「第2・1(4)②　顔面部にあっては、……長さ3センチメートル以上の線状痕」＝第12級14号「外貌に醜状を残すもの」にあたることが確認できた。

本件醜状障害①②間の距離については、約15センチメートルであった。

　(2)　論点整理

上記の測定結果を踏まえて、甲弁護士は、以下のとおり論点が整理できると考えた。

・本件醜状障害①については、本件事前認定のとおりで問題ない。
・他方、本件醜状障害②については、障害の場所が頭髪の生え際にあることから、本件認定基準「第2・1(1)(5)」との関係で、「外貌」といえるか。
・上記が「外貌」といえる場合、本件醜状障害①②について、本件認定基準「第2・1(9)」をあてはめて、長さ等を合算して等級認定できないか。合算できれば、本件認定基準「第2・1(3)　……顔面部の長さ5センチメートル以上の線状痕で、人目につく程度以上のもの……」＝第9級16号「外貌に相当程度の醜状を残すもの」にあたることとなる。
・上記が合算できない場合でも、本件醜状障害①②いずれも第12級14号「外貌に醜状を残すもの」にあたることから、併合等級として第11級の等級認定ができないか（自賠令2条1項3号ニ参照。なお、本件認定基準「第3・1」のいずれの場合にもあてはまらない）。

　(3)　写真撮影

上記の論点整理のとおり、本件醜状障害②によって後遺障害等級が上がる可能性が見込まれたことから、本件当初診断書の訂正は必須だった。そして、「外貌」であることを際立たせるために、訂正に係る後遺障害診断書には写

真添付が有効と思われた。そこで、甲弁護士は、明るさ、遠近、角度等の異なる写真を数十枚撮影し、その中から、最も写りの良い写真1枚を厳選することとした。

　(4)　方針説明

　以上を踏まえて、甲弁護士は、X に対し、以下の方針で進めたい旨説明したところ、X としても特に異存はないようだった。

　①　本件当初診断書の訂正（対 A 病院の B 医師）
　②　異議申立て（対相手方保険会社）
　③　損害賠償請求（対相手方保険会社）

　また、甲弁護士は、X に対し、上記③の段階の話になるが、X が公務員であることおよび後遺障害が外貌醜状であることから、逸失利益の有無・額につき争いが生じる可能性が高い旨説明したところ、X は、相手方保険会社からすでにそのような趣旨のことを言われているとのことであった。

IV
本件当初診断書の訂正（対 A 病院の B 医師）

1　診断書訂正の重要性

　本件当初診断書には、本件醜状障害①の記載しかなく、本件醜状障害②の記載がなかったこと、また、自賠責損害調査事務所の面接調査の担当者によれば、本件醜状障害②については、本件当初診断書に記載がないから判断の基礎とできないと言われていたことから、本件当初診断書に本件醜状障害②を追記して訂正することが最重要ミッションであった。

　また、外貌醜状については、本件認定基準「第2・1(2)～(4)」のとおり、大きさ・長さ等につき具体的な数値が定められていることから、本件当初診断書を訂正する際には、あわせて、本件醜状障害の長さ等につき具体的な数値も追記してもらおうと考えた。

　そこで、甲弁護士は、X と一緒に A 病院の B 医師を訪問したうえで、本件当初診断書を訂正してもらおうと思った。

ところが、Xから話を聞いてみると、「本件当初診断書を作成してもらった時に、A病院のB医師に本件醜状障害②がない旨指摘したところ、同医師から、『後遺障害か否かは医師が判断する。素人であるあなたが口出ししないでほしい』と言われた」とのことであった。

甲弁護士は、「ちょっと気難しい医師のようだから、細心の注意を払う必要があるな……」と感じたうえで、Xとも相談し、まずは簡単な電話をして、その後に具体的なお願い事項を記載した書面を送付することとした。

2　診断書訂正の申入れ等

(1)　B医師に対する最初の電話

甲弁護士は、A病院のB医師に電話し、簡単に挨拶をした後、本件当初診断書を訂正してほしいこと、具体的なお願い事項は書面を送付させていただくこと、書面が届き次第あらためて説明させていただくこと等を伝えた。

すると、B医師から、「私が間違った後遺障害診断書を作成したということか。私としては正しい診断を記載したつもりだ。書面がくれば見はするが、訂正に応じるかはわからない」との回答があった。

(2)　B医師に対する書面の作成・送付

甲弁護士は、B医師との上記のようなやりとりもあったことから、なるべく丁寧な言い回しの書面とするよう心がけたうえで、【書式2-9-1】の書面を作成・送付することとした。

【書式2-9-1】　ご連絡（後遺障害診断書ご訂正のお願い）（《Case ⑨》）

ご　連　絡
（後遺障害診断書ご訂正のお願い）

平成〇年〇月〇日

医療法人社団A病院
外科　B　先生

〇〇法律事務所
X代理人弁護士　　　甲

　謹啓　時下ますますご清祥のこととお慶び申し上げます。
　小職は、資料1：交通事故証明書（略）の交通事故の件（以下「本件事故」といいます。）に関しまして、X氏より委任を受け代理人に就任した弁護士です。本件事故に関しましては、貴院におかれまして、X氏が本件事故により受傷した直後から一貫して処置等にあたっていただきましたことを、小職からもあらためて深く感謝申し上げます。
　さて、本件事故に関しましては、X氏から、相手方保険会社に対し、後遺障害等級の事前認定申請をしましたところ、当該保険会社の指摘等によって、資料2：平成〇年〇月〇日付貴院（B先生）ご作成の後遺障害診断書（注：本件当初診断書）上に左顔面部の瘢痕（注：本件醜状障害①）の記載のみしかなかったこと等から、当該認定におきましては、左顔面部の瘢痕しかその基礎とされていないことが判明いたしました。貴院もご高承のとおり、X氏の障害につきましては、左顔面部の瘢痕だけでなく、左前額部の線状痕（注：本件醜状障害②）も残っているところであり、後遺障害等級の認定におきましては、当該左前額部の線状痕も基礎とされる必要がございます。
　このような事情を踏まえまして、貴院におかれまして、あらためて、左顔面部の瘢痕だけでなく左前額部の線条痕も基に後遺障害診断書をご訂正いただきたく、ご連絡申し上げた次第です。
　なお、ご訂正いただく際には、障害の性質上、可能な限り正確なものとしたく、①本書に同封の写真を後遺障害診断書の別紙（契印をお願いいたします。）としていただいた上で、②後遺障害診断書上の「1．外ぼう　ロ．顔面部」にチェックをしていただき、③左顔面部の瘢痕につきましては、「1箇所の楕円（長径約〇mm、短形約〇mm）の瘢痕あり」、左前額部の線条痕につきましては、「2箇所（上部約〇mm、下部約〇mm、計約〇mm）の線条痕あり」等具体的な数値の記載をしていただきたく存じます（なお、医学的見地からのご表現につきましては、貴院にてお取り計らいいただければ幸甚です。）。
　貴院におかれましては、大変ご多忙中誠に恐れ入りますが、後遺障害等級認定につきましては、その性質上、X氏本人及びその家族の将来に多大な影響

を及ぼすものでございますので、なにとぞご理解、ご協力を賜りますようお願い申し上げます。
　なお、ご訂正にあたっては、別途訪問日時を調整させていただきたく、あらためてお電話させていただきます。
敬白

(3)　B医師に対する2回目の電話、アポ取り

　甲弁護士は、上記書面を送付後、B医師に対しあらためて電話したところ、B医師からは、開口一番、「あなたの書面によれば、私が間違った後遺障害診断書を作成したということか。私としては、もちろん左前額部の線条痕は認識していたが、後遺障害にはあたらないと判断したまでだ」と言われた。
　甲弁護士としては、内心、「後遺障害かどうかは基本的には法的評価であって、後遺障害診断書には客観的事実としての障害だけを記載してくれればそれで足りるのに……」と不満を感じつつも、「B先生が間違った後遺障害診断書を作成したとは全く思っていません。ただ、相手方保険会社から、本件醜状障害②を追記して訂正してこいとしつこく言われておりまして、大変失礼なことと思いながら、お願い申し上げている次第です……」と（電話であるが）平身低頭でお願いした（ちなみに、相手方保険会社のくだりは、相手方保険会社が実際にはそのようなことをわざわざ言うはずはなく、正確には、「本件醜状障害②が追記されない以上、示談交渉としてこれを基礎にすることはできない」と言われていただけであった）。
　すると、B医師から、渋々ではあったが、何とか本件当初診断書の訂正をしてくれるとの回答をいただき、アポイントメントを取り付けることができた。

3　B医師の診断、診断書の訂正

　アポイントメントの当日、甲弁護士は、念には念を入れ、真夏であったがジャケット・ネクタイを装備し、菓子折り（某高級羊羹メーカーの羊羹詰合せ）も携えたうえで、A病院を訪問した。

甲弁護士とXは、診断の番まで落ち着かなかったが、Xの名前がよばれやや緊張しつつ診察室に入ると、B医師は、打って変わってごく普通の対応であり、携えた菓子折りも「そんな気を使っていただかなくてよかったですよ」と言いつつも喜んで受け取ってもらえた。

そして、実際の診断においても、【書式2-9-1】においてお願いしたとおりに、本件醜状障害の長さ等につき具体的な数値を丁寧に測定し、また、甲弁護士が用意した写真も別紙としたうえで、本件当初診断書を訂正してもらえ、無事、最重要ミッションをクリアできた。

V
異議申立て（対相手方保険会社）

1　異議申立て内容の整理

(1)　本件訂正診断書の記載、後遺障害等級

訂正後の後遺障害診断書（以下、「本件訂正診断書」という）において、本件醜状障害の具体的な数値は、以下のとおり記載されていた。

本件醜状障害①　　長径3.1mm、短径1.4mm
本件醜状障害②　　上部1.6mm、下部2.4mm

---

(2)　異議申立て内容の整理

本件訂正診断書の具体的な数値の記載を基に、前記Ⅲ4(2)の論点整理を踏まえ、本件醜状障害を別表第2にあてはめると、異議申立ての内容は、おおむね、以下のとおり主位的・予備的申立てに整理された。

①　主位的申立て

本件醜状障害①②を合算（合計7.1ミリメートル）して、本件認定基準「第2・1(3)　……顔面部の長さ5センチメートル以上の線状痕で、人目につく程度以上のもの……」＝第9級16号「外貌に相当程度の醜状を残すもの」に該当する。

② 予備的申立て

　本件醜状障害①②を合算できない場合でも、いずれも第12級14号「外貌に醜状を残すもの」にあたることから、併合等級として第11級となる。なお、本件醜状障害②については、障害の場所が頭髪の生え際にあることから、「外貌」といえるか議論の余地があったが、本件訂正診断書の写真およびXの髪型（短髪）も踏まえると、日常露出はしており、人目につく場所であったことから、異議申立書では深入りせず、当然の前提であるかのような主張とすることとした。

2　異議申立て

上記の整理を踏まえて、【書式2-9-2】のとおり、相手方保険会社から受領していた書式を参考に異議申立書を作成し、相手方保険会社に対し送付して異議申立てをした（なお、異議申立てを含めて後遺障害等級認定手続については、「自賠責保険請求と後遺障害等級認定手続の解説」青本〔21訂版〕279頁以下に詳しい）。

【書式2-9-2】　後遺障害等級認定（事前認定）結果異議申立書（《Case⑨》）

異議申立書

平成○年○月○日

○○損害保険株式会社　御中

　　　　　　　　　　　申立人X代理人弁護士　　　　甲
　　　　　　　　　　　住　所　〒000-0000
　　　　　　　　　　　　　　　東京都港区○0-0-0　○ビル0階
　　　　　　　　　　　　　　　○○法律事務所
　　　　　　　　　　　電　話　03-0000-0000
　　　　　　　　　　　ＦＡＸ　03-0000-0000

貴社より連絡のあった後遺障害等級認定（事前認定）結果につき、下記のと

おり異議を申し立てます。

証明書番号	0A00B0000	被害者名	X
事故発生年月日	平成26年3月26日	添付資料等	資料目録のとおり

第1　異議申立の趣旨
　1　主位的申立
　　　加害者を乙、被害者を申立人とする平成○年○月○日午前○時○分頃○市○区○○-0-0○株式会社先路上において発生した交通事故（以下「本件事故」という。）によって申立人が被った後遺障害（以下「本件醜状障害」という。）について、平成○年○月○日付事前認定においては自動車損害賠償保障法施行令別表第2（以下省略）第12級14号「外貌に醜状を残すもの」に該当すると判断されたが（以下「本件事前認定」という。）、後記第2で述べるとおり、本件醜状障害は第9級16号「外貌に相当程度の醜状を残すもの」に該当すると判断されるべきである。
　2　予備的申立
　　　仮に第9級16号「外貌に相当程度の醜状を残すもの」に該当しない場合であっても、後記第2で述べるとおり、本件醜状障害は第12級14号「外貌に醜状を残すもの」に該当するのが2箇所存在することから、併合等級第11級となると判断されるべきである。

第2　異議申立の理由
　1　前提—本件醜状障害の内容等
　⑴　本件醜状障害は、いわゆる醜状障害であって、その具体的内容は、甲1：平成○年○月○日付自動車損害賠償責任保険後遺障害診断書（以下「本件訂正付診断書」という。）のとおり、①左顔面部長径3.1mm・短形1.4mmの瘢痕、②左前額部上部1.6mm・下部2.4mmの線条痕である（以下本件醜状障害のうち①に係る部分を「本件醜状障害①」、同②に係る部分を「本件醜状障害②」という。なお、症状固定日は平成○年○月○日である。）。
　⑵　ところで、本件事前認定においては、甲2：平成○年○月○日付自動

車損害賠償責任保険後遺障害診断書(以下「本件当初診断書」という。)が判断の基礎資料とされているが、同診断書は、これを作成した医師(以下「本件医師」という。)が本件醜状障害②に関する記載をすることを失念していたものであったことから、平成○年○月○日、申立人及び申立人代理人において、本件医師の面前にて直接申立人の本件醜状障害①及び同②の正確な長さ等を計測していただいた上で、本件醜状障害②に関する正確な記載を内容とする本件訂正診断書を受領した。

　このようなことから、本件異議申立においては、甲2:本件当初診断書ではなく、甲1:本件訂正診断書が判断の基礎資料とされるべきである。

2　第9級16号「外貌に相当程度の醜状を残すもの」に該当すること
(1)　本件醜状障害の内容は、前述のとおり、①左顔面部長径3.1mm・短形1.4mm の瘢痕、②左前額部上部1.6mm・下部2.4mm の線条痕である。

　ところで、第9級16号「外貌に相当程度の醜状を残すもの」とは、原則として、顔面部の長さ5センチメートル以上の線状痕で、人目につく程度以上のものをいうとされており、また、2個以上の瘢痕又は線状痕が隣接し、又は相まって1個の瘢痕又は線状痕と同程度以上の醜状を呈する場合は、それらの面積、長さ等を合算して等級を決定するものとされている。

(2)　本件醜状障害について見ると、甲1:本件訂正診断書に添付の写真のとおり、本件醜状障害①及び同②については、いずれも顔面部の左半分約2分の1の範囲(その距離僅か15cm程度)で隣接していること及び後遺障害の内容も醜状痕として共通していること等からすると、見る人をして本件醜状障害①及び同②を一体のものと印象づけることは容易に推察され、そうだとすると、本件醜状障害①及び同②は隣接し、又は相まって1個の瘢痕又は線状痕と同程度以上の醜状を呈する場合に該当する。

　そして、本件醜状障害の内容は、①左顔面部長径3.1mm・短形1.4mm の瘢痕、②左前額部上部1.6mm・下部2.4mm の線条痕であるところ、これらの瘢痕・線条痕部分を足すと合計で7.1mmとなり、かつ、甲1の本件訂正診断書に添付の写真のとおり、本件醜状障害①及び

同②ともに日常露出し人目につく場所であることから、本件醜状障害は顔面部の長さ5センチメートル以上の線状痕で、人目につく程度以上のものであるといえ、第9級16号「外貌に相当程度の醜状を残すもの」に該当することは明らかである。

3　併合等級第11級となること

(1)　本件醜状障害②も第12級14号「外貌に醜状を残すもの」に該当すること

　　本件においては、本件事前認定において本件醜状障害①につき第12級14号「外貌に醜状を残すもの」に該当すると判断されているが、本件醜状障害②は、左前額部上部1.6mm・下部2.4mmの線条痕であって3センチメートル以上の線状痕であり、また、甲1：本件訂正診断書に添付の写真のとおり日常露出し人目につく場所であることから、本件醜状障害①だけでなく、本件醜状障害②も第12級14号「外貌に醜状を残すもの」に該当する。

(2)　そして、本件においては、（仮に前記2において、本件醜状障害①及び同②が隣接し、又は相まって1個の瘢痕又は線状痕と同程度以上の醜状を呈する場合に該当しない場合には、）本件醜状障害①及び同②の2つの後遺障害があることになるが、後遺障害が2つ以上あるときは、重い方の後遺障害の該当する等級によるが、第13級以上に該当する後遺障害が2つ以上あるときは、重い方の後遺障害の等級を1級繰り上げるとされているところ（併合等級。自賠令2条1項3号ニ参照）、本件醜状障害については、本件醜状障害①及び同②の2つの第12級14号「外貌に醜状を残すもの」に該当する後遺障害があるのであるから、第12級を1級繰り上げた併合等級第11級となることは明らかである。

以上

資料目録

甲1　本件訂正診断書（原本）
甲2　本件当初診断書（写し）

3　自賠責損害調査事務所の面接調査

　異議申立てから約2週間後、相手方保険会社から、自賠責損害調査事務所の面接調査の日程調整の連絡があった。甲弁護士は、Xから同席をお願いされていたこともあり、面接調査に立ち会うこととなった。

　面接調査の当日、自賠責損害調査事務所に着くと、まず待合室に通され、そこから面接室のような場所に移された後、調査担当者が入室し面接が開始された。調査担当者からは、「結構ひどく残っていますね。これは大変だったでしょう。なぜ最初の診断書に記載されていなかったのでしょうね」等の雑談がされながら、いくつかのアングルから複数の写真を撮られ、わずか3、4分で面接調査は終了した。調査担当者から、「異議申立ての結果については、相手方保険会社を通じて連絡します」とのことであった。

　面接調査終了後、Xがあまりのスピード感に多少の不安を感じていたので、甲弁護士から、「調査担当者の反応からすると、少なくとも予備的申立てが認められる可能性はそれなりにあるのではないか」との見込みを述べ安心してもらった。

4　異議申立ての認容

　面接調査から約2週間後、相手方保険会社から、送付で「後遺障害等級（事前認定）結果のご連絡」が届き、無事、本件醜状障害①②が合算され、本件認定基準「第2・1(3)　……顔面部の長さ5センチメートル以上の線状痕で、人目につく程度以上のもの……」＝第9級第16号「外貌に相当程度の醜状を残すもの」に該当するものとして、後遺障害等級が上がった。

VI　損害賠償請求（対相手方保険会社）

1　損害項目・損害額の整理、相手方保険会社に対する最初の請求

　異議申立てにより後遺障害等級が第9級となったことから、甲弁護士は、赤い本（公益財団法人日弁連交通事故相談センター東京支部『民事交通事故訴

訟・損害賠償額算定基準』）を基に損害項目・損害額を整理したところ、おおむね、〈図表2-9-2〉のとおりとなった。

2　相手方保険会社に対する当初の請求

本件事故の態様は、前掲別冊判例タイムズ38号【165】が参照される事故であり、左方車（本件ではX）の著しい過失・重過失、見通し、右方車（本件では相手方）の著しい過失・重過失等の修正要素も検討したが、特に争えるべき点もないようであったことから、Xと相手方の過失割合は上記文献記載のとおり3：7であった。また、損害論については、後述のとおり、減収がない場合における逸失利益の有無・額の論点が問題となる事案であった。

ただ、交通事故案件の場合、実務上、当初の請求段階においては、金額は過失相殺前の損害額全額とし、また、特に法律上の論点は特に主張しないこともままあることから、甲弁護士は、まずは相手方保険会社に対し、〈図表

〈図表2-9-2〉　後遺障害等級が第9級における損害項目・損害額（赤い本）（《Case ⑨》）

	損害項目	損害額	備　　考
①	治療費	¥0	支払済
②	休業損害	¥0	支払済
③	後遺障害逸失利益	¥25,014,990	基礎収入420万円×労働能力喪失率35％×労働能力喪失期間（28歳から67歳まで）39年間に対応するライプニッツ係数17.017
④	傷害慰謝料	¥1,070,000	通院期間155日
⑤	後遺障害慰謝料	¥6,900,000	第9級
	合計	¥32,984,990	

2-9-2〉とほぼ同様の表を添付して、上記損害額合計3298万4990円の請求書を送付した。

3　減収がない場合における逸失利益の有無・額

(1)　一般論（判例・文献）の整理

〈*Case*⑨〉では、Xが公務員であることおよび後遺障害が外貌醜状であることから、減収がない場合における逸失利益の有無・額が論点となる事案であった。

(A)　判　例

減収がない場合における逸失利益の有無・額の論点については、いわゆる差額説に立つものと一般的に評されている以下の2つの著名な最高裁判例がある。

○最判昭和42・11・10民集21巻9号2352頁
　損害賠償制度は、被害者に生じた現実の損害を填補することを目的とするものであるから、労働能力の喪失・減退にもかかわらず損害が発生しなかつた場合には、それを理由とする賠償請求ができないことはいうまでもない。

○最判昭和56・12・22民集35巻9号1350頁
　かりに交通事故の被害者が事故に起因する後遺症のために身体的機能の一部を喪失したこと自体を損害と観念することができるとしても、その後遺症の程度が比較的軽微であって、しかも被害者が従事する職業の性質からみて現在又は将来における収入の減少も認められないという場合においては、特段の事情のない限り、労働能力の一部喪失を理由とする財産上の損害を認める余地はないというべきである。……後遺症に起因する労働能力低下に基づく財産上の損害があるというためには、たとえば、事故の前後を通じて収入に変更がないことが本人において労働能力低下による収入の減少を回復すべく特別の努力をしているなど事故以外の要因に基づくものであつて、かかる要因がなければ収入の減少を来たしているものと認められる場合とか、労働能力喪失の程度が軽微であっても、本人が現に従事し又は将来従事すべき職業の性質に照らし、特に

> 昇給、昇任、転職等に際して不利益な取扱を受けるおそれがあるものと認められる場合など、後遺症が被害者にもたらす経済的不利益を肯定するに足りる特段の事情の存在を必要とするというべきである。

(B) 文献

甲弁護士は、かかる最高裁判例について、「あらためて読むと、請求者側には厳しい内容だな……」と意気消沈しつつ、これを手がかりに判例・文献調査を進めたところ、以下の3つの文献が比較的よく参照されているようであったことから、これらを引用判例も含めて熟読した。

- 「減収のない場合の後遺症逸失利益」東京三弁護士会交通事故処理委員会編『新しい交通賠償論の胎動——創立40周年記念講演を中心として——』175～180頁（ぎょうせい・2002年）
- 中園浩一郎「減収がない場合における逸失利益の認定」財団法人日弁連交通事故相談センター東京支部『民事交通事故訴訟・損害賠償額算定基準〔2008（平成20）年版〕（下巻）』9～39頁
- 山崎秀尚「醜状痕を理由とする後遺障害慰謝料額及び醜状痕が残った男性被害者の後遺障害の評価」東京三弁護士会交通事故処理委員会＝財団法人日弁連交通事故相談センター東京支部編『民事交通事故訴訟・損害賠償額算定基準〔2001（平成13）年版〕』306～313頁

(C) 判例・文献を踏まえた一般論の整理

最高裁判例を出発点として、上記文献およびその出版以降の比較的最近の裁判例を踏まえると、減収がない場合における逸失利益の有無・額については、概要、以下のとおり整理できた。

- 原則：減収がない場合においては、逸失利益は認められない（いわゆる差額説的発想に立つ原則論）。
- 例外：後遺障害の程度、昇進・昇給等における不利益、業務への支障、退職・転職の可能性、勤務先の規模・存続可能性等、本人の努力、勤務先の配慮等、生活上の支障等から、被害者の経済的不利益を肯定できる

〈図表2-9-3〉 被害者の経済的不利益を肯定できる特段の事情の確認結果（〈Case⑨〉）

特段の事情の要素	Xの回答
昇進・昇給等における不利益	公安職なので、事実上ないと思う。
業務への支障	帽子やヘルメット等を被ったとき、多少痛みを感じる程度。
退職・転職の可能性	全く考えていない。
勤務先の規模・存続可能性等	地方公共団体で、政令指定都市でもあるから、事実上ないと思う。
本人の努力	特に何もしていない。
勤務先の配慮等	そもそも業務への支障等不都合がないから、配慮等もしようがないと思う。
生活上の支障	帽子を被るときに、多少痛みを感じる。友人知人や子供の友達・その保護者から、障害に触れられることはある。本当は短髪が好きだが、確かに障害が気にはなるので、ちょっと髪を伸ばそうかなと考えている。

特段の事情があれば、逸失利益は認められる（いわゆる労働能力喪失的発想を踏まえた修正論）。

・裁判例の傾向：裁判例上は、上記特段の事情の要素を踏まえつつ、労働能力喪失率および労働能力喪失期間で調整のうえ、逸失利益を一部認めることが比較的多い（すべてを否定しているものはごく少数）。

(2) 〈Case⑨〉Xへのあてはめ

以上を踏まえて、甲弁護士は、被害者の経済的不利益を肯定できる特段の事情を補強すべく、Xに確認したところ、概要、〈図表2-9-3〉のとおりであった。

甲弁護士としても、正直、戦える要素が少ないと感じつつ、他方で、後遺障害の程度については、本件醜状障害の別表第2第9級の他の障害において、たとえば、「1号：両眼の視力が〇・六以下になったもの、2号：鼻を欠損し、その機能に著しい障害を残すもの、9号：一耳の聴力を全く失ったもの、12号：一手のおや指又はおや指以外の二の手指を失つたもの、17号：生殖器に著しい障害を残すもの」、等が規定されており、本件醜状障害が決して軽微ではないと思い、この点を前面に出そうと考えた。ただ、他の要素についても、裁判例の傾向で重視されている以上、立証の観点から悩ましい面があるものの、主張レベルでは、ある程度具体的事実を主張するよう心がけようと思った。

4　相手方保険会社の「ゼロ回答」

1回目の請求をして約1カ月後、相手方保険会社から回答が送付されてきた。その内容は、〈図表2-9-4〉のとおりであるが、後遺障害逸失利益については、ある程度予想はしていたものの「ゼロ回答」という厳しいものだった。

5　相手方保険会社に対する法的書面の作成・送付

一般的に、交通事故案件の示談交渉については、比較的簡潔な書面のやりとりが多いと思われるが、相手方保険会社から後遺障害逸失利益についての「ゼロ回答」があった以上、甲弁護士としては、一定程度の法的根拠を示したうえで再提案する必要があると感じた。

また、相手方保険会社の腹の中を探るべく、架電のうえで担当者と話をしたところ、「Xさんは公務員であるし、後遺障害も外貌醜状であって、事実上減収の可能性がないことから、通常の後遺障害逸失利益の計算結果どおり支払うことはできない。ただ、当社としても、何が何でもゼロというわけではないので、再提案いただければあらためて検討する」とのことでもあった。

そこで、甲弁護士は、前記3⑴の整理を踏まえて、【書式2-9-3】のとお

〈図表2-9-4〉 相手方保険会社からの回答（《Case ⑨》）

	損害項目	損害額	備　考
①	治療費	¥0	支払済
②	休業損害	¥0	支払済
③	後遺障害逸失利益	¥0	減収なし
④	傷害慰謝料	¥780,000	相手方保険会社基準
⑤	後遺障害慰謝料	¥6,160,000	自賠責の保険金額
	過失相殺30%	▲¥391,554	⑤は自賠責の保険金額であり対象外 ①②の30% ¥157,554、⑤の30% ¥234,000の合計
	支払額	¥6,548,446	

り、一定程度の法的根拠を示した書面を作成・送付することとした。

【書式2-9-3】 相手方保険会社に対する被害者側の回答・再提案（《Case ⑨》）

ご　連　絡

平成〇年〇月〇日

〇〇損害保険株式会社　御中

X 代理人弁護士　　　　甲

前略　貴社から受領した平成〇年〇月〇日付回答書（以下「貴社回答書」といいます。）に対し、以下のとおり回答・再提案をさせていただきます。
　なお、下記で特に触れていない項目につきましては、現時点では貴社のご提

案を応諾させていただく意向です。

1　後遺障害逸失利益について

　　貴社は、本件醜状障害に係る逸失利益につきまして、本件醜状障害が別表第9級16号「外貌に相当程度の醜状を残すもの」に該当すると判断されているにもかかわらず、被害者が公務員であること及び被害者の後遺障害が外貌醜状であることから減収がないとの判断からか、逸失利益を0円と計算しておられますが、以下の事情を踏まえると、本件は逸失利益が賠償されるべき事案と思料されます。

① 本件醜状障害が重大であること

　　本件醜状障害は、35％の労働能力の喪失とされる別表第9級に該当する程度に重大な後遺障害です。同級の他の障害は、例えば、1号：両眼の視力が〇・六以下になったもの、2号：鼻を欠損し、その機能に著しい障害を残すもの、9号：一耳の聴力を全く失ったもの、12号：一手のおや指又はおや指以外の二の手指を失ったもの、17号：生殖器に著しい障害を残すもの、等がありますが、本件醜状障害はこれらの重大な後遺障害と同程度の障害です。

② 昇進・昇給等における不利益があること

　　被害者は公安職であり、〇等の現場業務に従事するだけでなく、市民との接触の多い部課（例えば、〇等の部課）も少なくないところ、本件醜状障害は、頭部・顔面部における「相当程度の醜状」であることからすれば、かかる部課への配置転換上の支障をきたす可能性が十分に予想でき、これによって被害者の昇進・昇給等における不利益が生じます。

③ 業務への支障があること

　　被害者は〇等の業務に従事する際、帽子やヘルメット、マスクを被ることが必要な場合が多々あるところ、本件醜状障害の具体的な内容は、左顔面・左前額部の皮膚の瘢痕であることから、帽子等を被る際に痛みや引っ掛かり等が生じ、これによって業務への支障が生じています。

④ 転職の可能性が著しく閉ざされたこと

　　被害者は公務員ですが、昨今の労働市場においては、公務員であってもその特殊なキャリアを生かして色々な業種（特に〇職のキャリアを有する

場合は、近年注目を浴び相当程度の待遇が想定される防災・危機管理等のコンサル業・警備業や、スポーツジムの経営・インストラクター等）に転職することも少なくありませんが、本件醜状障害のように頭部・顔面部における「相当程度の醜状」がある場合、特に対人関係が重視される業種への転職自体が著しく困難であり、また、仮に転職ができたとしても、そこでの配置・（対人関係の）業務遂行に支障をきたすことは容易に想定されます。

⑤　生活上の支障もあること

　本件醜状障害は、人目につきやすい左顔面・左前額部における「相当程度の醜状」であり、被害者は終始人目を気にする生活を強いられており、また、障害部分に痛みやツッパリ間も残っている等、生活上の支障も生じています。

⑥　裁判例の傾向

　貴社におかれましては、被害者が公務員であること及び被害者の後遺障害が外貌醜状であることから減収がないとの判断により、逸失利益を０円と計算しているものと推察されますが、以下で述べるとおり、裁判例においては、貴社のような考えに立脚しないものが圧倒的多数であるところです。

　例えば、中園浩一郎「減収がない場合における逸失利益の認定」（財）日弁連交通事故相談センター東京支部編『民事交通事故訴訟　損害賠償額算定基準〔第37版〕』９～39頁（同センター、2008年）において、多数の裁判例（52件）が分析されていますが、逸失利益を全て否定した裁判例はわずか２件しかなく、（労働能力喪失率及び同期間の調整をしている裁判例があることは措くとして）逸失利益自体を認めている裁判例が圧倒的多数となっています。

　また、上記文献は、平成18年３月６日（大阪地判）の裁判例までとなっていますが、その後においても、現実の減収がない事案であっても、逸失利益自体を認めている（だけでなく、労働能力喪失率及び同期間の調整をしていない）裁判例も散見されるところです（本件醜状障害の等級を下回る事案（別表第９級以下の事案）に限定しても、名古屋地判平成19年６月22日交民40巻３号782頁、大阪地判平成20年３月14日交民41巻２号327頁、

横浜地判平成24年3月29日交民45巻2号447頁、京都地判平成25年2月14日自保ジャーナル1899号53頁、等があります。）。

以上のとおり、本件では、現時点において被害者が相応の努力をしていることもあってか現実の減収は窺われないものの、以上の事情を踏まえると、逸失利益が賠償されるべき事案と思料され、その額は、当初の平成〇年〇月〇日付請求書のとおり2501万4990円となります。

もっとも、本件は現段階では示談交渉であること、上記のとおり、裁判例においては、逸失利益につき全て否定しているものはごく少数であるものの、労働能力喪失率及び同期間を減率及び短縮しているものが少なからず存在すること、示談交渉においては過失割合を加害者70：当方30として差し支えないこと等を踏まえ、過失割合も含めて3分の2を控除した833万8330円で、再提案をさせていただきます。

2 傷害慰謝料について

貴社は、傷害慰謝料の額につきまして、貴社基準により78万円と計算しておられますが、本件事故に関して被害者が通院した期間は155日であるところ、これを赤い本（裁判）基準に当てはめると、当初の平成〇年〇月〇日付請求書のとおり107万円となりますので、貴社回答書のご提案には応諾しかねますが、示談交渉であることを踏まえて、裁判基準から2割を減額した85万6000円の再提案をさせていただきます。

なお、貴社は、本件事故の過失割合を加害者70：被害者30として、上記85万6000円に被害者の過失割合30％を乗じておられますが、当方としても、示談交渉であることを踏まえて、現時点では貴社主張の過失割合を前提とすることは差し支えありません。

3 請求額合計

以上を踏まえると、当方の請求額合計は、1509万7530円（内訳は以下参照）となります。

① 後遺障害逸失利益：833万8330円
② 傷害慰謝料：59万9200円
③ 後遺障害慰謝料：616万円

以上が貴社回答書に対する当方の回答・再提案となりますので、再度ご検討いただきますようお願いいたします。
　なお、本書における当方の回答・再提案の基礎となる意見等につきましては、示談交渉であることを前提とするものですので、法的手続においてこれを援用等することはお控え下さい。

草々

6　相手方保険会社の再回答

　【書式2-9-3】を送付して約1カ月後、相手方保険会社から電話があり、「社内で検討した結果、最終的な支払額を1300万円とすることでご納得いただけないか」との再回答があった。

7　Xとの協議、示談

　相手方保険会社の再回答を踏まえて、甲弁護士はXと協議し、Xに対し、訴訟となった場合は相当の費用・時間を要すること、裁判所が〈Case⑨〉で逸失利益を認めるかは非常に流動的であること、認められるとしても、労働能力喪失率および労働能力喪失期間が調整される可能性は高いこと、後遺障害慰謝料を裁判基準（赤い本基準）として3割の過失相殺の対象とした場合には合計1376万7530円（①後遺障害逸失利益：833万8330円、②傷害慰謝料：59万9200円、③後遺障害慰謝料：483万円）となり、相手方保険会社の再回答はこれに近い水準であること等を説明したところ、Xは、「確かに、甲から受領した書面や資料を見ても、それなりに厳しい戦いになることは理解できている。また、異議申立てで後遺障害等級が第12級から第9級に上がったことで、それなりに満足はできている。そのうえで、現段階の実質的な請求額と相手方保険会社の再回答の額に大差もないから、1300万円で示談することでかまわない」として、相手方保険会社の再回答の内容で示談することとなった。

なお、示談金の内訳については、示談金1300万円から、②傷害慰謝料：59万9200円、③後遺障害慰謝料：616万円を控除した残額とし、①後遺障害逸失利益は624万0800円とされた。

　本稿は、複数の事例を組み合わせるなどして構成したものであり、実際の事例とは異なる。

●事項索引●

【英数字】

15条請求　3
16条請求　3
ADR　8
LAC基準　73

【あ行】

赤い本基準　15, 139
アジャスター　76
イエローブック　27, 97, 110
異議申立て　299
一括払制度　3
委任契約書　75
委任状　75
運行　32
運行供用者　32
営業損害　29

【か行】

買替差額　27
買替諸費用　27, 109
介護費用　250
外貌醜状　289
外貌の醜状障害に関する障害等級認定基準について　290
家屋・自動車等改造費　17
加害者請求　3
学習費　16
家事従事者　20
過失相殺　31
過失割合　181
加重障害　233
監督者責任　32
起算点　33
基礎収入　183
ギボンズRSDスコア表　203
休業損害　18, 141
　　有職でない家事従事者の――　141

休業損害証明書　20
休車損　28
共同不法行為　33
経済的全損　97, 109
刑事事件記録の閲覧・謄写　47
刑事事件記録の入手方法　177
頸椎脊柱管狭窄による素因減額　218
健康保険　7
減収がない場合における逸失利益　305
減収割合　142
後遺障害　21
　　――の認定　21
後遺障害慰謝料　26, 250
後遺障害逸失利益　21, 248
後遺障害診断書　203, 204
後遺障害等級認定　21
後遺障害等級の事前認定　4, 235
後遺障害等級の認定基準　290
後見関係費用　17
交通事故証明書　76, 104
交通事故紛争処理センター　10, 87, 146
交通調停事件　11

【さ行】

裁判外紛争解決手続　8
差額説　14
時効期間　33
時効の中断　34
事故減価証明書　98
事情聴取　71
事前認定　4, 235
示談あっせん手続　9
示談交渉　8
自転車事故の特徴　286
自動車損害調査報告書　76
自動車保険　2
自賠責基準　15
自賠責保険　2
死亡慰謝料　24

死亡逸失利益　23,182
　――の算定方法　182
車両の時価額　110
車両の所有者　105
修理代金　97
修理費　27
就労可能年数　183
首長判決　218
受任通知　75
傷害慰謝料　25
証拠資料等の収集　75
使用者責任　32
症状固定　15
将来介護費　16
神経学的所見の推移について　203
神経系統の障害に関する医学的意見　209
審査手続　9,11
人身事故　259
人身傷害補償保険　4
診断書の訂正　294
尋問　187
生活費控除率　183
脊髄症状判定用　203,204
脊柱管狭窄　217
素因減額　30,217
頸椎脊柱管狭窄による素因減額　218
葬儀関係費用　17
装具・器具等購入費　17
訴訟基準差額説　5
損益相殺　29
損害の概念　14
損害の算定　14
損害の種類　14
損害賠償請求費用　17

【た行】

代車使用期間　111
代車使用料　28,98,112
　――を請求する期間　48
遅延損害金　18
中間利息控除　22
調停　275

治療関係費　15
通院交通費　16
通学付添費　16
付添費用　15
積荷その他の損害　29
頭部外傷後の意識障害についての所見　209
登録手続関係費　27

【な行】

日常生活状況報告　210
日弁連交通事故相談センター　9
入院雑費　16
任意保険　4
任意保険基準　15
年金の逸失利益　183
脳損傷又はせき髄損傷による障害の状態に関する意見書　203,210

【は行】

被害者請求　3,202,236
被害者弁護士費用担保特約　107
評価損　28,97
物件事故報告書　77
物損事故　259
物損に関する慰謝料　29
物的損害　27
不法行為責任　32
ペットに関する損害　29
弁護士会照会　178
弁護士費用　18
弁護士費用特約　5,72
保育費　16
保険金の請求　3

【や行】

有職でない家事従事者の休業損害　141

【ら行】

レッドブック　27,97,110
労災保険　6
労働能力喪失期間　22
労働能力喪失率　22,248

【わ行】

和解あっせん手続　11

● 執筆者一覧 ●

野村　創（のむら　はじめ）
野村総合法律事務所
〒105-0003　東京都港区西新橋1丁目20番3号　虎ノ門法曹ビル407
TEL　03-3539-3151

片野田志朗（かたのだ　しろう）
東京中央総合法律事務所
〒104-0061　東京都中央区銀座4丁目2番1号　銀座教会堂ビル7階
TEL　03-5159-7600

工藤　洋治（くどう　ようじ）
東京八丁堀法律事務所
〒106-0041　東京都港区麻布台1丁目11番9号　BPRプレイス神谷町6階
TEL　03-6441-3320

嶋田　麻里（しまだ　まり）
川越第一法律事務所
〒350-1122　埼玉県川越市脇田町27番12号
　　　　　　　アイビートラスト川越ビルA棟3階301
TEL　049-298-8836

白井　由里（しらい　ゆり）
小林明子法律事務所
〒160-0022　東京都新宿区新宿1丁目6番8号　鈴木旗店ビル3階
TEL　03-3354-5740

金澤　嘉明（かなざわ　よしあき）
東京八丁堀法律事務所
〒106-0041　東京都港区麻布台1丁目11番9号　BPRプレイス神谷町6階
TEL　03-6441-3320

畑井　研吾（はたい　けんご）
あさひ法律事務所
〒100-8385　東京都千代田区丸の内2丁目2番1号　丸の内マイプラザ13階
TEL　03-5219-0002

政平　亨史（まさひら　ゆきふみ）
弁護士法人 YMP
〒104-0061　東京都中央区銀座 7-15-8　銀座堀ビル 3 階
TEL　03-6260-6405

藤原　寿人（ふじわら　ひさと）
東京中央総合法律事務所
〒104-0061　東京都中央区銀座 4 丁目 2 番 1 号　銀座教会堂ビル 7 階
TEL　03-5159-7600

岡村晋之祐（おかむら　しんのすけ）
日比谷南法律事務所
〒105-0004　東京都港区新橋 2 丁目 16 番 1 号　ニュー新橋ビル 615-1
TEL　03-5251-5400

事例に学ぶ交通事故事件入門
──事件対応の思考と実務

平成28年 9 月16日　第 1 刷発行
令和 5 年 4 月12日　第 3 刷発行

　　　　　　　　　　　　　　　　　　定価　本体3,200円＋税

編　　者　交通事故事件研究会
発　　行　株式会社　民事法研究会
印　　刷　株式会社　太平印刷社

発 行 所　株式会社　民事法研究会
　　　　　〒150-0013　東京都渋谷区恵比寿 3-7-16
　　　　　〔営業〕　TEL 03(5798)7257　FAX 03(5798)7258
　　　　　〔編集〕　TEL 03(5798)7277　FAX 03(5798)7278
　　　　　http://www.minjiho.com/　　info@minjiho.com

落丁・乱丁はおとりかえします。　ISBN978-4-86556-113-5 C3032 ￥3200E
カバーデザイン　関野美香

事例に学ぶシリーズ

━━具体的な事例を通して考え方と手続を解説！━━

2022年11月刊 紛争解決過程を、代理人の思考をたどり実務のあり方を体感できる！

事例に学ぶ建物明渡事件入門〔第2版〕
─権利実現の思考と実務─

債権法や民事執行法の改正に対応したほか、バーチャルオフィス、シェアオフィス、コワーキングスペースなど、借地借家法適用の有無に争いがあり得るものについて加筆して改訂！　実務に取り組む最初の1冊として最適の書！

弁護士　松浦裕介・弁護士　岩本結衣　著

（A5判・248頁・定価 2970円（本体 2700円＋税10％））

2021年1月刊 行政訴訟の具体的イメージがつかめ、直ちに取り組める！

事例に学ぶ行政事件訴訟入門〔第2版〕
─紛争解決の思考と実務─

相談から解決までの思考プロセス、訴状起案、裁判経過までを対話方式を通して平易に解説！　行政不服審査法の全面改正に合わせて、不服申立てに関する解説を充実させ10年ぶりに改訂！

弁護士　野村　創　著

（A5判・284頁・定価 2970円（本体 2700円＋税10％））

2018年3月刊 弁護士、司法書士等に向けてセルフOJTの役割を担う1冊！

事例に学ぶ損害賠償事件入門
─事件対応の思考と実務─

相談から裁判外交渉、訴訟での手続対応と責任論、損害論等の論点の分析を書式を織り込み解説！　名誉毀損、医療過誤、喧嘩闘争、ペットトラブル、介護施設事故、いじめ、漏水、スポーツ、リフォーム、著作権侵害、弁護過誤等を収録！

損害賠償事件研究会　編

（A5判・394頁・定価 3960円（本体 3600円＋税10％））

2018年2月刊 ドキュメンタリー形式で、臨場感ある刑事弁護の現場を体感できる！

事例に学ぶ刑事弁護入門〔補訂版〕
─弁護方針完結の思考と実務─

起訴前・起訴後の各否認・自白事件を4つのモデルケースを通して事件受任から弁護方針を完結するまでの実況ルポ！　刑の一部執行猶予制度、公判前整理手続に付する請求権等新たな制度を織り込み改訂！

弁護士　宮村啓太　著

（A5判・214頁・定価 2310円（本体 2100円＋税10％））

発行　民事法研究会

〒150-0013　東京都渋谷区恵比寿3-7-16
（営業）TEL 03-5798-7257　FAX 03-5798-7258
http://www.minjiho.com/　　info@minjiho.com

交通事故訴訟をめぐる法理・実務・要件事実を、研究者・実務家・裁判官が詳説！

【専門訴訟講座①】

交通事故訴訟
〔第2版〕

塩崎　勤・小賀野晶一・島田一彦　編

A5判・1013頁・定価9,680円（本体8,800円＋税10％）

▶必要に応じて裁判例の入替えを行うなど、実務や学説の状況を最新のものに改め、項目によっては内容を一新した待望の改訂版！
▶紛争解決の底流にある理論、相談から訴状作成、立証までの実務、要件事実と裁判について1冊に織り込み、解決のための思考と知識を網羅！
▶研究者・裁判官・弁護士はもとより、法律実務家を目指す者にも法的思考を理解するための好個の書！

本書の主要内容

第1部　交通事故訴訟の法理
　第1章　序　説
　第2章　民事責任の法理
　第3章　自賠責保険の法理と民事責任との関係
　第4章　裁判所および裁判外での交通事故紛争の解決

第2部　交通事故訴訟の実務
　第1章　総　説
　第2章　相談受付から手続選択に関する執務のあり方
　第3章　訴訟提起前に行っておくべきこと
　第4章　訴状作成にあたっての留意点
　第5章　事故の競合の場合の処理
　第6章　管轄・訴訟費用の確定
　第7章　立　証
　第8章　判決確定後の留意点

第3部　交通事故訴訟の要件事実と裁判
　第1章　訴訟物と請求の趣旨
　第2章　請求原因
　第3章　抗　弁
　第4章　主張・立証責任
　第5章　特殊なケースにおける要件事実

・資料編

HPの商品紹介はこちらから→

発行　民事法研究会

〒150-0013　東京都渋谷区恵比寿3-7-16
（営業）TEL. 03-5798-7257　FAX. 03-5798-7258
http://www.minjiho.com/　info@minjiho.com

最新実務に必携の手引

― 実務に即対応できる好評実務書！―

2023年3月刊 意思表示の公示送達・公示催告手続等について実務の流れに沿って詳解！

書式 意思表示の公示送達・公示催告・証拠保全の実務〔第八版〕
――申立てから手続終了までの書式と理論――

第八版では、民法（令和3年）・商法および国際海上物品運送法（平成30年）等の改正その他、最新の法令に対応した実務を収録！　簡易裁判所における特殊事件の実践的手引書として実務に携わる方々から活用されている信頼の書！

園部　厚　著

（Ａ5判・368頁・定価3960円（本体3600円＋税10％））

2023年3月刊 緊急記者会見やネット炎上対策など、適切なＰＲ活動のためのノウハウを網羅！

弁護士のためのＰＲ（広報）実務入門
――ＰＲの考え方・平常時の活動から記者会見・ネット炎上対応まで――

インターネット時代のＰＲ（パブリックリレーションズ＝広報）実務を基本からわかりやすく解説！　企業等のＰＲ活動に助言・指導する弁護士をはじめとした実務家や、弁護士を活用したい企業の広報担当者にも読んでもらいたい1冊！

ＰＲ実務研究会　編

（Ａ5判・159頁・定価2420円（本体2200円＋税10％））

2023年3月刊 訴訟展開を有利に進める115のノウハウを「実戦訓」にして収録！

実戦　民事訴訟の実務〔第6版〕
――必修知識から勝つための訴訟戦略まで――

最新の法令・実務の動向を反映させるとともに、訴訟の提起、その前段階である仮処分、仮差押えの申立て、執行、訴訟活動、訴訟準備に伴う不法行為責任等の実体法上の責任を拡充して大幅な加筆をしたロングセラー！

升田　純　著

（Ａ5判・665頁・定価6820円（本体6200円＋税10％））

2023年3月刊 令和4年改正までを織り込んだ最新版！

消費者六法〔2023年版〕
――判例・約款付――

消費者契約法、消費者裁判手続特例法、資金決済法、特定商取引法通達等の改正に対応するとともに、不当寄附勧誘防止法を新たに収録！　判例編では、消費者被害救済に必須の判例・裁判例を収録した実務六法の最新版！

編集代表　甲斐道太郎・松本恒雄・木村達也

（Ａ5判箱入り並製・1721頁・定価6380円（本体5800円＋税10％））

発行　**民事法研究会**

〒150-0013　東京都渋谷区恵比寿3-7-16
（営業）TEL 03-5798-7257　　FAX 03-5798-7258
http://www.minjiho.com/　　info@minjiho.com

自転車にまつわる基礎知識やトラブル対処法をQ＆A方式でわかりやすく解説！

自転車利活用の
トラブル相談Q＆A
― 基礎知識から具体的解決策まで ―

仲田誠一・内田邦彦・菊田憲紘・杉江大輔　著

A5判・221頁・定価2,640円（本体2,400円＋税10％）

▶自転車の購入・所有・管理・事故・通勤にまつわる基礎知識から、トラブル等の予防・救済に向けた対処法までをQ＆A方式でわかりやすく解説！
▶第1章では購入から所有・管理・利用といった一連の流れの中で生じるトラブル・事故への対応を、第2章で自転車通勤における労災保険に関するトラブル対応、第3章で自転車利用時の交通ルールや法令の基礎知識を収録！
▶相談を受ける消費生活相談員、法律実務家等必携の1冊！

本書の主要内容

第1章　自転車利活用のトラブル・事故への対応
　Ⅰ　総論
　Ⅱ　自転車購入にまつわるトラブル
　Ⅲ　自転車の所有と管理にまつわるトラブル
　Ⅳ　自転車事故による法的責任

第2章　自転車通勤のトラブル・事故への対応
　Ⅰ　自転車通勤をめぐる問題
　Ⅱ　自転車通勤のトラブル
　Ⅲ　労災保険における通勤災害
　Ⅳ　自転車通勤に関する企業のリスク管理

第3章　自転車の道路交通法上の位置づけ
　・資料1　自転車通勤規程
　・資料2　自転車通勤許可申請書

HPの商品紹介は
こちらから→

発行　民事法研究会

〒150-0013　東京都渋谷区恵比寿 3-7-16
（営業）TEL. 03-5798-7257　FAX. 03-5798-7258
http://www.minjiho.com/　info@minjiho.com